Rüdiger Nehberg
Abenteuer am Blauen Nil

SERIE PIPER
Band 1796

Zu diesem Buch

Rüdiger Nehberg ist der bekannteste deutsche Abenteurer. Was »Survival« bedeutet, hat er seit über 20 Jahren seinen Lesern – und vielen Fernsehzuschauern – demonstriert. Zu seinen klassischen Expeditionen zählt auch die zum Blauen Nil in Äthiopien. Mit seinen reißenden Strömungen, gefährlichen Wasserfällen, engen Schluchten und tückischen Drehstrudeln war er seit Beginn dieses Jahrhunderts Ziel zahlreicher Expeditionen. Doch erst Nehbergs Team gelingt es, diesen Fluß zu bezwingen. Nehberg ist ein Abenteurer im besten Sinne: Er ist neugierig auf alles Fremde und Neue, er ist wagemutig und beherzt, wenn es um riskante Unternehmungen geht, und er kann erzählen – von seinen Hoffnungen und Erfahrungen, seinen Freuden und Ängsten.

Rüdiger Nehberg, geboren 1935, war bis 1989 selbständiger Konditor in Hamburg. Nach dem Verkauf seiner Konditorei macht er jetzt im Namen der Gesellschaft für bedrohte Völker und durch öffentlichkeitswirksame Aktionen auf schwerwiegende Menschenrechtsverletzungen aufmerksam. Nehberg ist Mitglied des Beirates der Gesellschaft für bedrohte Völker. Der Survival-Experte erregte durch 40 spektakuläre Reisen Aufsehen. So befuhr er mit Freunden als erster den Blauen Nil in Äthiopien, durchwanderte die Danakil-Wüste und überquerte den Atlantik im Tretboot. Zahlreiche Bücher und Fernsehfilme schildern seine Erfahrungen. Auf seinen Reisen wurde Nehberg Zeuge der rasanten Umweltzerstörung. 1980 erfuhr er erstmals von den Yanomani, 1982 lernte er dieses letzte große Regenwaldvolk in Amazonien kennen. Seitdem ist der Kampf um dessen Rettung sein Lebensinhalt geworden.

Rüdiger Nehberg

ABENTEUER AM BLAUEN NIL

Piper
München Zürich

SERIE PIPER
ABENTEUER

Herausgegeben von Harald Eggebrecht

ISBN 3-492-11796-1
Juli 1993
R. Piper GmbH & Co. KG, München
Lizenzausgabe mit Genehmigung
des Ernst Kabel Verlags, Hamburg
© Ernst Kabel Verlag, Hamburg 1982
Umschlag: Federico Luci
Foto: Rüdiger Nehberg
Gesamtherstellung: Clausen & Bosse, Leck
Printed in Germany

Inhaltsverzeichnis

Vorwort

Dieses Buch ist kein Roman, denn ich bin kein Romancier; es ist kein Sachbuch, denn ich bin kein Wissenschaftler; es ist kein Abenteuerbuch, denn ich bin kein Abenteurer – ja, was ist es dann? Lassen Sie es mich mal so sagen:

Da sind drei junge Männer – Konditormeister der eine, Kameraassistent der zweite, Ingenieur-Student der dritte. Nichts, aber auch gar nichts unterscheidet sie im Alltag von denen, die das Marketing heute »Herr Jedermann« nennt. Der eine baut sich gerade eine selbständige Existenz, die zwei anderen tasten noch in ihre Zukunft; sie wissen höchstens, wo es langgehen soll. Gemeinsam ist ihnen eigentlich nur eines: Hamburg, Deutschlands »Tor zur Welt«.

Halt! Da ist doch noch eine Gemeinsamkeit: alle drei nämlich haben die Nase voll von Großstädten, Asphaltstraßen, elektrischem Haushalt, Auto-Freizeiten, Fernsehabenteuer und Katalog-Urlauben. Sie suchen einen Ausweg, um aus dem Teufelskreis der 20.-Jahrhundert-Zivilisation auszubrechen. Einmal wenigstens wollen sie erleben, wie es ist, wenn man heute nicht weiß, was das Morgen bringt, freie Natur, Lagerfeuer, Nachtwache vorm Zelt, Jagd, Fischfang, Schönheit ringsum, Tiere und Pflanzen, Sonne und Sterne und unbekannte Gefahr. Jene simple Sehnsucht nach dem verlorenen Paradies, die wir doch alle spüren, spürten die drei vielleicht ein wenig stärker als »Herr Jedermann«, und das spornte sie an zu Plan und Tat.

Ihr Sehnen führte sie nach Äthiopien, an den Blauen Nil. An dessen Ufern liegt eines der wenigen, auch heute noch weithin unbekannten Gebiete unserer so eng gewordenen Erde. Die drei, im Anfang waren es nur zwei, wußten, daß sie mit ihrer Reise ein Risiko auf Leben und Tod für Leib und Leben auf sich nahmen, aber sie wußten ebenso: alles im Leben hat seinen Preis.

Selbstverständlich erstrebten sie auch Erfolg: sie wollten als erste den Blauen Nil von seiner Quelle am Tana-See bis hin zur sudanesischen Grenze befahren. Doch war für sie dieses ehrgeizige Ziel nicht die Hauptsache.

Wichtiger für die drei Hamburger Jungs war das Erlebnis des

Ungewöhnlichen, von dem sie ein Leben lang zehren wollten. Vor allem aber wollten sie, daß ihre Nilfahrt keine Sache privilegierter Reicher oder gutbezahlter Profis werde, sondern ein Unternehmen für Menschen wie du und ich.

Deshalb ist dies Buch nicht mehr als der Bericht eines Ausbruchs aus dem Alltag. Er enthält einige Zugeständnisse; romanhafte Passagen oder Schilderungen, die nicht eigenem Erleben entspringen, sondern auf Erzählungen Eingeborener beruhen. In allen wesentlichen Punkten aber erzählt dieses Buch eigene Erlebnisse, Gedanken und Handlungen. Vielleicht ist es deshalb nicht »sensationell« – aber es ist wahr.

Und jetzt, liebe Leute, wißt ihr, warum mein Buch kein Roman, kein Sachbuch und kein – oder doch? – ein Abenteuerbuch ist.

Rüdiger Nehberg

Erstes Kapitel

Zwei, die ausziehen wollen, einen Fluß zu erobern

Der 13. September 1968 war ein Freitag. Über Zentralafrika lag ein für diese Jahreszeit ungewöhnlich stabiles Hoch, dessen Ausläufer auch Südeuropa beherrschten. An der Alpenkette wurde es von einem flachen Tief abgelöst, das nach Mitteldeutschland unbeständiges, aber warmes Wetter brachte.

An diesem 13. September wurden am Ausschläger Weg in Hamburg-Billstedt zwei Männer von Rockern überfallen und mit Fahrradketten zusammengeschlagen. In South Lake Tahoe stellte der Schwarze John Carlos bei den amerikanischen Olympia-Ausscheidungen mit 19,7 Sekunden den neuen Weltrekord über 200 m auf, sein weißer Landsmann Bob Seagren übersprang beim Stabhochsprung 5,14 m. In Prag beschloß die Nationalversammlung weitere Einschränkungen der Grundrechte, führte die Pressezensur wieder ein und verbot den Tschechen die Ausreise in die westliche Welt. Das Rote Kreuz beflog die Luftbrücke nach Biafra nicht mehr. Im Hamburger Bahnhof überfuhr der D-Zug Hamburg–München einen Jungen. Das Erste Deutsche Fernsehen brachte im Abendprogramm eine Fortsetzung der Simon-Temple-Krimis. Der 13. September war ein Tag wie jeder andere. Es geschah nichts Ungewöhnliches an diesem Freitag.

Die deutsche Botschaft in Addis Abeba liegt am östlichen Stadtrand der äthiopischen Hauptstadt im Stadtteil Khabana. Fast alle Vertretungen der westlichen Industrie-Nationen sind hier angesiedelt; es ist still im Diplomatenviertel. Einige hundert Meter weiter westlich, gegen die Innenstadt, lärmt der afrikanische Alltag; hier aber ist es so still, daß man die Pneus der schweren Limousinen über das Pflaster singen hört.

Die deutsche Botschaft liegt inmitten hoher Eukalyptus-Bäume. Unter dem dichten, grünen Laubdach gruppieren sich massive, komfortable Bungalows im englischen Kolonialstil. Doch in den Zimmern wohnt Deutschland. Aber nicht nur hier: vor dem schmiedeeisernen Tor, welches das parkähnliche Gelände abschließt, steht ein Schilderhaus, schwarz-rot-golden gestreift, genau wie die vor den Kasernen der Bundeswehr. Nur steht hier kein stahlhelmbedeckter

Soldat, sondern ein dunkelhäutiger Äthiopier in Khaki-Uniform. Manchmal zieht er sich in das schattige Häuschen zurück, denn als Unterschied zum Bundeswehr-Modell gibt es darin ein Bänkchen, schmal und eng zwar, doch ausreichend für eine Mütze voll Schlaf.

So passiert man und kommt in die Botschaft. Der Wachtposten dient mehr dem Prestige als dem Schutz.

Herr von Randow, unser Kulturattaché, hat sein Dienstzimmer in einem der Bungalows. Er ist ein gutaussehender Mann: hundertneunzig Zentimeter groß, markantes Gesicht, mittelblond, volles Haar, korrekt gescheitelt, vielleicht Ende Dreißig, vielleicht auch schon über die Vierzig. Er gehört zu jenen Männern, deren Alter schwer zu bestimmen ist. In einem Moment wirkt er jungenhaft gelöst, im nächsten sachlich, kühl, ja fast ein wenig arrogant. Er trägt einen modischen, aber dezenten Anzug, weißes Hemd und die klassische Krawatte. Er spricht leise, aber akzentuiert. Herr von Randow stellt genau das dar, was man sich unter einem Diplomaten vorstellt.

An diesem Nachmittag war Herr von Randow nicht in bester Stimmung. Zwar ließ er sich das kaum anmerken, aber Elke Leichtweiss kannte ihren Chef; sie wußte seine leicht herabgezogenen Mundwinkel zu deuten, die Art, wie er diktierte und wie er die Briefe rasch, hart, heftig zur Unterschrift heranzog. Na, mir soll's egal sein, dachte Elke, und konzentrierte sich auf das nasale Diktat.

». . . möchte ich Ihnen nach Rücksprache mit Kollegen dieser Botschaft sehr deutlich sagen, daß wir das von Ihnen geplante Unternehmen für ein kaum zu verantwortendes Wagnis halten. Die Botschaft kann nicht guten Gewissens bei der Vorbereitung Ihres Planes helfen, ohne Sie nachdrücklich auf diesen Sachverhalt hingewiesen zu haben . . .«

Die Verrückten werden nicht alle, dachte Herr von Randow mißmutig. Weiß der Teufel, was die Burschen an diesem Blauen Nil so reizt. Als ob der nicht schon genug Opfer gefordert hätte!

Er warf einen Blick aus dem Fenster. Draußen schrie Semerdschan mit einem Boy herum. Semerdschan, 65 Jahre: klein, wieselflink trotz seines Bäuchleins, spricht deutsch wie ein Deutscher und englisch wie ein Engländer, und ist doch waschechter Äthiopier. Semerdschan kennt alle und jeden bei den Behörden, im Grunde hält er sich für den wichtigsten Mann der Botschaft, ist dabei eine Seele von Mensch; schreit er mal und verliert so seine Würde, tut er sich selbst in der nächsten Sekunde leid.

Kaum hatte Herr von Randow seinen pflichtgemäßen Satz formuliert, da fand er seine gute Laune wieder. Morgen, Samstag, würde er mit Harrison Golf spielen, abends die Party bei den Schweizern besuchen und übermorgen, Sonntag, zur Jagd in den Busch fahren.

»Setzen Sie die üblichen Formulierungen unter den Brief«, sagte er. »Und hier ist die Anschrift: Rüdiger Nehberg, Hamburg 70, Friedrich-Ebert-Damm 85 f. – So, haben Sie alles? Ich denke, wir machen dann Schluß für heute.«

Auch das geschah am Freitag, 13. September 1968.

Herr von Randow glaubt, mit diesem Brief sei die Akte Nehberg wohl abgeschlossen, das Unternehmen »Blauer Nil« erledigt. Er zweifelte nicht. Eine amtliche Warnung, geschrieben und gesiegelt an einem Freitag dem 13., konnte und durfte doch kein vernünftiger Mensch ignorieren.

Warnung aus allen Windrichtungen

Ich bekam den Brief vier Tage später. Der Kern des Hochdruckgebiets war inzwischen nach Norden gewandert und versetzte in Deutschland die Menschen in den Sommer zurück. Die Freibäder registrierten noch einmal Massenbesuch, in den Eisdielen gab es kaum freie Stühle, in den Kneipen zischten die kühlen Blonden, auf Straßen und Plätzen wippten die Mädchen fröhlich ihre Minis. Altweiberhochsommer.

Kirsten brachte mir den Brief in die Backstube. Kirsten war vier und vielleicht die einzige, die meine Pläne uneingeschränkt befürwortete. Allerdings tat sie das nicht ganz uneigennützig, denn es verging kaum ein Tag, an dem sie mich nicht mahnte:

»Papa, wenn du aus Afrika zurückkommst, dann bringst du mir doch was Schönes mit, ja? Du hast es versprochen, Papa!«

Wobei Kirstens Phantasie jedesmal Purzelbäume schlug. »Etwas Schönes« – das mochte für sie gestern ein Löwe, heute eine Schlange, morgen ein Affe oder gar ein Negerbaby sein – je nach Gemütslage oder nach dem letzten Fernsehprogramm.

Immerhin hielt sie zu mir. Die meisten anderen dagegen taten mich wohl insgeheim mit einer Handbewegung als »Verrückten« ab. »Der Nehberg«, so werden sie gedacht haben, »der Nehberg ist nun endgültig übergeschnappt. Ein Konditormeister. Und will eine Expedition starten! Soll er doch lieber für seine Familie sorgen!«

Ich war meiner Umwelt schon lange verdächtig. Denn statt im Keller Eingemachtes und Kohlen zu stapeln oder eine Bar zu bauen, so wie jeder vernünftige Mensch, halte ich dort Schlangen – Schlangen! Bei aller Toleranz: das kann doch kein Normaler sein, der sich im Keller Schlangen hält. So eklige, giftige Biester. Und auch noch eine Riesenschlange, die mit lebenden Tieren gefüttert werden muß. Ja, so einer ist der Nehberg! Und nun noch Expedition!

Angefangen hatte alles mit meinem Freund Kern – Karlheinz Kern. Kriminalbeamter ist er, fängt Taschendiebe, Heiratsschwindler oder Urkundenfälscher. Und wenn ihm die schlechten und guten Menschen mal Zeit lassen, dann durchwandert er die Welt. Er verschlingt Reisebeschreibungen, stöbert in Leihbüchereien und Museen herum, sammelt Steine, und falls mir kein Lexikon mehr Auskunft geben konnte, dann gab es nur noch einen Ausweg: Kern fragen.

Eines Abends rief er mich an: »Du, hör mal, Rüdiger, ich habe hier ein irres Buch. Von Steuben. Weißt du, der da den Blauen Nil runter wollte. Mann, das wäre was für uns. Ich bringe es dir mal vorbei.«

Der Zufall, so heißt es, ist der Schnittpunkt zweier Gesetzmäßigkeiten. Dieses Mal trafen sich an dem Schnittpunkt die faszinierenden Schilderungen der Abenteuer Steubens am Blauen Nil und meine Sehnsucht nach dem Ungewöhnlichen. Das Buch lesen und den Entschluß fassen, es Steuben nachzutun, war eigentlich nur logisch. Auch für meinen Freund Karlheinz Kern. Selbstverständlich wollte er mit. Doch ist ein Mann, ein verheirateter Mann, der Rede nach zwar Herr im Hause, aber nicht immer frei in seinen Entschlüssen. Eines Tages überraschte ihn seine Frau, wie er eine Karte von Äthiopien studierte. Und da sie vorher genug vom Blauen Nil gehört hatte und außerdem zwei und zwei zusammenrechnen kann, folgerte sie richtig: »Du willst mit dem Nehberg da hin?! Mit diesem Spinner! Reicht es denn nicht, daß dein Beruf nicht gerade zu den harmlosen gehört? Das sag' ich dir: wenn du das machst, mein Lieber, dann sollst du mich aber mal kennenlernen!«

O ja, Silvia konnte verdammt resolut sein und auch konsequent: »Entweder Nehberg oder ich!«, stellte sie ihren Karlheinz vor die Entscheidung. Und der Blaue Nil mochte ja ganz verlockend sein, und der Nehberg war sicher auch ein guter Kumpel – aber wie sollte er es mit seiner schwarzen, rassigen, temperamentvollen Silvia aufnehmen? Für Karlheinz Kern hieß es: »Ade, Blauer Nil«, »Trautes Heim, Glück allein«.

Überall stieß ich auf Widerstand. Wie oft klingelte das Telefon: Vater rief an, aus Grainau bei Garmisch-Partenkirchen. Meine Eltern hatten sich vor Jahren schon dorthin zurückgezogen. Ringsum Berge, Wälder, grüne Wiesen, idyllische Bergseen oder schneebedeckte Gipfel. Für Vater und Mutter war dort das Leben auch eine Idylle.

»Junge«, sagte Vater durch den Draht, »wir haben gehört, was du wieder vorhast, Junge, willst du dir das nicht noch mal reiflich überlegen? Mutti stirbt jetzt schon tausend Tode vor Angst. Weißt du, ich mach dir einen Vorschlag: Verzichte auf den Blauen Nil und auf dieses ganze Afrika. Wir spendieren euch dafür drei Wochen Florenz. Na, hör mal, Junge, überleg' es dir reiflich!«

Wenn Vater aufgeregt war, sagte er mindestens in jedem dritten Satz »Junge«.

Oder die Sparkasse! Kleiner Konditormeister übernahm ein Geschäft, brauchte also Kredit, brauchte eine Sparkasse. Gut so. Irgendwie bekamen die Geldhüter Wind von meinen Blauen-Nil-Plänen. Jedenfalls schrieb mir die Kreditabteilung einen geharnischten Brief. Man habe von meinem Vorhaben gehört, hieß es darin, und sei äußerst verwundert. Schließlich hätte ich doch erst kürzlich einen größeren Kredit für den Aufbau meines Geschäftes bekommen. Wie sich denn ein Geschäft mit so abenteuerlichen Vorhaben vertragen würde. Das sei doch wahrhaftig »nicht handwerksüblich«. Stand da wirklich: »nicht handwerksüblich«.

Und nun noch dieser Brief des Herrn von Randow. Warnungen! Warnungen aus allen Windrichtungen!

Im Grunde ließen sie mich kalt. Jeder muß schließlich sein Leben allein leben. Aber da war ja noch Maggy. Was dachte Maggy wohl? Ich war mir da selbst nicht ganz klar. Sie versuchte zwar nicht, mir meine Pläne auszureden, hielt sich aber merkwürdig zurück. Und Zurückhaltung war sonst gar nicht ihre Art.

Maggy ist meine Frau. So eine Blonde, Schlanke, Hübsche. Sie kann lachen, daß man schon ein Herz aus Stein haben muß, um nicht mitzulachen, aber sie kann auch zornig werden wie . . . Himmel, ich kenne keine, die so schön zornig werden kann wie Maggy.

Im Grunde liebt sie das Abenteuer genauso wie ich. Wir haben schon eine ganze Menge Verrücktheiten auf unserem Konto gesammelt. Einmal trampten wir durch die Sahara, ein anderes Mal wurde unser Landrover an der Grenze zwischen Uganda und Zaire von Pygmäen demoliert. Und in Kenia versuchten uns Massai, die wir fotografiert hatten, zu speeren.

Dann fuhren wir mit dem Auto durch die Wüste Nefud in Jordanien. Doch als wir so richtig weit weg waren von aller Zivilisation, da fing doch dieser Karren an zu brennen, brannte aus, restlos, und wir wären kläglich verdurstet, hätten uns nicht Beduinen gefunden und in ihr Lager gebracht.

Da saßen wir dann – bestaunt, bewirtet, umsorgt, und der Scheich konnte seinen Blick nicht von Maggy reißen, obwohl sie doch so gar nicht orientalischen Schönheitsvorstellungen entspricht. Sie ist einfach nicht fett genug, dachte ich.

»Der alte Knabe hat Absichten«, flüsterte Maggy mir zu. Die hatte er, weiß Gott. Sieben Kamele bot er mir für meine Frau. Er konnte überhaupt nicht verstehen, daß ich seinen fürstlichen Preis nicht akzeptierte. Immerhin ließ er uns unter Begleitschutz nach Amman ziehen. Zum Abschied schenkte der Haremsherr Maggy sogar eine reich verzierte Kamelpeitsche, die heute unsere Trophäenwand schmückt.

Nein, von Reisebüro-Reisen halten wir beide nicht viel.

Aber jetzt? Ob Maggy nicht insgeheim auch zu der anderen Seite neigte? Dorthin, wo sich alle versammelt hatten, die mich von meinem Vorhaben abbringen wollten? Die Eltern, die Freunde, die Kollegen, die Sparkasse, die Botschaft in Addis Abeba?

Ich konnte mir Maggys Sorgen leicht ausmalen:

»Jetzt haben wir uns hier eine Existenz aufgebaut«, wird sie gedacht haben. »Wir haben uns das Haus gekauft, Kirsten ist gekommen, wir stecken bis zum Hals in Schulden und Arbeit und Glück – und nun will er wieder los, will dies alles aufs Spiel setzen. Bekommt er denn nie genug? Schließlich ist er doch nun auch schon vierunddreißig und hat mehr erlebt als die meisten seiner Altersgenossen. Er ist als Schiffskonditor über die Meere gefahren, er hat sechs Wochen in jordanischen Gefängnissen gesessen, weil die Polizei in Aqaba ihn für einen israelischen Spion gehalten hatte, er hat Gott und die Welt gesehen – was will er denn noch?«

So oder ähnlich wird sie wohl gedacht haben. Maggy. Aber hatte sie es je gesagt, auch nur mal vorsichtig angedeutet? Nie! Niemals hat sie versucht, mich an ein Leben zu fesseln, das mir Zwang sein würde. Sie ist schon eine großartige Frau, meine Maggy. Und dabei hatte sie ganz sicher auch Angst. Viel Angst und Sorge.

Der Fluß war immer stärker

Der Blaue Nil heißt auf arabisch Bahr el Azraq. Er entspringt dem Hochland von Gojjam im Herzen Äthiopiens, 3500 m über dem Meeresspiegel, durchströmt den Tana-See, durchfließt eine Schlucht zwischen den Provinzen Gojjam, Wollo, Shoa und Wollega, bevor er die sudanesische Ebene erreicht und sich bei Khartum mit dem Weißen Nil vereinigt. Von der sudanesischen Grenze an ist der Blaue Nil schiffbar. Und vorher?

Vorher – das sind enge Schluchten, die turmhoch zu beiden Ufern des Flusses aufragen, das sind Wasserfälle, die mit ungeheurer Wucht in die Tiefe stürzen, das sind tückische Strudel. Lebensraum ist er Fischen vieler Art, gewaltigen Krokodilen, Flußpferden, Schlangen. Anrainer sind mannigfaltige, bunte Vogelvölker, friedliches Wild, einsame Goldwäscher, unbekannte Eingeborenenstämme, Räuber aus der Tier-, Pflanzen- und Menschenwelt, Wegelagerer, Kleingetier, heilende und tötende Mikroben. Aber das sind auch glutheiße Tage und milde Nächte, in deren Mondlicht der Fluß silbern glänzt, das sind Landschaften, öde und romantisch, die jeden Maler in Entzücken versetzen; das sind Menschen, die du in der Einsamkeit triffst und die bereit sind, dich zu töten oder den letzten Bissen mit dir zu teilen.

Lockend und abschreckend zugleich – ja, das ist der Blaue Nil.

Und man sagte, es sei leichter, zum Mond zu fliegen, als die rund tausend Kilometer vom Tana-See bis zur sudanesischen Grenze mit dem Boot zurückzulegen.

Noch keiner hatte es ohne fremde Hilfe geschafft!

Dem Brief des Herrn von Randow lag kommentarlos ein Zettel bei. Sachlich-nüchtern führte er alle Expeditionen auf, die in den letzten Jahren versucht worden waren:

1902: Der Amerikaner Macmillan, ein Großwildjäger, versuchte als erster, den Blauen Nil zu bezwingen. Sein eisernes Boot wurde schon nach wenigen Kilometern Wildfahrt leck geschlagen. Sein

Begleiter, der französische Journalist De Bois, war schon bei einem Überfall auf dem Wege zum Blauen Nil von Kriegern der Danakils kastriert und getötet worden.

1956: Herbert Rittlinger, der erfahrene Amazonasbezwinger, wollte mit seiner Frau und einem befreundeten Ehepaar den Blauen Nil in Faltbooten bezwingen. Am dritten Tag wurde das Boot Frau Rittlingers von einem Krokodil angegriffen, ein Biß riß das ganze Heck weg. Die vier gaben auf.

1959: Kuno Steuben versuchte es mit einem Floß. Er hatte es aus Balsa-Hölzern gebaut, der leichtesten Holzart, die es gibt. Nach mehreren Wochen wurde er von drei Eingeborenen überfallen und durch einen Speerwurf schwer an der Schulter verwundet. Er konnte fliehen, bekam Wundfieber, ließ sich einfach mit seinem Floß treiben, wurde von anderen Eingeborenen gefunden und nach Addis Abeba zurückgebracht.

1962: Drei Schweizer und zwei Franzosen hatten es schon beinahe geschafft. Kurz vor der sudanesischen Grenze übernachteten sie am Dabus, einem Nebenfluß des Blauen Nil. Im Schlaf wurden sie von Eingeborenen überfallen. Zwei Teilnehmer blieben erschossen liegen, die anderen konnten entkommen. Sie schlugen sich zu Fuß nach Asosa durch, einer Provinzhauptstadt, etwa 170 Kilometer vom Fluß entfernt. Dort trafen sie die Eingeborenen wieder, die sie überfallen hatten. Sie hatten die Expeditionsgruppe in dem Glauben überfallen, sie seien Italiener, die das Land wieder besetzen wollten. Sie waren im Siegesrausch und der Meinung, eine Heldentat vollbracht zu haben, und erwarteten Ehrungen und Belohnungen. Sie wurden gehängt.

1965: Der Kieler Journalist Klaus Denart brach mit seinem Freund Günther Krieghk auf. Denart lebte schon eineinhalb Jahre in Addis Abeba, er sprach amharisch, kannte die Landessitten genau. Sie hatten ein Boot gebaut, das einem Sarg verteufelt ähnlich sah. Am ersten Tag verloren sie fast ihre ganze Ausrüstung. Dennoch schlugen sie sich drei Wochen lang Kilometer um Kilometer vorwärts. Am Didessa zerschellte ihr »Sarg«. Halb verhungert erreichten sie einen Monat später Addis Abeba. Sie waren die ersten, die die Reise unterhalb der Tississat-Fälle begonnen hatten.

Im September 1965 bewältige der Schwede Arne Rubin in nur acht Etappen (während der Regenzeit) den unteren Nilverlauf von der Shafartak-Brücke bis zum Sudan.

Mit Denart, Krieghk und Rubin waren alle Strecken des Flusses befahren worden. Aber keiner hatte den ganzen Strom gemeistert.

1968 dann: der Blaue Nil konnte bezwungen werden. Eine äthiopisch-britische Militärexpedition, an die 70 Mann stark, bei der die Mannschaften etappenweise abgelöst wurden, schaffte es. Die äthiopische Armee stellte zu dieser Expedition vier Mann. Im übrigen verfügte dieses Unternehmen über alle technischen Mittel, die Militärs zur Verfügung stehen. Wie weit das ging zeigt, daß per Flugzeug sogar täglich die Post und Lebensmittel gebracht wurden.

Diese Expedition konnte man nicht gut buchen in dieser Liste der Mißerfolge. Ich steckte sie weg. Maggy mußte sie ja nicht unbedingt auch noch lesen.

Ein Inserat und seine Folgen

Zwei Tage, nachdem ich den Brief des Herrn von Randow erhalten hatte, stand im Hamburger Abendblatt unter der Rubrik »Verschiedenes« eine kleine, unauffällige Anzeige:

»Für risikoreiche 2-Mann-Expedition (Erstbefahrung) kameradschaftlicher, sportlicher Partner gesucht.«

Himmel, was hatte ich angerichtet?! Hatten denn alle Käuze und Sonderlinge an Alster und Elbe nur darauf gewartet, mit dem Nehberg den Blauen Nil bezwingen zu können?

Beinahe sah es so aus. Mentz zum Beispiel, Mentz mit »tz« bitte. Klingelte es eines Abends, ein junger, schmächtiger Kerl stand vor der Tür:

»Ich heiße Mentz, ich habe Ihre Anzeige gelesen, das finde ich aber sehr interessant, ob wir wohl mal darüber sprechen können, ich bin Student wissen Sie, Soziologie . . .«

Es sprudelte alles nur so aus ihm heraus. Er sei Ahnenforscher, erzählte er, habe den Stammbaum seiner Familie einige hundert Jahre zurückverfolgt und lege größten Wert darauf, daß sein Name mit »tz« geschrieben werde. Von den Mentzens mit »tz« gäbe es nur wenige, ganz im Gegensatz zu denen mit einfachem »z«, er gehöre gewissermaßen zum Adel der Mentzens, bitte sehr.

Das alles erfuhr ich in Länge und Breite, und ich kam eigentlich gar nicht dazu, vom Blauen Nil und von meinem Vorhaben zu erzählen. Na ja, ein Spinner, dachte ich, den mußt du einfach ausreden lassen, der geht dann schon von ganz allein. Ging er auch. Aber noch beim Absagen blieb er ein Sonderling: »Sagen Sie mal, Herr Nehberg, welches Sternbild sind Sie eigentlich?« wollte er wissen.

»Ich? Stier, glaube ich – ja, Stier.«

»Um Himmels willen! Dann brauchen wir gar nicht weiter zu reden«, entsetzte er sich. »Mein Vater ist nämlich auch Stier. Und ich bin Krebs. Wir harmonieren überhaupt nicht miteinander. Nein, das hat dann wohl alles keinen Zweck.« – »Obwohl«, überlegte er, »eigentlich ist das doch etwas anderes. In dem einen Fall handelt es sich um Vater und Sohn, bei uns jedoch wäre es ja mehr ein Freund-Freund-Verhältnis.«

Dann müssen seine Zweifel doch überwogen haben.

Ein anderer hieß Gorgass. Er meldete sich zuerst am Telefon. »Bin praktizierender Fallschirmspringer«, meldete er sich knapp. »Früher Fallschirmjäger. Würde mich sehr interessieren, bei Ihnen mitzumachen. Komme mal vorbei.«

Wir hatten uns um sieben Uhr verabredet. Er kam etwas früher. Hacken zusammenschlagen, angedeuteter militärischer Gruß. »Des Soldaten Pünktlichkeit ist fünf Minuten vor der Zeit«, knarrte er.

Na, das fing ja zackig an. Im übrigen war er zu alt. Aber das mochte man ja nicht gleich so sagen. Ich schätzte ihn auf fünfzig bis Mitte fünfzig. Dabei durchtrainierte Figur, sah mächtig zäh aus, der alte Soldat.

Er war auf Geld aus. »75 Mark pro Tag müssen schon dabei rausspringen«, sagte er. »Und dann sollten wir natürlich eine Kameraausrüstung haben. Die müßten Sie besorgen.«

»Nein«, antwortete ich, »Geld gibt es bei mir nicht zu verdienen. Ich suche einen Partner, keinen Angestellten.«

Er grinste. »Na ja, man kann es schließlich mal versuchen. Aber wenn es so ist – ich würde auch ohne Bezahlung mitmachen.«

Wie sag ich's ihm nur, überlegte ich. Gewiß, er war viel zu alt, aber andererseits leistete er sicher noch mehr als mancher, der den Jahren nach sein Sohn sein könnte.

Wir verabredeten, daß ich ihn anrufen würde. Zwei Tage später rief ich an. Seine Frau war am Apparat.

»Mein Mann ist gerade nicht da«, erklärte sie. »Sagen Sie mal, sind Sie der, mit dem er nach Afrika will?«

»Ja, der bin ich.«

»Na, ich will Ihnen mal eins sagen: Haben Sie überhaupt eine Ahnung, wie alt mein Mann ist? Hat er Ihnen das gesagt?«

»Nein.«

»Mein Mann ist vierundsechzig . . .«

Marion war eine Brünette mit einem Hauch von Rot im langen Haar. Die Jeans saßen ihr wie angegossen, der knapp sitzende Pulli zeigte mehr, als er verbarg, und sie wollte mit, »nach Abessinien«, wie sie sagte.

»Warum denn eigentlich«, wollte ich wissen.

»Ach, auf Afrika pfeife ich, und auf Ihren Blauen Nil auch«, antwortete sie mit schockierender Offenheit. »Das könnte auch der Amazonas sein oder die Lüneburger Heide. Hauptsache, es geschieht etwas. Dieses lahme Leben hier kotzt einen doch an.«

»Und das ist Ihre ganze Motivation?«

»Na ja«, gab sie zu, »außerdem können sich doch auch zwei Menschen nirgends so gut kennenlernen wie in außergewöhnlichen Situationen. Schließlich stand ja in Ihrem Inserat nicht drin, daß Sie schon im Hafen gelandet sind.«

Das waren so meine Gesprächspartner in diesen Tagen. Einer offenbarte sich als Haschjüngling. Irgend jemand hatte ihm von einem Strauch in Äthiopien erzählt, dessen Früchte zu einem »unheimlichen Trip« verhelfen sollten. Ein anderer versuchte seiner Frau durchzubrennen; wieder einer wollte nun endlich einmal die Krokodile sehen, die sich Eingeborene am Blauen Nil zur Bewachung ihrer Dörfer dressieren würden. Ich war verblüfft. Wollte der mich verkohlen? Aber nein – er glaubte wirklich solchen Unsinn. Er wisse dies aus einer ganz sicheren Quelle, beteuerte er. Und als ich ihn fragte, ob denn diese Wachkrokodile auch bellen würden wie richtige, gute Wachhunde, mußte er den Spott wohl doch gespürt haben, denn er reagierte wütend: »Sie werden schon noch sehen, was Sie da alles erleben werden. Aber lachen Sie nur. Wenn Sie meinen, Sie könnten es mit Ihrem Schulwissen allein schaffen, bitte sehr, bitte sehr, ich will der Letzte sein, der Sie daran hindert . . .«

Und zwischen all den langen Gesprächen und Diskussionen mußte ich Schokoladentorte backen, Mohnkuchen, Nußecken, Sahnestückchen oder »Berliner«, die man in Berlin »Pfannkuchen« nennt, was ein Glück ist, denn sonst hätte ja Kennedy mißverstanden werden können, als er sagte: »Ich bin ein Berliner!«

Die Witwenanleitung

Dann kam Hinrich Finck. Er rief nicht vorher an, er schrieb nicht, er kam einfach und sagte:

»Ich bin der, den Sie suchen.«

Nun ist das ja gewiß nicht gerade originell, aber Hinrich gefiel mir trotzdem. Es war zwischen uns Sympathie auf den ersten Blick. Finck: mittelgroß, durchtrainiert, beherrscht, einer, der lieber zuhört als erzählt. Sein Vater war stellvertretender Präsident der Hamburger Ärztekammer, er selbst wollte Ingenieur werden. Seine Fragen waren kühl, überlegt, sachlich. Er hatte sie auf einer Liste notiert.

»Wie ist das denn mit den Kosten?«

»Wir müssen alles in allem mit etwa 10000 Mark rechnen«, antwortete ich. »Diese Summe haben sich beide Partner eins zu eins zu teilen.«

»Hmm. Und was geschieht mit möglichen späteren Einnahmen? Zum Beispiel Honorare für Publikationen?«

»Die werden natürlich geteilt. Wir werden das übrigens vor Beginn der Fahrt alles vertraglich festlegen. Jeder mögliche Ärger ist dann später ausgeschlossen.«

»Wenn nun aber unterwegs einem etwas zustößt. Was ist dann?«

»Der Vertrag soll eine Klausel enthalten, die seinen Gewinnanspruch auf seine Erben überträgt. Das heißt, jeder muß natürlich vorher sein Testament machen.«

»Was geschieht, wenn einer der Partner kurz vor Beginn der Reise zurücktritt?«

»Wir müssen vertraglich regeln, daß in einem solchen Fall der andere keinen Anspruch auf Rückvergütung seiner Investitionen hat. Es sei denn, er würde einen geeigneten Ersatzmann stellen können.«

Das waren so die Kernfragen des Hinrich Finck. Ich hatte meinen Partner gefunden.

Eines Tages wollte er wissen: »Du, hör mal, hast du eigentlich alles für Maggy geregelt, wenn dir etwas zustoßen sollte?«

»Wie meinst du das?« fragte ich zurück. »Wir haben doch beide unser Testament gemacht.«

»Nein, das meine ich nicht«, wehrte Hinrich ab. »Das ist doch selbstverständlich. Aber bist du auch sicher, daß Maggy mit dem ganzen Versicherungskram zurecht kommt. Daß sie weiß, wo und wie sie ihre Rentenansprüche anmeldet?«

»Nein«, mußte ich zugeben.

»Also, dann werden wir das jetzt genau ausarbeiten.«

Und so stellten wir eine Liste zusammen. Alle Adressen der Versicherungen, Telefonnummern, die Namen der Sachbearbeiter; Krankenkasse für das Sterbegeld; Berufsorganisationen; Innungskasse; Rechtsanwalt; Steuerberater – den ganzen Krimskrams, der eine Witwe so stark belasten kann.

Das war Hinrich Finck. Dreiundzwanzig. Selbstverständlich freute er sich auf unser bevorstehendes Abenteuer genauso wie ich, doch die kühle Überlegung verließ ihn keine Sekunde. Dabei war er keineswegs ohne Humor, vor allen Dingen aber hatte er viel für schwarzen Humor übrig.

»Weißt du, wie wir das Ding hier nennen?« fragte er, als wir die Liste für meine Frau fertiggestellt hatten. »Wir nennen das ›Witwenanleitung‹«, grinste er.

Und als Maggy mit dem Schuh schmiß, tauchte er blitzschnell unter den Tisch.

Der Professor

Ich weiß nicht mehr genau, wer von uns beiden zuerst von ihm gehört hatte, Hinrich oder ich – jedenfalls sollte es da an der Hamburger Universität, am Institut für Orientalische Sprachen, einen Mann geben, der angeblich wie kein anderer über Äthiopien Bescheid wüßte. Ein Professor, doppelter Doktor – Professor Hammerschmidt. Er hielt Vorlesungen über Äthiopien. Doch wer interessiert sich schon für Äthiopien? Also würde er sich meistens mit Forschungen beschäftigen, hieß es, und Bücher schreiben.

»Mensch«, meinte Hinrich, »wenn wir mit dem mal sprechen könnten! Der könnte uns sicher eine Menge Ratschläge geben.«

»Na, versuchen wir es doch mal«, antwortete ich.

Telefon. Eine dunkle, freundliche Frauenstimme mit unverkennbarem westfälischem Akzent.

»Hier Frau Hammerschmidt.«

»Ach, entschuldigen Sie bitte, mein Name ist Nehberg, Rüdiger Nehberg. Wir haben gehört, daß Ihr Mann einer der besten Kenner Äthiopiens ist. Und da wir in ein paar Wochen dorthin wollen, hätten wir ihn gern einmal aufgesucht, um uns ein paar Tips geben zu lassen. Ob das wohl möglich wäre?«

»Na, ich weiß nicht«, zögerte sie. »Wissen Sie, mein Mann hat immer so viel zu tun. Aber ich werde ihn fragen. Rufen Sie doch heute abend noch mal an, ja?«

»Gerne. Vielen Dank vorerst, gnädige Frau.«

Abends erneuter Anruf. »Professor Hammerschmidt.«

»Mein Name ist Nehberg. Guten Abend, Herr Professor. Ich habe heute mittag schon einmal mit Ihrer Frau . . .«

»Ja, ich weiß Bescheid«, unterbrach er mich. »Wenn Sie möchten, können Sie morgen abend vorbeikommen. Sagen wir so gegen sieben.«

»Oh, großartig, Herr Professor. Und vielen Dank.«

Hegestraße 39 in Hamburg-Eppendorf. Vornehme Patrizierhäuser, Marmor in den Fluren; weiche Teppiche, goldgestanzte Namensschilder, viel Antikes und hohe Bücherwände in der Wohnung. Zwei junge »Wer-seid-ihr-denn-schon?« und der angesehene Wissenschaftler – na, der wird uns ganz schön abfahren lassen!

Tat er gar nicht. Er war im Gegenteil von der ersten Minute an sehr entgegenkommend, wenn es auch so schien, als würde er an unser Vorhaben nicht so recht glauben. Aber ihn freute wahrscheinlich schon die Tatsache, daß hier jemand Interesse für Äthiopien zeigte.

Aus einem Besuch wurden viele. Zumal süße kleine Bestechungsversuche nicht auf Ablehnung stießen. Der Herr Professor liebte Äthiopien und Marzipan, Marzipan. Nicht etwa frisches, weiches Marzipan, nein, hart und bröcklig mußte es sein und dazu noch bunt gefärbt. Ich hätte nicht Konditor sein dürfen, um diese Chance nicht zu nutzen. Der Professor bekam das härteste und bunteste Marzipan, das er sich nur wünschte – wir hörten über Äthiopien, wie wir es aus tausend Büchern nicht lesen konnten.

Aber ich bin sicher, der Professor hätte auch geholfen, wenn ich Seemann, Maurer, Kaufmann oder Elektriker gewesen wäre.

Eines Abends war er dann auch so weit, unsere Pläne ernst zu nehmen. »Sagen Sie mal«, hatte er gefragt, »warum wollen Sie eigentlich dorthin, an den Blauen Nil? Ist es die Sensation, die Sie suchen? Wollen Sie sich einen Namen machen? Sind Sie sich überhaupt über die Gefahren im klaren, die Sie dort erwarten?«

»Ich denke schon, Herr Professor«, antwortete ich. »Uns geht's auch nicht um die Sensation oder um die Publicity. Wir sind keine

Abenteurer, und die Risiken, die wir eingehen, haben wir nach Möglichkeit einkalkuliert. Bei deren Einschätzung haben Sie, Herr Professor, uns sehr geholfen, und dafür danken wir Ihnen. Wir bilden uns übrigens keineswegs ein, mit dem Unternehmen irgendwelche wissenschaftlichen Ziele verfolgen zu können; wir sind einfach nur zwei junge Männer, die die Welt nicht nur vom Jumbo-Jet oder an einem überfüllten Badestrand erleben möchten. Wir denken, daß es auch in unserer Zeit noch genug Interessantes zu erleben gibt, man muß sich eben nur ein wenig bemühen, um es zu finden. Und Gefahren? – Wissen Sie, Herr Professor, das Leben birgt doch immer und überall Gefahren. In einer Großstadt noch mehr vielleicht als irgendwo in der unberührten Natur.«

»Mensch, Nehberg, das war ja eine richtige kleine Rede«, grinste der Professor. Doch von Stunde an nahm er uns ernst. Und in der Hegestraße 39 wurden wir noch häufigere Gäste, oft bis spät in die Nacht.

Als wir uns eines Abends verabschiedet hatten, meinte Finck: »Komm, Rüdiger, laß uns noch ein bißchen in den Hafen fahren. Ich habe noch keine Lust, schlafen zu gehen, ja?«

Ein paar Minuten später standen wir an der Elbe. Der Strom gluckste leise. Am anderen Ufer blinkten die tausend Lichter von Blohm und Voss, von Stülcken und Finkenwerder und dazwischen dunkle Silhouetten vieler Schiffe. Es war still und kalt, irgendwo schlug eine Tür, und ein Betrunkener grölte: »Auf der Reeperbahn nachts um halb drei«.

Hafen.

»Weißt du, Rüdiger«, sagte Hinrich plötzlich, »mir ist jetzt manchmal so, als würden wir gar nicht in ein fremdes Land fahren, und schon gar nicht in ein unerforschtes Gebiet. Der Professor hat uns soviel darüber erzählt, daß ich manchmal die Landschaft richtig vor mir sehe. So als wäre ich schon oft dort gewesen. Ich bin wirklich gespannt, wie sich die Wirklichkeit mit meinen Vorstellungen decken wird.«

Das war fünf Tage vor Weihnachten 1970. In unseren Brieftaschen steckten Flugtickets:

Berlin–Addis Abeba–Berlin. Abflugtag: 31. Dezember.

Zweites Kapitel

Zwischenspiel 1

Schon 12 Tage unterwegs, erst 250 km geschafft!

Der Baum war im Juli gestürzt. Es hatte keinen besonderen Anlaß gegeben, ein heftiges Gewitter nur, ein paar Böen, die durch die Äste jagten, aber der Baum hatte vorher tausend Gewitter überstanden, heftigere noch, und er hatte sie abgeschüttelt mit seiner breit ausladenden Krone, und der dicke knorrige Stamm, den zwei Männer nicht umfassen konnten, hatte sich um keinen Zentimeter gerührt.

Trotzdem war er gestürzt. Es war nicht der Sturm, der ihn fällte, sondern der Fluß. Jahrzehnt um Jahrzehnt hatte er ihn umspült, mal sacht und verstohlen bohrend, mal tosend mit zornigen, weißen Schaumkronen. Immer und immer wieder griff er an, löste das Wurzelwerk Millimeter um Millimeter, schob Steine und Geröll dazwischen, nagte und zerrte und ließ nicht ab.

Schließlich gab der Riese auf.

Jetzt lag er im Fluß. Drei Kilometer flußaufwärts stürzte das Wasser durch eine enge Schlucht heftig wie ein Wasserfall, sicher 10 Meter tief. Unten landete der Fluß, kochend und brodelnd, wandte sich ab und jagte mit wilder Kraft weiter. Er riß Felsbrocken mit sich und schäumte gegen den Baum, der beinahe in ganzer Breite das Flußbett sperrte. Hier tobte das Wasser sich aus. Der Baum stemmte sich gegen den Fluß, keilte sich zwischen die Felssteine, warf Wurzelwerk und Geäst wie Anker in die Tiefe. Es war, wie die Botaniker sagen, ein Adansonia, ein Affenbrotbaum, so genannt, weil seine etwas bitter schmeckenden Früchte zu den Hauptnahrungsmitteln der Affen gehören. Er wurzelte über einhundertdreißig Jahre hier am Ufer des Blauen Nils, bis der Fluß ihn besiegte. In den letzten Jahren hauste eine lärmende, dreiste Pavianfamilie auf ihm. Das starke Männchen mit den gewaltigen Eckzähnen und den messerscharfen Krallen verjagte einmal einen jungen Leoparden, der in dem dichten Blätterwerk seinen Verdauungsschlaf halten wollte. Da brach ein Fauchen und Gebell der Paviansippe aus, vor dem der Leopard die Flucht ergriff.

Jetzt nistete nur noch ein Reiherpärchen in der Baumkrone dicht über dem Wasser. Das war ein bequemer Futterplatz. Beinahe vom Nest aus holten sie mit ihren langen Schnäbeln die Fische aus dem Fluß, furchtlos vor den Krokodilen, die einige hundert Meter weiter

lauerten, dort, wo das Wasser seine Kraft verloren hatte und sanft da-
hinzog – bis zur nächsten Schlucht, dem nächsten Fall, dem nächsten
Katarakt.

Wir waren den 12. Tag unterwegs. Und vielleicht waren wir leichtsinnig geworden. Denn bisher hatte es zwar Arbeit gegeben, viel
Arbeit, aber nicht die Gefahren und Schwierigkeiten, die wir erwartet
hatten. Das sollte der Blaue Nil sein – der Unbezwingbare? Dachten
wir nicht manchmal schon so?

Wir waren in Hamburg abgeflogen, als das Jahr nur noch wenige
Stunden hatte; Neujahrstrunk in Berlin; am nächsten Morgen in aller
Herrgottsfrühe Start Richtung Kairo; noch am selben Tag weiter
nach Addis Abeba: Zoll, Botschaft, Polizei, Papierkram wie zu
Hause, nur noch ein wenig langwieriger; eine Woche später am
Tana-See.

Start!

Zwölf Tage – im Grunde einer wie der andere arbeitsreich. Der
Fluß mitunter zärtlich und leise, meist aber aufgeregt, wild, zornig.
Er warf unser Boot gegen Felswände, er drehte uns minutenlang im
Kreise, er schäumte über Felsbarrieren, und wir mußten zigmal am
Tage aussteigen, das Boot festmachen, versuchen, uns einen anderen
Weg zu erpaddeln – mit aller Kraft gegen den Fluß, und wir mußten
ausladen, das Boot tragen, das Gepäck heranholen, wieder einladen,
weiter bis zum nächsten Hindernis.

12 Tage lang. Eine Schufterei. Wenn die Dunkelheit hereinbrach,
bauten wir unser Zelt auf, fielen todmüde auf das Lager, einer schlief,
der andere schob Wache. Denn verschiedene Male waren am Ufer
Eingeborene. Sie hatten uns mit Steinen beworfen, und fast immer
hatten wir das Gefühl, von hundert Augen belauert zu werden.

Aber es war nichts geschehen. Wahrscheinlich dösten wir und paß-
ten deshalb nicht mehr so genau auf. Wir sahen den Baum viel zu spät.
Nach dem Katarakt hatten wir unser Boot wieder in den Fluß gesetzt,
waren in schneller Fahrt vorwärtsgetragen worden, und plötzlich lag
er vor uns, eine bizarre, braune Mauer. 10 km vor der Einmündung
des Mugher.

Die Strömung jagte uns gegen den Stamm. Der Anprall war so heftig, daß wir ins Wasser geschleudert wurden. Ehe wir richtig zu uns
kamen, hatte der Fluß das Boot unter den Baum gedrückt, fest in das
Geäst hinein.

Den Rest des Tages bemühten wir uns, das Boot freizubekommen.

Den nächsten Tag auch. Es war, als würden Kinder gegen einen Riesen kämpfen. Wir schoben und zerrten, spannten Seile, versuchten es mit Hebelwirkungen, wir fluchten und »beteten« – es half alles nichts. Baum und Fluß hielten das Boot wie mit Eisenklammern fest.

Am nächsten Morgen gaben wir auf. Wir machten uns auf den Rückweg zur Gojjam-Brücke, wo ein Polizeiposten stand, Symbol der Zivilisation, wo Lastwagen passierten, wo es eine Straße gab, eine richtige Straße und Sicherheit.

Eine Woche später hatten wir die Brücke erreicht, einen Tag später Addis Abeba, vier Tage darauf Deutschland, Hamburg.

Unsere »Blue Nile Expedition« war gescheitert. An einem Affenbrotbaum. Von einer Sekunde zur anderen. Etwas über 200 Kilometer hatten wir geschafft – lumpige 200 Kilometer. Herr von Randow konnte seiner langen Liste der Mißerfolge einen weiteren anfügen.

Die Akte Nehberg schließen aber konnte er noch nicht.

Drittes Kapitel

Auf ein neues

Die Frage war, wie es Maggy aufnehmen würde? Rund 10000 Mark hatten wir investiert, sie waren ins Wasser geworfen, buchstäblich ins Blaue-Nil-Wasser.

Maggy mußte sich wochenlang um ihren Mann ängstigen, mußte das Geschäft allein führen. Sie mußte wochenlang Fragen über sich ergehen lassen – etwa so: »Na, haben Sie noch nichts von ihm gehört?« – »Wird doch hoffentlich nichts passiert sein?« – »Ach, Sie Ärmste, wie schaffen Sie das bloß?«

Anteilnahme und Neugier, die beiden verfeindeten Geschwister, gingen Hand in Hand neben Maggy einher.

Und ich? Überall glaubte ich nur Spott und Schadenfreude herauszuhören. Dieser Nehberg! – Ha, ha, ha!

Im Grunde also nichts als eine Reihe von Negativposten. Das war bei unserem Blauen-Nil-Abenteuer herausgesprungen. Und doch wollte ich meiner Frau das alles noch einmal zumuten!

Zwischen Hinrich und mir hatte es da von Anfang an keine Meinungsverschiedenheiten gegeben. Ein paar Kilometer hinter der Gojjam-Brücke war es gewesen: wir saßen eingeklemmt zwischen Zuckersäcken auf einem Lastwagen, der uns in die äthiopische Hauptstadt zurückbrachte – zerschlagen, verdrossen, deprimiert, jeder hing seinen Gedanken nach. Plötzlich schlug ich Hinrich auf die Schulter:

»Mensch, mach nicht so 'n blödes Gesicht! Das nächste Mal klappt's besser, garantiert!«

»Du würdest wirklich . . .«, fragte er ungläubig.

»Na, was denkst du denn?«

Wie aber es Maggy beibringen? Als Ehemann hat man da so seine bewährten Methoden: Man guckt lange versonnen aus dem Fenster; hängt seinen Gedanken nach; ist still und in sich gekehrt; man tönt die Stimme melancholisch und färbt die Augen träumerisch. Man ist einfach anders als man ist.

Natürlich brauchte Maggy nicht lange, um zu begreifen. »Du willst es noch einmal versuchen, ja?« fragte sie eines Morgens beim Frühstück. Sie hob ihre Stimme nicht, sie sprach nicht zornig, sie sagte es einfach so, als würde sie sich erkundigen, ob ich Marmelade oder Honig auf dem Brötchen haben wollte. Und doch war da irgend etwas, was zur Vorsicht mahnte.

»Na, weißt du . . .«, fing ich an.

»Also doch«, brach es aus ihr heraus. »Ich habe es ja geahnt. Das ganze Theater also noch mal von vorn! Weißt du eigentlich, was du uns da zumutest? Ich will gar nicht von mir reden, von den Nächten, in denen ich vor Angst nicht schlafen kann, von der Verantwortung für das Geschäft. Und – denkst du mal an Kirsten? Aber du mußt es ja schließlich selbst wissen, was du als Vater verantworten kannst oder nicht. Und dann will ich dich mal auf die finanzielle Seite aufmerksam machen. Das wird wieder eine Menge Geld kosten. Woher wirst du es nehmen? Aus dem Geschäft natürlich, das nicht nur dir, sondern auch mir gehört!«

Was gab es dagegen für Argumente? Keine.

Ich ging kleinlaut in die Backstube, Maggy verschwand im Laden, und zwei Tage lang beherrschte Sachlichkeit die Szene. »Wir brauchen noch dreimal Nußtorte.« – »Die Florentiner reichen nicht.« – »Der Käsekuchen ist unten leicht angebrannt, den müssen wir billiger verkaufen.«

Am Abend des zweiten Tages war das Eis geschmolzen. Maggy schaltete einfach den Fernseher aus, sah mich an und meinte nach einer kurzen Sammlung:

»Also, wenn es dir wirklich das Herz brechen sollte – dann fahre eben in Gottes Namen. Einmal werde ich es schon noch schaffen.«

In solchen Augenblicken kann man nichts antworten. Ich hatte mir im Geist noch vieles zurechtgelegt, das ich Maggy erklären, mit dem ich sie umstimmen wollte. Ich hatte – kitschig genug – vorgehabt, von unserem Lebensabend zu sprechen, für den ich dieses Abenteuer bestehen wollte, ich wollte das angeknackste Selbstbewußtsein ins Feld führen und den Zauber dieses Flusses, der einen einfach nicht mehr losläßt – nichts von dem brachte ich hervor. Ich küßte Maggy nur und hatte das Gefühl, sie erwarte auch gar nichts anderes.

An diesem Abend sprachen wir kein Wort mehr über den Blauen Nil.

Michael

»Für risikoreiche Expedition 1972 wird ein kameradschaftlicher, sportlicher, erfahrener Kameramann gesucht. Bitte melden unter Telefon . . .«

Kleinanzeige am 23. Januar 1971 im Hamburger Abendblatt. Wieder unter der Rubrik »Verschiedenes«. Ein dritter Mann nämlich war das Zugeständnis, das ich Maggy machen mußte. Das mindere nicht nur die Gefahr, sondern auch die Kosten, hatte sie praktisch argumentiert. Und daß es ein Kameramann sein müßte, war Hinrichs und meine Idee gewesen:

»Dann können wir vielleicht einen richtigen Film über unser Abenteuer drehen, und wenn wir Glück haben, kauft uns den jemand ab. Auf jeden Fall haben wir so größere Chancen, das investierte Geld wieder hereinzubekommen.«

Anfangs allerdings schien diese Rechnung nicht aufzugehen. Zwar meldeten sich Kameramänner genug, doch wollten sie alle nur gegen Bezahlung das Risiko teilen. 75 Mark pro Tag verlangte immerhin noch der Billigste. Und dann natürlich das Filmmaterial, die Entwicklungskosten, das Schneiden, Vertonen und und und – nein, die Idee mit dem Kameramann als dritten Expeditionsteilnehmer schien ein Blindgänger zu sein.

Da meldete sich Michael Teichmann.

Von Herkunft, Konstitution und Erziehung her konnte es eigentlich kaum einen ungeeigneteren Bewerber geben als ihn. Vierundzwanzig, lang, schlacksig, stets ein wenig gebückt, blasses Gesicht, behüteter Ältester einer Familie, die am liebsten jeden Windhauch von ihren Kindern ferngehalten hätte. Die beste Zensur, die Michael jemals im Sportunterricht gehabt hatte, war eine Vier gewesen. Der Vater Arzt, Naturheilkundler, abends liebte er lange Diskussionen; die Mutter stets milde und nachsichtig – »wenn ich an sie denke, dann eigentlich immer so, daß sie mir über den Kopf streicht«, sagte Michael später einmal – der Bruder sieben Jahre jünger, genauso verzärtelt.

Gelangweilt hatte Michael Teichmann den Anzeigenteil der Zeitung überflogen, als sein Blick auf mein Inserat fiel. Hmm, Expedition! Kameramann! Na ja, eigentlich bist du ja noch gar kein richtiger Kameramann, dachte er, du bist ja erst Kameraassistent, eine Art Lehrling also. Aber anrufen kannst du ja mal, nur so zum Spaß.

Psychologen hätten es sicher anders gedeutet. Denn natürlich wollte Michael nicht nur »mal so zum Spaß« anrufen, das machte er sich wahrscheinlich selbst vor. Unbewußt litt er sicher an seiner Rolle des behüteten jungen Mannes, er wollte ausbrechen aus dem Kreis, der ihn umsorgte, sich selbst messen, sich auf eigene Beine stellen. Beim Turnen war er einmal vom Barren gefallen, bei einer ganz leichten Übung, und nach vielen Jahren noch dachte er mit äußerstem Unbehagen an das höhnische Gelächter seiner Mitschüler zurück. »Der Teichmann – na ja, wer sollte wohl sonst runtergefallen sein?«

Er rief am späten Nachmittag an. Maggy war am Apparat. »Ja, Sie sind schon der fünfzehnte heute«, sagte sie, »warten Sie einen Moment, ich hole meinen Mann eben aus der Konditorei.«

»Aus der Konditorei?« fragte Teichmann zurück. »Sagen Sie, bin ich denn richtig verbunden? Ich wollte gern den Expeditionsleiter sprechen.«

Er war eben noch recht unerfahren, der Michael Teichmann. Einen Expeditionsleiter – da hatte er seine festen Vorstellungen. Ein breitschultriger Hüne mußte das sein, mit stahlharten Augen und dichtem Vollbart, das Haus voller Trophäen, und wenn er spricht, dann hatte das wie fernes Gewittergrollen zu klingen.

Und da kommt so ein Konditor, einer, der Kuchen herstellt. Weiß der Kuckuck, zum wievielten Male Michael Teichmann aus seinem Illusionshimmel stürzte.

Trotzdem gefiel er uns. Zuerst wollte er zwar auch Geld haben, aber als wir ihm sagten, daß er sich im Gegenteil mit einem Drittel an allen Kosten zu beteiligen hätte, und diese Kosten würden sicher nicht unter zehntausend liegen, da zuckte er mit keiner Wimper.

»Auf meinem Sparbuch habe ich knapp fünftausend«, überlegte er laut. »Und immerhin könnte solche Expedition für mich als Kameraassistent ja die große Chance sein.«

»Denken Sie über die Sache in Ruhe nach«, riet ich ihm. »Es hat keinen Sinn, wenn Sie jetzt übereilt handeln. Aber falls Sie zusagen sollten, dann werden wir Sie unter Vertrag nehmen.«

»Darum möchte ich dann auch bitten.«

Einen Tag später sagte Michael Teichmann zu.

Schwimmen allein genügt nicht

Man läßt sich zu leicht von der Form verführen. Zum Beispiel ein Boot – je schlanker und rassiger es aussieht, desto stärker ist der Eindruck. Donnerwetter! denkt man. Und nur allzu leicht wird vergessen, daß die Gestalt nicht in jedem Falle gleichzusetzen ist mit der Qualität, und daß es letztlich auch ganz auf die Bestimmung ankommt. Ich habe zu gewichtigen Möbelträgern mehr Vertrauen als zu dünnen, wenn Sie mir diesen Vergleich erlauben.

Unser erstes Boot war viel zu schlank gewesen. Es hatte zwar recht schnittig ausgesehen, aber als der Blaue Nil seine ersten Strudel an ihm ausprobierte, da drehte es sich gleich wie eine Ballerina im Kreise. Außerdem drohte es bei jeder Gelegenheit umzuschlagen, und es drohte nicht nur.

»Das muß ein möglichst häßliches, breites Monstrum sein«, sagte ich zu Hinrich und Michael. »Es muß einen Puff vertragen, wenn es einen Felsen rammt zum Beispiel. Und dann darf es nicht so schnell umkippen. Schnelligkeit ist nicht so wichtig. Der Blaue Nil hat immerhin eine geringe Eigenströmung von 1–2 Kilometer pro Stunde (in der Regenzeit 8 km/h). Außerdem muß es wasserdicht verschlossene Kammern haben, in denen wir unsere Ausrüstung sicher unterbringen können.«

Mit Maggys Sofakissen legten wir im Wohnzimmer die Bootsform aus. Was schließlich dabei herauskam, war ein ungefügiges Rechteck, mit einer breiten Spitze, dreieinhalb Meter lang, ein Meter dreißig breit, fünfundzwanzig Zentimeter hoch. Drei knappe Sitzlöcher, diagonal von rechts vorn nach links hinten angeordnet – fertig. Diese Form würde den Strömungsverhältnissen am ehesten gerecht werden, hatte uns ein Mann von der Schiffsbauversuchsanstalt in Hamburg gesagt.

Die Bootsform hatten wir also, viel wichtiger aber war das Material. Leicht sollte es sein, widerstandsfähig und natürlich unsinkbar – gab es so etwas überhaupt?

Der Mann von der Schiffsbauversuchsanstalt wäre sicher die beste Beratungsstelle gewesen, aber irgendwie nahm er uns wohl nicht recht ernst. Und wenn man so etwas erst mal gemerkt hat, fragt man schließlich nicht mehr gern. Stolz ist immer noch die höchste Hürde. Aber da gab es ja schließlich noch eine Berufsgenossenschaft See. Verwaltung direkt im Hamburger Hafen, in der Reimerstwiete.

»Da werden wir fragen«, riet Hinrich.

Ein netter, freundlicher Mann, blond, blaue Augen, wetterge-
gerbte Haut – manchmal sehen Seeleute wirklich so aus, wie sie aus-
zusehen haben. Er schien auch gar nicht sehr erstaunt, daß da drei un-
erfahrene Landratten einen Fluß irgendwo in der Wildnis befahren
wollten, er tat so, als kämen täglich Leute mit solchen Fragen zu
ihm.

»Tscha« – ganz breites Hamburgisch – »leicht, unsinkbar, widerstandsfähig? Da kämen eigentlich nur Kork oder Schaumstoffe in
Frage. Aus solchen Materialien werden jedenfalls die meisten Ret-
tungsgeräte hergestellt.«

Dann überlegte er eine Weile angestrengt. »Wissen Sie, da wäre
vielleicht noch etwas. Ich habe da vor kurzem von einem neuen
Kunststoff gehört, Conticell oder so ähnlich nennt es sich. Wird von
der Firma Continental in Hannover hergestellt. Das könnte sich
eventuell auch für Ihre Zwecke eignen.«

»Und Sie glauben wirklich, daß ein Boot aus solchem Kunststoff
unsinkbar wäre?« fragte ich.

»Tscha, wissen Sie, glauben tue ich das schon. Wir können's auch
theoretisch belegen. Das Schlimme ist nur, daß alle Schiffe doch irgendwann mal sinken. Die Biester gehen eben einfach unter, die haben ihre eigene Theorie.«

Er griente tröstlich. »Aber für Ihren Blauen Nil wird das schon
noch halten.«

Am nächsten Tag schrieb ich einen langen Brief an die Firma Continental. Von unserer beabsichtigten Expedition war darin die Rede,
von dem Boot, das wir bauen wollten und von dem Material Conticell, das man uns empfohlen hatte.

Und dann fragte ich gleich noch an, ob die Firma uns nicht dieses
Material kostenlos zur Verfügung stellen könnte. Wir würden uns
auch verpflichten, einen Erfahrungsbericht zu verfassen. An Antwort
wagte ich kaum zu glauben. Eine knappe Woche später lag ein längli-
ches Kuvert im Briefkasten. Aufdruck: »Continental Gummi-Werke
Aktiengesellschaft, Werbeabteilung«. Ob wir nicht Lust hätten, zu
einem unverbindlichen Gespräch nach Hannover zu kommen? Und
ob wir Lust hatten!

Sachliche, blitzende Büro-Atmosphäre. Zwei Herren, mittleres
Alter, gutgeschnittene Anzüge, eine hübsche Sekretärin, die Kaffee
kochte, daß jeder Türke vor Neid erblassen muß.

Ja, eigentlich würde man den neuen Kunststoff Conticell bisher nur für Bauzwecke einsetzen, Schall- und Wärmeisolationen. Aber es sei ja durchaus mal zu versuchen, ob er sich nicht auch für andere Zwecke eignete. Nach all dem, was ich geschrieben hätte, könnte das durchaus möglich sein.

Die beiden Herren waren ganz Entgegenkommen.

Dann aber kam der Haken: »Wissen Sie«, sagte der eine, »mit Conticell alleine werden Sie wenig anfangen können. Das ist zu labil und würde viel zu leicht brechen. Sie müßten es schon mit Polyester und Glasfasermatten stabilisieren. Dann allerdings kriegt das keiner mehr kaputt. Kommen Sie, wir werden Ihnen das mal demonstrieren.«

Eine riesige Werkshalle, Unmengen von graubraunen Kunststoffpaketen. »Da, nehmen Sie das mal«, forderte mich der eine auf. »Das ist reines Conticell.«

Er legte das federleichte Stück über zwei Holzböcke, stellte ein Zwei-Kilogramm-Gewicht drauf – und der Kunststoff federte ein wenig und brach dann glatt durch.

»Sehen Sie. Und nun nehmen wir mal dieses Stück hier. Das ist glasfaserverstärkt.«

Gleichzeitig drückte er mir eine große Axt in die Hand und forderte mich auf: »Versuchen Sie mal, das durchzuschlagen. Aber seien Sie vorsichtig!«

Die Warnung war nur allzu berechtigt. Ich schlug mit aller Kraft zu, die Axt traf, federte zurück und flog mir aus der Hand. Die Stelle aber, die ich getroffen hatte, zeigte nicht mal einen Kratzer.

»Donnerwetter!« Die beiden Herren schluckten mein Erstaunen wie ein dickes Kompliment.

»Widerstandsfähiger geht's wohl nicht«, meinte der eine. »Und leicht ist es auch. Und daß es unsinkbar ist, darauf können Sie Gift nehmen. Ich denke, Sie finden für Ihr Boot nichts Besseres.«

Wir versuchten es gar nicht erst. Denn erstens einmal schafft auch der verrückteste Blaue Nil nicht, was eine mächtige Waldaxt nicht schafft. Und außerdem bekamen wir von den Hannoveranern das ganze Material geschenkt.

Aus Werbegründen, wie sie sagten.

Der Himmel schien uns gewogen zu sein.

Immerhin war da noch das Boot zu bauen. Unser Haus verwandelte sich in eine Miniwerft. Die heillose Unordnung wäre noch zu ertragen gewesen, schlimmer war, daß das Polyester so penetrant stank. Gestank zog durch alle Räume, alle Ritzen.

Es klingelte. Eva stand draußen. Eva: langes, blondes Haar, schmales, gutgeschnittenes Gesicht, Figur ein bißchen üppig, aber nicht zu üppig, Untermieterin bei uns und im Augenblick recht zornig.

»Also, wissen Sie, Herr Nehberg, etwas lasse ich mir ja mal gefallen. Aber dieser Gestank, nun schon tagelang, nein, das ist zuviel. Bitte, kommen Sie mit, mir sind sogar die Lebensmittel im Kühlschrank verdorben.«

Ich brauchte nicht mitzugehen. Auch Maggy hatte unseren Kühlschrank schon räumen müssen. Zur Zeit bewahrten wir unsere Vorräte in der Konditorei auf.

Was half's. Ich mußte Evas Butter, Käse und Wurst auch für ein paar Tage dort unterbringen. Das war nur ein Ärger. Das andere Problem stank zwar nicht, kostete Maggys Haushalt aber eine Menge Eimer. Bevor das Polyester aufgestrichen wurde, mußte es nämlich mit einem Härtemittel angerührt werden. Wenn wir uns dann nicht sehr beeilten, wurde das Zeug so hart, daß wir es nicht mal mehr mit Hammer und Meißel aus dem Eimer herausbrachten.

In diesen Tagen rettete Hinrich die Situation mehr als einmal. Der angehende Ingenieur ließ sich auch beim Bootsbau nicht verleugnen. Wir beiden anderen hinderten ihn, glaube ich, mehr als wir halfen. Michael dachte meist nur daran, wo und wie sein ganzes Kamerazeug untergebracht werden könnte, und ich kann zwar ganz gute Torten backen, aber zwischen einem Konditor und einem Bootsbauer liegt eben doch mehr als Teig und Ofen.

»Tut mir einen Gefallen und geht Kaffee trinken«, war Hinrichs ständige Redensart. Nur allzu gern ließen wir uns überreden.

Eines Nachmittags kam er herein, knallt die dick mit Polyester beschmierten Handschuhe in eine Ecke und knurrte: »So, das wäre geschafft!«

Michael verstand als erster: »Du meinst, es ist fertig?« fragte er ungläubig.

»Geht doch raus«, antwortete Hinrich kurz und schlürfte genießerisch meinen Kaffee.

Wir stürmten auf die Terrasse. Da lag es: breit und häßlich und ungeheuer stabil aussehend: unser Boot. Ein Klotz von einem Boot, über zwei Zentner schwer.

»Mensch, wenn wir das da mal schleppen müssen, dann wird uns aber ganz schön die Puste ausgehen«, sagte Michael in böser Vorahnung.

Zuerst einmal wuchteten wir es auf den Balkon. Schließlich muß jede Neuschöpfung auf ihre Stabilität hin getestet werden. Über das Geländer stürzten wir die »Ente« – Hinrich hatte das Boot so getauft – auf die drei Meter tiefer liegende betonierte Terrasse. »Ente« kam mit der Spitze auf, federte ein wenig und legte sich plump und bedächtig auf die Seite.

Wir ließen die »Ente« noch ein paar Mal über den Balkon springen, schließlich waren wir von dem ständigen Hochhieven völlig erschossen – das Boot aber zeigte nicht die Spur einer Schramme.

»Das wär's denn wohl«, meinte Hinrich lakonisch. »Und am Sonntag wollen wir es mal richtig jagen.«

Der Test auf der Elbe

Etwa 25 Kilometer südöstlich von Hamburg liegt die Stadt Geesthacht. 23 000 Einwohner, Alfred Nobel hat hier 1867 das Dynamit erfunden, in der Stadt gab es früher eine der größten Sprengstoffabriken Europas. In Geesthacht wird die Elbe um 3,5 Meter aufgestaut, um ein weiteres Absinken des Niedrigwassers und des Grundwassers zu verhindern.

Über die Staustufe führt in etwa zehn Meter Höhe eine Straßenbrücke. Wenn man dort oben steht und in die Elbe blickt, könnte man glauben, das Tor zur Hölle habe sich da unten aufgetan. Mit ungeheurer Kraft stürzt der Fluß in die Tiefe, es brodelt und schäumt und gischtet – man schaudert bei dem Gedanken, in dieses Inferno zu stürzen.

Hinrich hatte die Stelle ausfindig gemacht. »Es gibt keinen besseren Platz, um unser Boot zu testen«, sagte er.

Am Sonntag, in aller Frühe, verluden wir die »Ente« auf den Wagen meines Freundes Henry Kamlade und fuhren nach Geesthacht. Es war ein trüber, kalter Apriltag, so ungemütlich, daß nur vor die Haustür ging, wer es auch gar nicht vermeiden konnte.

»Hoffentlich sehen uns die Beamten am Schleusentor nicht«, meinte ich. Hinrich aber beruhigte uns:

»Die Tore sind sonntags nur knapp besetzt. Und Glück müssen wir eben auch haben.«

Wir hielten kurz vor der Brücke, stellten den Wagen ab und schleppten das Boot heraus. Kein Mensch war zu sehen, alles schien gut zu gehen. Länger als zehn Minuten brauchen wir nicht, hatte Hinrich gemeint.

Ach, du lieber Himmel!

Zuerst klappte alles wie geschmiert. »Ente« wurde mit einem langen Nylonseil an einen Brückenpfeiler gebunden, wir wuchteten sie hoch, kippten sie über das Geländer, Sekunden später glaubten wir, der Teufel persönlich würde an dem Seil reißen.

Wir hatten nämlich nicht gewußt, daß sich unterhalb des Wehres eine Mauer hinzog, eine Grundschwelle, an der sich das Wasser brach. Unser Boot tanzte einen Moment wie verrückt auf dem Strudel, dann wurde es gegen die Mauer geschmettert, prallte zurück, tanzte ein paar Sekunden, krachte wieder gegen die Mauer – und dieses Spiel wiederholte sich in Sekundenabständen.

Eine Weile standen wir wie erstarrt. Hinrich hatte sich als erster gefangen. »Los! Schnell wieder hochziehen. Sonst ist unsere ganze Arbeit im Eimer. Es wird am Brückenpfeiler langsam aber sicher zermahlen.«

Schnell hochziehen – der hatte gut reden. Wir stemmten uns mit aller Kraft in das Seil, aber »Ente« rührte sich keinen Zentimeter.

»Ich hol' das Auto«, keuchte Henry, »wir spannen es vor.«

»Los, los, beeil dich doch!« schrie Michael nur.

Zwei Minuten später hatten wir das Seil an dem Lieferwagen festgemacht. Henry setzte sich hinter das Steuer, versuchte anzufahren – nichts. Auskuppeln, Gang raus, Gang rein, Gas, vorsichtig Kupplung los – wieder und immer wieder. Erfolglos.

Michael, Hinrich und ich beugten uns über das Geländer, gaben laute Kommandos, keiner achtete auf das Seil. Plötzlich ein gewaltiger Ruck, der Wagen schoß nach vorn, von einer Zentnerlast befreit. Alles war aus. An der steinernen Kante des Brückengeländers hatte sich das Nylonseil durchgescheuert, war gerissen. Unsere »Ente« lag rettungslos verloren in der Staufstufe. Die wochenlange Arbeit war vergebens. Gab es wirklich keine Hoffnung mehr?

»Ich gehe zu den Schleusenwärtern«, meinte Hinrich. »Was kann schon groß passieren? Die können uns eine Strafanzeige verpassen. Vielleicht können sie uns aber auch helfen.«

Kleinlaut machten wir uns auf den Weg. Wider Erwarten zeigten die Beamten zwar viel Verständnis, aber helfen konnten sie uns auch nicht.

»Ja, Jungs, da habt ihr Pech gehabt«, meinte der eine mitleidig. »Wenn die anderen Schleusentore in Betrieb wären, dann könnten wir das eine schließen. Aber die werden repariert, da ist nichts zu machen.«

Doch dann steckte er eine Hoffnungskerze an: »Vielleicht schwimmt sich euer Boot doch noch mit der Flut frei. Wir werden alle Polizeiposten an der Elbe alarmieren. Wenn das Boot da irgendwo gesichtet oder angetrieben wird, benachrichtigen die euch sofort.«

Die Benachrichtigung kam schon am nächsten Morgen. Anruf in der Konditorei:

»Hier Wasserschutzpolizeistation Kirchwerder. Sind Sie der Mann, der ein Boot an der Staustufe Geesthacht verloren hat?«

»Ja«, antwortete ich, und Hoffnung keimte auf.

Doch gleich darauf der Sturz in die Enttäuschung:

»Das ist hier bei uns angetrieben«, sagte der Polizist. Und dann nach einer Pause: »Allerdings nur noch ein Stück davon. Das Boot müssen Sie abschreiben.«

Aus! Die zweite Blaue-Nil-Expedition schon an der Elbe gescheitert? Hätte ich doch bloß auf Maggy gehört!

Hinrich richtete uns wieder auf: »Dann bauen wir eben den Kahn noch einmal. Das Boot war gut, verlaßt euch drauf. An dieser Mauer wäre jedes andere Boot auch zermahlen worden. Los, spuckt in die Hände, wir fangen wieder an zu bauen!«

Und wir fingen tatsächlich wieder an. Noch einmal stellte uns Continental das Material nicht kostenlos zur Verfügung – wir mußten tief in die Tasche greifen: rund achthundert Mark unvorhergesehene Kosten. Aber mit dem Bootsbau ging es diesmal wesentlich schneller. Knappe vierzehn Tage nur brauchten wir, dann lag »Ente II« fertig vor uns. Test vom Balkon. Den an der Staufstufe in Geesthacht schenkten wir uns vorsichtshalber. Schließlich muß man ja auch Vertrauen zu seinem Fahrzeug haben, oder?

Am 16. September rollte das Boot, in einem Lattengerüst geborgen, Richtung Hafen. Abladen vor Schuppen 17. Gleich dahinter lag der schwedische Frachter »Vishamn«, ein Sechstausendtonner, Zielhafen Djibouti in Somali. Die »Vishamn« sollte unser Boot mitnehmen. Von Djibouti würde es dann mit der Bahn nach Addis Abeba gebracht.

Natürlich waren wir am Hafen. Michael mit der Kamera, denn schon die Vorbereitungen zur Expedition sollte er filmen. Großer Ladebaum über dem Boot, Hinrich und ich sprangen herum, taten so, als würden wir »Ente II« verladen. Rings um uns ein dichter Kreis von etwa dreißig Schauerleuten, blau-weiß gestreifte Hemden, verwegene Mützen, Manchesterhosen, die muskulösen Arme gelassen vor der Brust gekreuzt.

»Möönsch«, stöhnte der eine, »guck doch bloß mal, wie die einen Knoten machen. Als ob 'se sich 'n Schuh zubinden wollen. Junge, das hältst du ja nicht aus! Die wollen den Nil runter und können nicht mal 'nen Knoten!«

Ein gewaltiges, höhnisches Gelächter der anderen unterstrich seine Worte.

Wir standen ein wenig verlegen herum.

Der eine der blau-weißen Riesen machte schließlich ein Vermittlungsangebot: »Drei Kästen Bier, und wir zeigen euch, wie die Taue richtig rumgelegt werden.«

Es wurden nicht nur drei Kästen. Wir saßen noch bis spät in die Nacht hinein mit den Schauerleuten in einer wüsten Kneipe am Hafen. Abends kamen noch ein paar Mädchen hinzu, denen ihr Gewerbe auf hundert Meter anzusehen war. Eine versuchte einen wilden Striptease auf dem Tisch, aber sie war schon so dun [1], daß sie herunterkippte, bevor die Bluse fiel. Die Schauerleute brüllten und schlugen mit den Fäusten donnernd den Takt zum Musikautomaten. Es war eine großartige Feier. Ich weiß nicht, wie ich nach Hause gekommen bin. Michael lag bewußtlos auf einer Bank in der Kneipe, am nächsten Morgen fand ihn die Kellnerin, doch die wunderte sich nicht, die war Schnapsleichen gewöhnt.

Und Hinrich? Hinrich war mit ein paar Schauerleuten noch durchs Revier gezogen. Er fand sich am nächsten Vormittag in den Grünanlagen unterhalb des Bismarck-Denkmals wieder, ausgefroren, unsicher auf den Beinen, Schmerzen im Schädel, daß er glaubte, er müsse zwei Köpfe haben, einer allein könne doch gar nicht so weh tun.

»Ente II« aber war unterwegs. Kurz nach Mitternacht hatte die »Vishamn« abgelegt.

[1] Hamburgisch: betrunken

Allerdings ließ sie starke Zweifel in Hamburg zurück. Professor Hammerschmidt nämlich hatte nur mitleidig gelächelt, als wir ihm erzählten, wie unser Boot Addis Abeba erreichen sollte.

»Etwas nach Afrika schicken ist die eine Sache«, sagte er. »Wie und wann es aber dort ankommt, ob es überhaupt jemals ankommt, das ist eine andere Sache.«

»Wie meinen Sie denn das?« fragte ich gequält zurück.

»Na, wissen Sie, zum Beispiel Djibouti«, erklärte er uns. »Da geht, glaube ich, in der Woche ein Zug nach Addis Abeba. Die Strecke ist ein paar hundert Kilometer lang, sie führt über Hochland, und die Lokomotiven sind nicht die stärksten. Manchmal bleibt so ein Zug auf freier Strecke stehen, die Maschine schafft es einfach nicht mehr. Und wissen Sie, was dann geschieht? Dann werden einfach ein, zwei Waggons abgehängt und weiter geht die Fahrt. Wenn Sie also Pech haben, und Ihr Boot ist in einem der hinteren Wagen verladen, dann kommt es vielleicht im nächsten Jahr einmal nach Addis. Oder überhaupt nicht«, setzte er hintergründig lächelnd hinzu.

Hinrich, der ewige Optimist, ließ sich nicht einschüchtern. »Wetten wir, Professor, daß unser Boot zeitig genug ankommt?« trumpfte er auf.

»Wetten?« Der Professor ließ sich das nicht zweimal anbieten. »Ich setze drei Flaschen Sekt. Wenn ich gewinne, bekomme ich von Ihnen eine Kiste Marzipan. Schönes, trockenes, buntes Marzipan.« Das ging natürlich zu meinen Lasten. Aber was kam's jetzt noch drauf an?! Die Wette galt.

Am 4. November rief ich den Professor an:

»Herr Professor, ich habe heute einen Brief bekommen. Raten Sie mal, von wem?«

»Keine Ahnung.«

»Von der Botschaft in Addis Abeba. Wissen Sie, was die schreiben?«

Ich wartete seine Antwort nicht mehr ab: »Die schreiben, daß dort ein Boot eingetroffen sei. Absender Rüdiger Nehberg in Hamburg. Empfänger: Rüdiger Nehberg, Anfang Januar in Addis Abeba. Nun, was sagen Sie jetzt, Herr Professor?«

Jammerschade, daß man mit dem Fernseh-Telefon noch nicht so weit ist. Des Professors Gesicht hätte ich zu gerne gesehen.

Eisloch und Mehlwürmer

Von Eva, meiner blonden Untermieterin, habe ich schon erzählt. Wer so aussieht wie Eva, der braucht sich natürlich um einen Freund keine Gedanken zu machen. Evas Damaliger hieß Holger Gleitsmann, auch ein Kameramann beim ZDF. Ein bemerkenswerter Mann. Er sprach englisch und amerikanisch, hatte vier Jahre in der US-Armee gedient, eine Ranger-Ausbildung durchgemacht, spielte Gitarre so gut wie Schifferklavier, hatte sich ich weiß nicht was für einen Gurt als Karatekämpfer erworben – ja, was gab es eigentlich, was Holger Gleitsmann nicht konnte?

»Ihr braucht vier Dinge, um den Blauen Nil schaffen zu können«, sagte er zu uns. »Ihr braucht ein gutes Boot, Partner, auf die ihr euch verlassen könnt, eine gehörige Portion Glück und eine hervorragende Survival-Ausbildung.«

Das Boot hatten wir. Die Partner auch. Glück kann man nicht kaufen, auf Glück kann man nur hoffen.

Aber eine Survival-Ausbildung? Gleitsmann meinte, sie sei der wichtigste Punkt überhaupt.

Survival kommt aus dem Englischen und heißt »Überleben«. Ein Überlebenstraining also. Hin und wieder liest man, daß Astronauten sich einem solchen Training unterziehen, bevor sie auf die große Reise gehen. Oder auch Einzelkämpfer in der Armee. Von Gleitsmann erfuhren wir, daß es in den Staaten ganze Survival-Klubs gibt. Die Mitglieder werden irgendwo in der Wildnis ausgesetzt und müssen versuchen, sich durchzuschlagen. Erschwernisse lassen sich leicht ausmalen: etwa keine Verpflegung mitnehmen, unzureichende Ausrüstung, vielleicht sogar ohne Partner losgehen. Sicher gibt es in Amerika auch schon einen Survival-Weltmeister.

Aber hier, in unseren Breiten ist das noch ein ziemlich unbekanntes Gebiet. Woher sollten wir zum Beispiel die Anleitungen nehmen? Eine ganze Menge konnte uns Holger Gleitsmann beibringen, aber eben nicht alles. Und jede Gegend erfordert andere Vorbereitungen.

Ich fing an, die Buchhandlungen abzufragen. Ratlosigkeit bei den meisten Verkäufern. »Nein, es tut uns leid. Darüber gibt es wohl noch keine Literatur.« Einmal wollte man mir ein Gymnastik-Buch verkaufen, ein anderes Mal immerhin schon eine Karate-Anleitung.

Dann fiel mir endlich Hans-Otto Meissners »Die überlistete Wildnis« in die Hände, ein hervorragendes Lehrbuch vom Leben und

Überleben in der freien Natur. Und eines Tages las ich in der Zeitung von der Verhaftung eines politischen Terroristen. Die Polizei hatte in dessen Wohnung nicht nur eine Unmenge von Waffen und Sprengkörpern gefunden, sondern auch ein Buch aus der Schweiz: »Der totale Widerstand, Kleinkriegsanleitung für jedermann«. Das sei also die geradezu perfekte Schule für Einzelkämpfer, hieß es kommentierend.

»Wäre ja haargenau das, was wir suchen«, meinte Michael. »Bestellen wir es uns doch.«

Zwei Wochen später hatten wir die beste Überlebens-Anleitung, die man sich überhaupt nur wünschen kann. Und wir begannen, uns in eine Mischung von Karl May, Sven Hedin, Lawrence von Arabien und John Glenn zu verwandeln. Wir lernten, wie man ohne Streichholz, Feuerzeug oder Brennglas z. B. mit Eis Feuer anmachen kann, wie man mit einem Stückchen Plastik, das über ein Loch gespannt wird, Wasser erzeugt, wie man ohne Waffen jagt, Baumhütten baut, Sprengkörper herstellt, mit Nitrolack Zündschnüre ersetzt, mit einem durchbohrten Spiegel Flugzeugen signalisiert, sich mit bloßen Händen verteidigt, Wunden behandelt – jeder Partisanen-Chef hätte seine helle Freude an uns gehabt.

»Gehe immer von der schlimmsten Situation aus, die du dir vorstellen kannst«, sagte Holger Gleitsmann, der so etwas wie unser Mentor in Überlebensfragen wurde. »Male dir zum Beispiel aus, dein Partner sei so schwer verwundet, daß du ihn zurücklassen mußt, du selbst bist auch verletzt, eine Übermacht von Gegnern verfolgt dich, du bist ortsfremd, am Ende deiner Kräfte, verzweifelt. Du hast überhaupt nur noch eines, was dir helfen kann: deinen Survival-Gürtel.«

Der Survival-Gürtel! Gleitsmann meinte, ohne ihn sei richtiges Überlebenstraining gar nicht denkbar. Jeder von uns mußte ihn sich selbst anfertigen, mit eingearbeiteten Taschen und Täschchen, einige wasserfest ausgepolstert. Den Inhalt stellten wir so zusammen, daß wir auf alle Eventualitäten, die einem in Afrika passieren können, gewappnet waren. Unsere Gürtel enthielten: Etwas Geld in der Landeswährung und einige US-Dollar, Kompaß, Impfausweis, Paß, Rückreiseschein, Bindfaden, 3 Angelhaken, Schmerztabletten, Penicillin, Hansaplast, Leukoplast, Draht, Sicherheitsnadeln, Streichhölzer, Spiegel, Brennglas, Entgiftungstabletten, Schere, Multivitamin, Tabletten gegen Fieber, Landkarte, eine Sprachliste, Ölkreide, Salz, Resochin, Stopfnadeln, Zwirn, Munition, Pistole, Dolch.

44

Eine ganze Menge Zeug also! Das wichtigste aber war: dieser Survival-Gürtel durfte niemals abgelegt werden. Holger Gleitsmann hämmerte uns dies wieder und immer wieder ein. »Überlebenstraining nur mit Survival-Gürtel, versteht ihr – nur!«

Das war sicher für die Spaziergänger im Trittauer Forst ein merkwürdiger Anblick, wenn da drei junge Männer durch das Gebüsch brachen, verschwitzt, keuchend, jeder einen merkwürdigen, breiten Gürtel um den Leib. Aber schließlich gehört Kondition auch zum Überleben.

Der Trittauer Forst ist Hamburger Naherholungsgebiet. Wir begannen mit 5-Kilometer-Läufen jeden zweiten Tag und steigerten uns bis auf 15 Kilometer. Hinrich war Weltmeister, er tobte immer vor uns weg, Michael und ich fluchten und schimpften hinterher. Es gab überhaupt nur etwas, das mich diese Schinderei wohlwollender betrachten ließ: Maggy meinte: »Du, dein Bauch! Täusche ich mich, oder ist der wirklich dünner geworden?«

Aber was sind schon Waldläufe beim Survival-Training? Sicher, sie gehörten auch dazu, waren aber eine Selbstverständlichkeit. Viel entscheidender war zum Beispiel die Frage: Wie ernährst du dich, wenn du keine Lebensmittelvorräte mehr hast?

Einmal hatte ich gelesen, daß sich die amerikanischen Astronauten bei ihrem Überlebenstraining tagelang mit dem zufrieden geben müssen, was ihnen Wald und Flur gerade bescheren. Das klingt fast harmlos, nach Jagd und freier Wildbahn, nach Hasenbraten am Spieß oder leckerer Rehkeule.

»Denkste«, sagte Gleitsmann. »Du hast nämlich keine Munition mehr, um zu schießen, oder du darfst es nicht, weil Feinde in deiner Nähe sind. Und deinen Dolch hast du schon lange verloren. Und Beeren, wie es immer so schön heißt, die gibt es auch nicht.«

Dann holte er seine Hände hinter dem Rücken hervor und breitete eine Kollektion fetter Regenwürmer vor uns aus. »Da. Nun eßt man schön«, grinste er.

»Du hast wohl nicht alle Tassen im Spind«, erregte sich Michael. Er schüttelte sich. Hinrich und ich waren ganz still. Gleitsmann nahm Michaels Ausbruch überhaupt nicht zur Kenntnis. »Ihr dürft nur nicht kauen. Augen zu und runterschlucken. Immer daran denken, daß ihr schon seit Tagen nichts gegessen habt. Na, wer fängt an?«

Was soll ich lange erzählen? Wir lernten, Regenwürmer zu essen und Spinnen und kleine Frösche. Wir lernten, wie man aus scheinbarem Unkraut noch einen Salat macht und aus Blättern Tee kocht.

»Das ganze Problem dabei ist lediglich, den Ekel zu überwinden«, meinte Holger. »Stellt euch einfach vor, ihr würdet bei Jacobs sitzen, in einem der teuersten Hamburger Schlemmerlokale. Dort müßtet ihr für Froschschenkel eine Menge Geld bezahlen. Hier habt ihr sie umsonst.«

Das war zwar logisch, aber mit Logik allein ist Ekel auch nicht zu überwinden. Michael zum Beispiel bekam jedesmal Zustände, wenn Holger wieder einmal Regenwurm servierte.

Eines Tages rief das Fernsehen bei mir an. Irgend jemand hatte denen gesteckt, daß es da drei merkwürdige Typen gäbe, die zum Blauen Nil wollten und sich dementsprechend vorbereiten würden. Ob sie uns für das Regionalprogramm aufnehmen dürften.

»Sicher«, sagte ich stolz.

»Und stimmt es denn auch, daß Sie Regenwürmer essen und so 'n Zeug?« fragte der Fernsehmann.

Aha, dachte ich, darauf kommt es dem also an. »Klar, so 'n Zeug essen wir«, antwortete ich.

Zwei Tage später wurde der Trittauer Forst zur Fernseh-Kulisse. Es war ein bitter kalter Dezembersonnabend. Graue Wolken jagten über die Baumwipfel, ein paar Stunden vorher hatte es geschneit. Die Fernsehleute waren in dicke Jacken gehüllt, trotzdem fluchten sie über den Frost, den Schnee, den Wind, den verkorksten Sonnabend, sie fluchten einfach über alles.

Wir absolvierten unser Programm. Waldlauf, Schießen, Lagerfeuer. Wir hackten das Eis eines kleinen Sees auf und badeten, wir wühlten uns in den verharschten Schlamm am Ufer ein, um Tarnung zu demonstrieren, wir bauten eine Laubhütte und zeigten ein paar Karate-Übungen. »So, nun aber 'nen Regenwurm oder so was«, sagte der Regisseur und war ganz Spannung.

Ich holte eine kleine Blechbüchse aus meiner Tarnjacke. »Michael wird das machen«, meinte ich harmlos.

Michael sah mich einen Augenblick fassungslos an. Hinrich und ich grinsten. Das war so eine Art Rache und Michael das ahnungslose Opfer. Schließlich war er Kameraassistent beim Fernsehen und nicht wir, hatten wir uns gedacht. Und wenn das Fernsehen einen Regenwurm haben will, dann soll es ihn auch bei einem Fernsehmann filmen. Betriebsinterne Szene sozusagen.

Ich sehe Michaels Gesicht heute noch vor mir. Die Augen traten ihm förmlich aus dem Kopf, der Adamsapfel hüpfte auf und nieder als ich ihm den Regenwurm vor den Mund hielt.

»Mach ein möglichst gleichgültiges Gesicht«, flüsterte ich, »der fängt jetzt an zu drehen.«

Was blieb dem Armen schon übrig. Er schluckte, weg war der Wurm. Der Kameramann war bis auf ein paar Zentimeter herangekommen. »Das glauben die uns nicht«, krächzte er. »Das glauben die uns niemals. Die denken, da ist wieder so 'n fauler Trick bei.«

Dann luden sie uns zum Essen ein. Und abends, als die Sendung lief, sagte der Sprecher: »Der Regenwurm wurde wirklich gegessen; wir haben uns davon überzeugt.«

Die Nebenwirkung dieser Sendung bekam ich ein paar Tage später zu spüren. Eine Bekannte von uns hatte Geburtstag, ich war mit großem Blumenstrauß angerückt und wollte mit einem Kuß gratulieren.

»Nein, geh bloß weg«, entrüstete sich das Geburtstagskind und bog seinen Kopf weit zurück. »Vielleicht hast du gerade wieder eine Spinne gegessen. Oder du verdaust noch einen Regenwurm zwischen den Zähnen.«

Nicht ganz so verheerend war unser medizinisches Training, aber noch schlimm genug. Da gab es zunächst einmal eine Unmenge von Impfungen, die wir über uns ergehen lassen mußten. Pocken, Cholera, Gelbfieber, Tetanus, Grippe. Wir schluckten Resochin gegen Malaria und Typhoral gegen Typhus und Multivitamintabletten für oder gegen wer weiß was.

Doch damit war es längst nicht getan. »Habt ihr eigentlich alle noch euren Blinddarm?« fragte Holger Gleitsmann.

Wir nickten betreten.

»Mann, o Mann!« stöhnte er; »was denn nun, wenn einem von euch das Ding da am Blauen Nil Schwierigkeiten macht? Dann seid ihr vielleicht aufgeschmissen, sage ich euch.«

Tröstliche Aussichten. Aber immerhin waren ja zwei Väter der Expeditionsteilnehmer Ärzte. Hinrich wurde zum Experten in Sachen Blinddarm ernannt. »Laß dir von deinem alten Herrn alles erzählen, was es überhaupt zu erzählen gibt«, ermahnte ihn Holger.

Hinrich begnügte sich nicht mit Erzählungen. Er ließ sich von seinem Vater mit zu einer Blinddarm-Operation nehmen. Abends erklärte er uns dann zuversichtlich:

»Also, mit dem Blinddarm, da braucht ihr euch keine Sorgen mehr zu machen. Ich weiß jetzt alles. Das ist nur ein Klacks, so ein Ding rauszunehmen.«

Na ja, wir konnten nur beten, daß Hinrich nicht eines Tages seine Künste beweisen mußte. Immerhin tat sein Vater noch ein übriges: er schenkte Hinrich ein vollständiges Operationsbesteck als seinen persönlichen Beitrag zu unserer Expedition.

Von einem Zahnarzt bekamen wir außerdem einen Satz Zangen. Für jede Sorte Zahn eine ganz bestimmte. Ich brauchte sie nur anzusehen, um Zahnschmerzen zu bekommen. Weg damit, ganz weit weg, in irgendeine Ausrüstungsecke. Hauptsache man weiß, daß notfalls Operationsmesser oder Zange vorhanden sind.

»Eines aber müßt ihr ganz bestimmt noch lernen«, meinte Gleitsmann. »Ihr müßt lernen, wie man sich eine Spritze gibt.«

Himmel, auch das noch!

Ich hatte einen guten Bekannten in Wedel. Dr. Prassler, Hautarzt. Er wäre zu gern selbst mit zum Blauen Nil gekommen, aber wie das so ist: gerade eine Praxis eröffnet – da kann man sich solche Extratouren nicht erlauben.

»Sagen Sie, Doktor«, fragte ich ihn, »können Sie mir nicht mal zeigen, wie man Spritzen gibt? Sie wissen ja, es könnte schließlich mal etwas passieren.«

»Sicher«, meinte er, »da fangen wir am besten gleich mal an.«

Er nahm eine Spritze aus einem Schränkchen, füllte sie mit einem Vitaminpräparat und erklärte: »Das kann man sich ohne Gefahr immer spritzen.«

Dann krempelte er sich einen Ärmel hoch, drückte mir die Spritze in die Hand und forderte mich auf: »Na, dann mal los. Probieren Sie mal.«

Ich fuhr erschrocken zurück. »Nein, Herr Doktor, so habe ich es doch nicht gemeint. Sie sollten es mir mal zeigen. Sie!«

»Quatsch«, wehrte er ab. »Man lernt nicht durch Zusehen, man lernt, indem man es selbst macht. Nun los, stechen Sie schon zu, ich zucke nicht.«

Und hielt mir einladend seinen Arm hin.

Kirsten war mitgekommen. Ängstlich saß sie auf einem Stuhl in der Ecke, die Augen weit aufgerissen.

Ich dachte: Na, Schiet drauf, wenn der's durchaus will. Setzte die Spritze an und drückte die Nadel nun ein wie in ein Steak.

Er zuckte mit keiner Wimper. »Sie müssen nun kontrollieren, ob Sie nicht eine Ader getroffen haben. Kurz zurücksaugen. So, gut, ja. Nun die spritzende Hand gut abstützen und rein mit dem Saft. Nur keine Hemmungen! So, wie Sie das machen, denkt jeder, der uns zusieht, wir wären Fixer.«

Wir probierten es noch einige Male. Als ich gehen wollte, war Kirsten verschwunden. Sie saß im Wartezimmer, tränenüberströmt. Zu Hause hatte sie ihrer Mutter eine Menge zu erzählen. Sie tuschelten beide im Kinderzimmer. Als Maggy dann hereinkam, schüttelte sie nur den Kopf.

So ging das beinahe ein Jahr lang. Waldläufe, Kurse in erster Hilfe, Jagdlehrgänge, sich auf ungewöhnliche Situationen einstellen – kurz: Überlebenstraining. Schießen durften wir bei der Bundeswehr. Ein Major der Hamburger Standortkommandantur erlaubte uns, die Schießstände am Höltigbaum zu benutzen. Zu unserer Verwunderung schoß Michael am besten. Schau mal an, unser Milchgesicht machte sich.

»Übers Wochenende werdet ihr mal draußen bleiben«, ordnete unser Überlebensvater Gleitsmann dann an. Es war kalt. Wir durften unsere Tarnjacken anziehen, ein bißchen Verpflegung mitnehmen und natürlich den Survival-Gürtel.

»Baut euch irgendwo eine Hütte und übernachtet dort!« Dieser Gleitsmann!

Dann aber machte es plötzlich mehr Spaß als gedacht. Wir merkten, daß wir in den vergangenen Monaten eine Menge gelernt hatten.

Die Hütte war im Nu errichtet, Hinrich tarnte sie so großartig, daß man fünf Meter davor stehen konnte und sie trotzdem nicht sah. Wir fühlten uns pudelwohl, wärmten uns an einem kleinen Feuer und lagen dann in unserer Hütte, die wir reichlich mit Laub ausgepolstert hatten. Es war beinahe gemütlich.

Wir Anfänger!

Natürlich hatten wir keine Wache aufgestellt!

Es muß wohl gegen sechs Uhr am nächsten Morgen gewesen sein, als mich Michael anstieß. »Du, hör doch mal, da ist was draußen«, flüsterte er.

Ich richtete mich schlaftrunken auf. Tatsächlich, da draußen raschelte etwas herum, schniefte, scharrte, knurrte.

Ein Hund. Natürlich ein Hund.

Ich wollte mich gerade erleichtert zurücklegen, als das Tuch, das wir vor unsere Hütte gehängt hatten, zurückgerissen wurde. Ein Gewehrlauf schob sich herein und eine harte Stimme forderte: »Kommen Sie heraus. Aber machen Sie keine Dummheiten. Sonst ist Ihnen eine Ladung Schrot sicher.«

Wir krochen verblüfft raus. Ein Jagdhund empfing uns bellend. Neben ihm ein Mann, grüne Uniform, Stiefel, strenges Gesicht – der Förster.

»Los, gehen Sie vor mir her«, befahl er und wies uns mit dem Gewehr den Weg.

»Aber das muß ein Irrtum sein«, versuchte ich zu erklären.

»Das wird sich schon herausstellen«, schnitt er mir barsch das Wort ab.

Fünfzehn Minuten Fußmarsch durch den morgendunklen Wald. Der Hund bellend um uns herum, der Förster mit einer Ladung Schrot hinter uns.

»Lassen Sie mich doch erklären«, versuchte ich es noch einmal.

»Dazu ist später noch Zeit genug.«

Eine angenehm warme Stube im Forsthaus. Wir drei wie arme Sünder auf Stühlen an der Wand. Der Hund vor uns liegend, sein Herrchen am Schreibtisch. Eine Telefonnummer wurde gewählt.

»Hier ist das Forstamt Trittau. Ich glaube, ich habe die drei Mann, die gestern abend ausgebrochen sind.« – »Was?! Die haben Sie schon längst wieder?«

Pure Verwunderung. »Ach, du lieber Gott, da habe ich aber auf der falschen Spur gejagt und ein paar schöne Böcke geschossen.«

Der Hörer wurde aufgelegt. Ein recht verlegener Forstmann drehte sich uns zu. »Sie müssen schon entschuldigen, meine Herren, aber da sind gestern drei Strafgefangene in Hamburg ausgebrochen. Ich hatte natürlich geglaubt, das wären Sie. Bitte, seien Sie mir nicht böse, schließlich lag die Vermutung ja nahe.« Er tat einen tiefen Schnaufer. »Aber nun erzählen Sie mir doch mal, was Sie da im Wald gemacht haben. Sie sind doch erwachsene Menschen, die übernachten doch nicht mir nichts dir nichts in einer Laubhütte.«

Wir erzählten. Wir bekamen ein tolles Frühstück. Wir bekamen einen Grog, in dem der Löffel stand. Der Förster war nicht wiederzuerkennen. Der Hund brauchte etwas länger, ehe er dem Frieden traute.

»Hätten Sie mir doch vorher nur mal Bescheid gesagt«, meinte der Förster zum Abschied.

Ja, hätten wir man.

Survival-Training.

Schreck in der Abendstunde

Der Haken war, daß Michaels Eltern überhaupt nichts wußten. Der behütete Junge hatte seiner Familie kein Sterbenswörtchen darüber gesagt, auf welches Abenteuer er sich einlassen wollte. »Die erfahren's noch früh genug«, wehrte er lässig ab, wenn wir ihn fragten, ob er denn nun schon mit der Neuigkeit rausgerückt sei.

In Wahrheit hatte er natürlich Angst. Schließlich wußte er, welche Sorgen sich seine Mutter schon jetzt immer um ihn machte. Allein diese Tätigkeit als Kameramann beim Fernsehen! »Junge, mußt du da nicht manchmal gefährliche Dinge machen?« fragte sie von Zeit zu Zeit ängstlich. Und jetzt Afrika! Blauer Nil! Krokodile und Wilde!

Mensch, da stand Michael noch etwas bevor.

»Was erzählst du deinen Leuten überhaupt immer, wenn wir bis spät in die Nacht hinein trainieren oder übers Wochenende weg sind?« fragte Hinrich.

»Kein Problem«, grinste Michael. »Ich bin doch Kameraassistent. Beim Fernsehen. Denkst du vielleicht, da gibt es geregelte Bürozeit?«

Das Problem löste sich schließlich von selbst. Und ironisch, wie das Schicksal nun manchmal sein kann, sorgte das Fernsehen für die Lösung. Denn natürlich hatten die Teichmanns zu Hause einen Bildschirm, und so sahen sie die Sendung von unserem Überlebenstraining.

Michael hatte schon ein komisches Gefühl, als er spätabends nach Hause kam. Lieber gar nicht erst ins Wohnzimmer gehen, dachte er, schloß behutsam auf wie ein Einbrecher und huschte auf Strümpfen und Zehen nach hinten.

Bruder Andreas lag lesend im Bett. Offensichtlich hatte er gewartet. Hinterhältige Frage: »Weißt du, wo der Blaue Nil ist?«

»Quatsch nicht so blöd!« fuhr ihn Michael an. »Ihr habt's also gesehen, ja? Was sagen sie denn?«

»Oh, Mann, da war vielleicht was los«, erzählte Andreas. »Mutti hat einen Schock nach dem anderen gekriegt. Und Vater erst! Der ist vielleicht stocksauer. Mensch, geh lieber gleich hin und bring's hinter dich.«

Michael atmete einmal tief durch und marschierte nach vorn. Er fand eine verweinte Mutter im Sessel. Vater war schon im Schlafzimmer verschwunden.

»Du mußt das verstehen, Mutti«, begann Michael stockend. »Ich bin nun vierundzwanzig, ich muß endlich einmal sehen, was ich überhaupt leisten kann. Und dann denk doch mal daran, welche Chance das für mich als Kameramann ist.«

Frau Teichmann sah ihren Ältesten nur lange an. »Ach, Michael, daß du uns so wenig kennst«, meinte sie dann leise. »Warum hast du uns denn davon nichts erzählt? Warum wenigstens Vati nicht? Hast du denn so wenig Vertrauen zu uns?«

»Natürlich habe ich Vertrauen zu euch«, brach es aus Michael heraus. »Ich wollte euch doch nur nicht unnötig ängstigen. Deshalb habe ich nichts gesagt.«

»Und du meinst wirklich, daß ihr diesen Blauen Nil schaffen werdet?« fragte Frau Teichmann zaghaft. »Was sind das denn überhaupt für Freunde, mit denen du fahren willst . . .?«

Die Versöhnung mit Vater Teichmann ging nicht so schnell. Zwei Wochen sprach er mit Michael nur das Allernotwendigste. Dann sagte er eines Abends so ganz beiläufig:

»Kannst du deine Freunde nicht morgen mal mitbringen. Schließlich möchten wir ja gerne sehen, mit wem unser Sohn sich da eingelassen hat.«

Am nächsten Abend war großes Treffen im Hause Teichmann. Wir konnten gar nicht genug erzählen von Äthiopien, von uns, wie wir leben, wo wir herkommen, welche Interessen wir haben. Und den schlechtesten Eindruck müssen Hinrich und ich wohl nicht gemacht haben, immerhin fuhr Vater Teichmann einen sehr süffigen Rheinwein auf. – »Das ist der für die besten Besucher«, flüsterte Michael mir zu.

Und bevor wir uns verabschiedeten, ging er zu seinem Schreibtisch, holte ein Päckchen heraus und überreichte jedem von uns eine silberne Trillerpfeife, angebunden an einen absolut reißfesten Lederriemen. »Da, vielleicht könnt ihr so etwas mal gebrauchen, wenn ihr euch Signale geben müßt«, erklärte er etwas verlegen.

Michael grinste uns nur verstohlen an. Das Eis war wohl endgültig gebrochen. »Ich weiß gar nicht, was der immer will«, verwunderte sich Hinrich, als wir auf dem Heimweg waren. »Die beiden alten Herrschaften sind doch toll in Ordnung.«

Nun war Hinrich allerdings der Letzte, der anderen Leuten merkwürdiges Verhalten vorwerfen darf. Seine große Stunde schlug genau zwanzig Tage vor unserer geplanten Abfahrt:

Anruf bei mir. Michael. »Sag mal, hat Hinrich sich schon bei dir gemeldet?«

»Nein, was ist denn?«

»Na, der hat eben mit mir telefoniert. Tat mächtig geheimnisvoll. Ob ich Sonnabend Zeit hätte. Ich sollte mich unbedingt freihalten. Es sei sehr wichtig. Du, der will doch nicht etwa abspringen?«

»Ach«, wehrte ich ab. »Nein, da kennst du Hinrich aber schlecht. Na, wir werden ja sehen.«

Zehn Minuten später klingelte das Telefon wieder bei mir. Hinrich. »Tag, Rüdiger. Sag mal, Sonnabend schon irgendwas vor?«

»Nein.«

»Dann komm doch bitte so gegen vier in die Alsterdorfer Straße.« Er nannte den Namen eines Restaurants.

»Was ist denn bloß los, Hinrich«, fragte ich. »Nun rück schon raus, um was es geht.«

»Ach, nein«, druckste er herum. »Soll 'ne Überraschung sein. Ihr braucht euch auch gar nicht besonders anzuziehen. Höchstens einen Schlips vielleicht.«

Jetzt wurde ich ganz mißtrauisch. Ein Schlips – das war für Hinrich großer Festanzug. Und da wollt' er so tun, als brauchten wir »nichts Besonderes« anzuziehen!

»Hinrich, ich will jetzt von dir wissen, was los ist!« Maggy sagt immer, meine Stimme könne verdammt energisch klingen.

Lange Pause am anderen Ende. »Na, ihr erfahrt es ja doch. Ich heirate nur!«

Knacks, aufgehängt.

Mir fiel der Hörer aus der Hand. Jetzt hat's Hinrich erwischt, dachte ich. Keine drei Wochen mehr bis zum Start, und jetzt will der heiraten!

Ich rief Michael an. »Du, weiß du, was da los ist am Sonnabend? Der heiratet nur mal eben.«

»Ach, du Schiete!« mehr brachte Michael nicht hervor.

Es ist also an der Zeit, etwas über Susanne zu sagen. Hinrich ging schon sehr lange mit ihr. Seit ein paar Wochen hatten sie beide auch einen schmalen Ring getragen. »Ein Freundschaftsring«, meinte Hinrich, als ich ihn danach fragte. Muß wohl doch ein bißchen mehr als Freundschaft sein, dachte ich.

Susanne war mittelgroß, hatte langes, blondes Haar, blauäugig, gute Figur, wunderbare, makellose Haut. Die etwas breiten Backenknochen verliehen ihrem Gesicht einen fremdartigen Reiz. Sie arbeitete in einer Bank und war im übrigen ein recht stilles, in sich gekehrtes Mädchen. Stundenlang konnte sie neben Hinrich sitzen und zuhören, was wir erzählten. Einzige erkennbare Leidenschaft: rauchen!

Die aber teilte sie mit Hinrich. Manchmal hatten wir den Eindruck, die beiden ständen im Wettbewerb: wer verpafft heute die meisten Zigaretten?!

Abends rief ich Hinrich noch einmal an. »Nun mal ganz ruhig, Kumpel. Nun sag mir bloß, warum ihr ausgerechnet jetzt noch heiraten wollt? Wäre das denn nicht besser gewesen, wenn wir wiederkommen?«

»Gibt überhaupt keinen besonderen Grund.« Hinrich war wieder ganz sicher. »Weißt du, Rüdiger, denk doch mal an Maggy. Du hast mir doch selbst mal erzählt, wie sehr du sie liebst. Siehst du, mir geht's mit Susanne genauso. Und wenn wir weg sind, und ich weiß, sie ist meine Frau und nicht nur irgendeine Freundin, dann werde ich mich eben viel sicherer fühlen.«

»Hast du aber auch daran gedacht, daß dir ja schließlich was zustoßen kann«, fragte ich zurück.

»Ach, hör schon auf«, wehrte er ärgerlich ab. »Wenn man nur immer daran denken wollte, dann würde ich über keine Straße mehr gehen.«

Es wurde eine prima Hochzeit. Hinrich im dunkelblauen Anzug, mit Schlips; wir trauten unseren Augen nicht. Susanne trug ein lila Kostüm, sie sah phantastisch aus. Und glücklich.

Wir schenkten wunschgemäß eine Lampe. Außerdem noch eine »gemeine Torte«? Eine »gemeine Torte« sieht zum Beispiel so aus:

Ganz normale Schokoladendecke. Darüber aber aus Marzipan modelliert ein Boot, das verdammte Ähnlichkeit mit unserer »Ente II« hatte, und davor ein Krokodil mit weit aufgerissenem Maul.

Susanne hatte die Torte entgegengenommen, uns beide merkwürdig angeschaut und sie dann in eine Ecke gestellt, ganz hinten, wo sie kaum von jemandem gesehen wurde.

Wir schämten uns etwas.

So war die Torte doch nicht gemeint.

Verdammte Bettelei

Die Idee hatte Michael gehabt. »Wißt ihr, wir schreiben einfach mal ein paar Firmen an und fragen, ob sie für eine Expedition nicht etwas spenden wollen«, schlug er vor.

»Du mit deinen Einfällen«, schimpfte Hinrich sofort los. »Wer wird denn ein paar Namenlosen schon Geld geben. Außerdem paßt mir so eine verdammte Bettelei auch nicht in den Kram.«

Aber wenn Michael sich erst einmal etwas in den Kopf gesetzt hat, dann ist er nur schwer davon abzubringen. Die nächsten Tage jedenfalls schrieb er sich die Finger klamm.

»Hundertacht«, verkündete er dann lakonisch. »Bin ja mal gespannt, was dabei rauskommt.«

Es dauerte vierzehn Tage, ehe die ersten Absagen eintrafen. Man hätte zwar sehr viel Verständnis und wünsche uns auch viel Glück, aber der Werbeetat sei leider erschöpft. Wir möchten doch bitte Verständnis haben.

Der Tenor war fast überall gleich. Mal ein bißchen schroffer, mal ein bißchen verbindlicher.

»Ich hab's dir ja gleich gesagt«, knurrte Hinrich. »Blöde Bettelei!«

Dann kam der erste positive Bescheid. »Per Paketzustellung schicken wir mit heutigem Datum 50 Dosen Holo-Müsli an Sie ab. Wir möchten noch darauf hinweisen, daß bereits die Himalaja-Expedition des Herrn Herrligkofer aus München unsere Holo-Müslis mit bestem Erfolg benutzt hat . . .«

Ein paar Tage später kam eine Ladung mit dem Sonnenschutzmittel ›Piz Buin‹.

»Mensch«, stöhnte Michael, »wir wollen doch eine Expedition unternehmen und keinen Laden aufmachen.«

Großer Reinfall also.

Da rief eines Tages wieder mal das Fernsehen an. »Bei uns hat sich eine Public Relation-Agentur gemeldet. Aus Hamburg. Der Chef dort hat den Film über Sie gesehen und will etwas spenden. Setzen Sie sich doch mit der Firma in Verbindung . . .«

»Guck mal an! Dabei hast du die doch gar nicht angeschrieben«, höhnte Hinrich.

»So ein PR-Heini«, dämpfte Michael die Erwartungen. »Der will bestimmt nur Geld mit uns machen, will uns für irgendeine Reklame einspannen.

Am nächsten Tag wurden wir empfangen. Piekfeines Büro an der Alster, Mahagoni-Möbel schon im Vorzimmer, die grau-blau getönte Dame sah uns neugierig an.

»Nehmen Sie einen Augenblick Platz. Der Herr Doktor erwartet Sie schon.«

Ein paar Augenblicke später wurde die Tür aufgestoßen. Ein älterer Herr, strahlende Augen, weit ausgebreitete Arme stand im Rahmen.

»Kommen Sie, kommen Sie, meine Herren. Ich finde das ja toll, was Sie da vorhaben. Möchten Sie einen Kognak?«

Er redete ohne Pause. Schon war er am Einschenken.

»Prost, meine Herren, auf gutes Gelingen. Ja, wissen Sie, ich habe nämlich einen Sohn. Vierzehn. Und da gibt's – wie soll ich es sagen – na ja, da gibt's eben Erziehungsprobleme. Diese Jungen heute, die gammeln doch nur rum. Keine richtige Aufgabe, keine Vorbilder. Und da habe ich nun den Film über Sie gesehen. Und habe gedacht: Guck mal an, so etwas gibt es also auch noch. Daran sollte sich dein Herr Sohn mal ein Beispiel nehmen. Meine Herren, darf ich Ihnen diesen Scheck überreichen?«

Wir bekamen ein Stück Papier in die Hand gedrückt. Wir stammelten ein »Dankeschön« und waren ein paar Sekunden später wieder auf der Straße. »Muß gleich wieder zu einem Termin«, hatte der alte Herr sich entschuldigt. »Die Zeit, wissen Sie, die Zeit . . .«

Es war eine Anweisung über 500 Mark. Auszuzahlen an die »Mitglieder Blue-Nile-Expedition«.

»Na, was sagst du nun«, stichelte Hinrich gegen Michael. »Du mit deinen Kenntnissen von den PR-Fritzen.«

»Immerhin, da siehst du mal, was so Kameramänner und Fernsehen alles möglich machen«, versuchte der sich zu wehren.

So ganz unrecht hatte er nicht. Ausgerechnet Hinrich bekam einen Beweis dafür.

Eines Tages sprach ihn eine ältere Dame auf der Straße an. Er kannte sie schon lange, sie wohnte in einem der benachbarten Häuser. Aber zu mehr als einem »Guten Tag« und »Guten Weg« hatte es bisher kaum gereicht.

»Ach, Herr Hinrich«, sagte die alte Dame – sie sagte tatsächlich »Herr Hinrich«, er beschwor es mit tausend Eiden – »also – der Film da neulich. Ich kannte Sie ja nun noch als Kind! Daß Sie so etwas unternehmen wollen. Ich muß schon sagen: das finde ich großartig.«

»Danke«, antwortete Hinrich, »wissen Sie, so schlimm ist es auch wieder nicht.«

»Na na«, winkte die alte Dame ab und kramte in ihrer Handtasche. »Ich habe gerade meine Rente geholt. Wissen Sie, Sie würden mir eine große Freude machen, wenn ich mich mit einem kleinen Beitrag an Ihren Kosten beteiligen dürfte.«

Schon hatte sie einen Hundert-Mark-Schein herausgezogen und drückte ihn dem verblüfften Hinrich in die Hand.

»Aber um Gottes willen, das geht doch nicht«, stammelte der. »Das kann ich doch auf gar keinen Fall annehmen.« Und er versuchte, der Dame das Geld wiederzugeben:

Doch sie wehrte ab, lächelte: »Nun nehmen Sie es man ruhig. Sie tun mir wirklich damit mehr einen Gefallen als ich Ihnen; mir geht es ganz gut, meine Rente ist nicht die kleinste. Und Sie können das Geld sicher gebrauchen.«

Abends sprachen wir lange über den Vorfall. »Wißt ihr, ich habe ein ganz ungutes Gefühl«, meinte Hinrich. »Aber sie ließ sich das Geld einfach nicht wiedergeben. Und sie sagte immer wieder, wir würden ihr eine Freude machen, wenn sie uns helfen könnte.«

Ich glaubte, eine Lösung gefunden zu haben: »Wir werden folgendes machen: Wenn wir wieder zurück sind, dann nehmen wir die besten Dias, gehen zu der alten Dame und geben einen Spezial-Reisebericht nur für sie allein.«

Der Vorschlag wurde beifällig angenommen – durchgeführt wurde er nie. Wir waren etwa drei Wochen in Äthiopien, als die alte Dame starb.

Hinrichs Pistole

Mitte Dezember. Fast das gesamte Gepäck war als Luftfracht nach Addis Abeba unterwegs. Auch die Waffen. Nur Hinrich hatte seine Pistole noch. Er wollte durchaus noch ein zweites Reservemagazin kaufen. Wohin mit der Pistole? Ins Reisegepäck natürlich.

Manchmal sieht man wirklich den Wald vor lauter Bäumen nicht!

1. Januar 1972, Flughafen Fuhlsbüttel. Es war naßkalt. Der Wind zerrte an den Jacken, wir hatten natürlich keinen Mantel an, schließlich wollten wir ja nach Äthiopien fliegen. In Äthiopien war es heiß.

Großer Abschied. Maggy verschwand beinahe in dem Kreis, der sich uns zu Ehren eingefunden hatte. Einer schob sie nach vorn. Da sah ich: Maggy hatte rotgeweinte Augen. Ich blickte mich nicht mehr um.

Eine Stunde später Berlin-Tempelhof. Mit dem Bus ging es nach Ostberlin, nach Schönefeld. Wir gaben unser Gepäck ab, zeigten unsere Pässe, alles schien in bester Ordnung zu sein. Schnell noch in das Restaurant, eine Tasse Kaffee trinken. In anderthalb Stunden sollte unsere Maschine starten.

Es knackste in dem Lautsprecher über der Tür. »Achtung! Der Reisende mit dem Gepäckabschnitt 1153 wird gebeten, sich bei der Gepäckkontrolle zu melden.«

Wir waren völlig ahnungslos.

Ein paar Minuten später ertönte die Lautsprecherstimme wieder: »Achtung! Der Reisende mit dem Gepäckabschnitt 1153 . . .«

Nur um sicher zu gehen, holte ich meinen Gepäckschein hervor. Vier große, schwarze Zahlen sprangen mir entgegen: 1153!

»Mensch, das bin ich«, brachte ich hervor. »Was wollen die denn noch?«

Was sie wollten, sagten sie deutlich und sehr kalt: »Sie haben hier eine Pistole in Ihrem Gepäck. Können Sie uns darüber eine Auskunft geben?«

Siedend heiß fiel es mir ein! Hinrichs Pistole! An die hatte keiner mehr gedacht.

»Vergessen«, stotterte ich. »Glatt vergessen.«

Die beiden Uniformierten hinter der Barriere lächelten nicht einmal höhnisch.

»So, so vergessen? Und wo haben Sie den Waffenbegleitschein?«

Ja, wo denn nur? Ich hatte natürlich keinen. Unsere Waffen befanden sich ja schon in Addis Abeba. Auch die Pistole sollte längst dort sein. Verfluchter Hinrich! Du mit deinem Scheiß-Reserve-magazin.

»Warten Sie hier«, befahl der eine und verschwand. Hinrich und Michael standen bedrückt hinter mir. »Sie können wieder gehen«, sagte der zweite Uniformierte zu ihnen. »Sie müssen sich beeilen, Ihre Maschine wird gleich aufgerufen.«

»Und unser Freund?« wagte Michael zu fragen.

»Der wird wohl jetzt nicht mitfliegen können.«

Michael versuchte, mich aufzurütteln. »Kommst du eben ein paar Tage später, Rüdiger. Wir warten in Addis auf dich.«

Hinrich gab mir nur schuldbewußt die Hand.

»Ruft ja nicht etwa Maggy an«, schrie ich noch hinterher. »Die macht sich sonst zu viele Sorgen.«

In mir war eine Welt zusammengebrochen. Mann, die lassen dich doch hier eine ganze Weile hängen, dachte ich. Waffenschmuggel oder wie die das auslegen werden.

Ich hatte Angst. Jämmerliche Angst.

Ein Offizier kam. Groß, schmal, Pelzmütze, gut geschnittener Mantel, Koppel, Schulterriemen.

»Folgen Sie mir bitte«, forderte er mich höflich auf. Ein nüchternes Bürozimmer, Bilder von Lenin und Ulbricht, ein schmaler Stuhl vor dem Schreibtisch.

»Nun erzählen Sie mal«, sagte der Offizier knochentrocken.

Ich erzählte. Von unseren Plänen, unseren Vorbereitungen, unseren Hoffnungen. Ich zeigte Zeitungsausschnitte, die ich in der Brief-tasche hatte. Er hörte mir geduldig zu, machte sich nur von Zeit zu Zeit ein paar Notizen.

Dann verschwand er. Kam nach etwa einer halben Stunde wieder. »So, nun geben Sie mir mal bitte alle Ihre Personalien an. Aber mög-lichst lückenlos, auch von Ihrer Familie und den Mitarbeitern.«

Draußen vor dem Fenster des Zimmers stand dunkle Nacht. Hin und wieder heulten Triebwerke auf. Menschen gingen vorbei, spra-chen, lachten.

Hinrich und Michael werden jetzt schon bald in Kairo sein, dachte ich.

Der Offizier war wieder verschwunden. Es dauerte lange, bis er zurückkam. »So, Herr Nehberg, Sie können jetzt gehen. Wir werden Sie mit einem Taxi zum Kontrollpunkt bringen. Sie übernachten am besten in Westberlin. Die nächste Maschine nach Kairo geht übermorgen.«

Ich glaubte, meinen Ohren nicht trauen zu dürfen. Sollte das wirklich alles gewesen sein?!

»Die Pistole müssen wir allerdings beschlagnahmen«, sagte der Offizier.

Ich hätte jubeln und tanzen können. Eine Pistole, was ist schon eine Pistole?

Mein Gegenüber muß mir wohl angesehen haben, welcher Stein mir vom Herzen gefallen war. Er beobachtete mich noch einen Moment prüfend, streckte mir dann die Hand über den Schreibtisch entgegen und sagte:

»Ich wünsche Ihnen, daß Sie es schaffen. Hals- und Beinbruch!«

Am 5. Januar landete die vierstrahlige Boeing 707 der Ethiopian-Airlines butterweich auf der Betonpiste von Haile-Selassie I-Airport. Es war genau 14.17 Uhr. Die Sonne flirrte über den Platz, der tiefblaue Himmel hatte ein paar Kumulus-Segel aufgezogen, ein paar Schwarze luden schnatternd das Gepäck aus dem Bauch der Maschine.

Etwas unsicher ging ich die Gangway hinunter. Dahinten am Empfangsgebäude sah ich – ganz klein noch – zwei Figuren. Sie winkten, brüllten fielen sich in die Arme, rasten mir entgegen.

Hinrich und Michael. Wir waren wieder zusammen.

Mal sehen, Herr von Randow, ob der Blaue Nil die zweite Runde auch gewinnen würde!

Viertes Kapitel

Auftakt im Lepradorf

Michael lag auf dem Bett und starrte Löcher in den Tag. Gelangweilt beobachtete er die Spinne, die geschäftig an der Zimmerdecke ihre Fäden zog. Von der Straße drang der Lärm wie ein monotones Rauschen herauf; durch die weitgeöffneten Fenster knallte die Sonne ins Zimmer und ließ den Staub aufleuchten, der wie weicher Samt alles überzogen hatte: den Schrank, den Tisch, die Bettpfosten, die Tür.

Die Bettwäsche könnten sie auch mal wieder wechseln, dachte Michael mißmutig. In Europa hätte ich schon längst Dampf gemacht – aber hier? Hier kannst du ja gleich mit der Wand meckern.

Es ließ sich nicht übersehen: Michaels Stimmungsbarometer zeigte Tief an, kräftiges Tief. Vielleicht hätten wir ihn warnen sollen, schließlich war er das erste Mal nach Äthiopien gekommen; wahrscheinlich hatte er sich alles ganz einfach gedacht. So vielleicht:

Ankunft auf dem Flughafen, Hotel, drei, vier Tage Addis Abeba, Besuch bei der Botschaft, Shake hands, Auto mieten, Träger anheuern, Boot verladen – weg, auf geht's!

Michael hatte keine Ahnung gehabt, daß es in Äthiopien so einen vertrackten Ausdruck gibt: »Nége«. Nége heißt wörtlich übersetzt »morgen«. Nége heißt sinngemäß übersetzt: irgendwann einmal, vielleicht morgen, vielleicht in einer Woche, vielleicht überhaupt nicht.

Drei, vier Tage Addis Abeba und dann los – ach, Michael, wie du dir das so vorstelltest!

Da wäre zum Beispiel unser Gepäck. Das Gepäck lag beim Zoll, fest und sicher und keiner konnte heran. Sicher, unsere Papiere waren in Ordnung, die Waffenlizenzen auch, alle Gebühren bezahlt – »holen wir sie also raus, unsere Sachen«, hatte Michael gesagt.

Wir grinsten nur. Wir hatten den ganzen Zauber schon einmal mitgemacht. »Da kannst du bitten, da kannst du toben, das hilft dir überhaupt nichts«, grunzte Hinrich und streckte die Beine bequem von sich. »Auch wenn du ein ganzes Papier voller schicker Stempel hast, dann entdecken die immer noch einen, der fehlt – einen ganz besonders wichtigen selbstredend.«

Nége, Mister! Nége!

Oder die Waffenlizenzen? Nége! – Oder die Träger? Nége! – Oder der Lastwagen für das Boot? Nége!

Nége! Nége! Nége!

Ohne Semerdschan war da eigentlich überhaupt nichts zu machen. Semerdschan, der kleine, dicke Amhare von der Botschaft, der Dolmetscher. Semerdschan kannte alle wichtigen Leute, Semerdschan war überall zu Hause. Mit dem einen hielt er ein Schwätzchen, mit dem anderen trank er eine Tasse Kaffee, manchmal wurde auch ein Dollarchen über den Tisch geschoben – heimlich, ganz heimlich natürlich – aber es half. Semerdschan, breites Lachen im Gesicht, die Augen verschmitzt zusammengekniffen: »Bald hab' ich ihn soweit, Mister, nége, vielleicht schon nége.«

Merkwürdig, wenn Semerdschan das sagte, dann konnte es wirklich »morgen« sein.

Gott sei Dank, daß die in der Botschaft diesen Semerdschan hatten. Sonst nämlich – na ja, am besten, man vergaß sie schnellstens wieder. Waren eben Diplomaten, besondere Leute. Manchmal bildet man sich daheim ein, Botschaften seien unter anderem auch dazu da, ihren Landsleuten im Ausland zu helfen. Besser, man läßt es nicht auf eine Probe ankommen. Uns war zum Beispiel das Bargeld knapp geworden. Kann ja passieren: 10 Tage Hotel – das ging natürlich in die Kasse. Vor allem, wenn man vorher den Aufenthalt nicht genau kalkulieren kann. Hin zur Banco di Roma also, Scheck einlösen. Mist verdammter: die Banco die Roma war schon geschlossen. Langes Wochenende, lange Gesichter.

»Gehen wir eben einfach zur Botschaft«, schlug ich vor. »Das kann ja doch kein großes Problem für die sein, einen Euro-Scheck einzulösen.«

War aber doch ein Problem, ein unlösbares sogar. Dr. Wersdorfer nämlich hatte über unser Anliegen zu entscheiden, der Botschaftsrat. Und das war ein neuer Mann, der es sich offensichtlich zur Aufgabe gemacht hatte, dem Sprichwort von den neuen Besen, die da gut kehren sollen, frischen Glanz zu verleihen. In der Botschaft nannten sie ihn heimlich »Mindenoh«. Mindenoh ist amharisch und heißt: »Was ist los?« – Dr. Wersdorfers geflügeltes Wort, mit dem er durch die Zimmer und Flure sauste und Leute anfuhr.

Klar wie ein junger Sommertag, daß der Botschaftsrat unseren Euro-Scheck zurückwies, als wäre er gefälscht. »Wir sind doch hier kein Bankinstitut«, knurrte er frostig.

Das war denn wohl sogar unserem Fritz von Randow zu viel. »Wissen Sie, ich bin ja nicht nur Botschaftsangehöriger hier«, sagte er peinlich berührt, »ich bin schließlich auch noch Privatmann. Und als Privatmann bin ich gerne bereit, Ihnen Bargeld für den Scheck zu geben.«

Guter Fritz von Randow. Wir konnten herzlich »Dankeschön« und »Ist nicht mehr nötig« sagen. Inzwischen nämlich hatte seine Sekretärin Elke Leichtweiss uns den Scheck schon eingelöst.

»Wissen Sie«, sagte ich zu ihr, »vor Jahren habe ich einmal einen Zeitungsbericht über Äthiopien gelesen. Da hatte der Reporter sich über die Botschaft hier ganz schön aufgeregt. Daß er mit einem Taxi nicht auf das Botschaftsgelände fahren durfte, schrieb er, weil es sich doch nicht um einen eigenen Wagen handelte, sondern um ein schmutziges, gemietetes Fahrzeug. Und dann schilderte er, wie er im Park als erstes die Kinder der Botschaftsangehörigen hoch zu Pferde traf – ›Jung-Deutschland!‹ nannte er sie – und die Fußgänger mußten ihnen ängstlich Platz machen. Damals hatte ich gedacht, na, der wird wohl tüchtig übertrieben haben. Aber der hat ja recht, wissen Sie, Elke, der hat ja recht! Das ist wirklich 'ne Scheiß-Botschaft.«

Elke lächelte nur.

Jetzt waren wir nun schon siebzehn Tage hier. Siebzehn Tage »International« am Arat Kilo, was soviel heißt wie »Platz mit den vier Straßen«. Das »Ras« in der Churchill Road wäre natürlich angenehmer gewesen – aber auch viel teurer. Außerdem wohnten die Mädchen des Peace Corps nicht im »Ras«, wenn sie Urlaub machten, sondern im »International«. Michael sagte immer, ohne das Frühstück mit Babsy, diesem rothaarigen Girl aus Los Angeles, wäre dies alles hier überhaupt nicht mehr zu ertragen. Nur Babsy hielte ihn noch senkrecht.

Natürlich übertrieb er. Sicher, der Nabel der Welt ist Addis Abeba nun mal nicht. Die City, mit ihrem modernen Rathaus, der noch moderneren »Bank of Commerce«, dem Postamt, dem Kaiser-Palast – »Europa-Abklatsch«, schimpfte Hinrich. »Daß die immer unsere blöden Betonstädte nachbauen wollen.«

Aber da war ja auch noch die Altstadt. Dieses Gewirr von Wellblechhütten und Lehmhäusern, dieses Feilschen, Handeln, Geschiebe, Gedränge und Geschrei; dazwischen Kinder, Hunde, Hühner, Esel, Frauen, die Tonkrüge auf dem Kopf balancierten,

Bettler mit verkrüppelten Händen, Männer, die selbstvergessen irgendwo kauerten und Kat[1] kauten, die oft bildhübschen und immer liebenswürdigen Scharmutas[2] in ihren armseligen Liebeshütten. Dieses alte Afrika war ein Grund, Addis zu lieben. Und über allem dieser Geruch, der so typisch für Afrika ist – eine schwere Wolke von Pfeffer, Schmutz, Kaffee, Weihrauch, Geröstetem, Schweiß, Blumen – nichts auf der Welt riecht so wie Afrika.

Ja, und dann die Altstadt nachts. Sicher nicht ratsam, sie alleine zu durchstreifen. Aber langweilig? Ich wußte gar nicht, was Michael immer hatte.

Bisidimo

Wieder einmal saßen wir bei Dr. Weithaler herum. Telegrafenamt in der City, dritter Stock. Die Weltgesundheitsorganisation der Vereinten Nationen hatte dort ihre Büros. Dr. Weithaler war Direktor des SEPE, des »Smallpox Eradication Program of Ethiopia«. Wir waren von ihm schon angeheuert worden:

»Wenn Sie unterwegs am Blauen Nil irgendwo Leute sehen sollten, die typische Merkmale von Pocken zeigen, dann schreiben Sie sich doch bitte möglichst genau auf, wo das war, und informieren Sie uns später. Wir werden dann mit Hubschraubern dorthin fliegen und impfen.«

Von Dr. Weithaler hatten wir schon in Hamburg gehört. Professor Hammerschmidt, unser Marzipanfanatiker, hatte uns von ihm erzählt. »Da ist ein Landsmann von mir in Addis Abeba. Dr. Weithaler heißt der, Kurt Weithaler. Wenn Sie Zeit haben, dann besuchen Sie ihn doch ruhig mal, der freut sich bestimmt.«

Wenn wir nur alles so reichlich hätten wie Zeit!

Aber Dr. Weithaler freute sich wirklich. Ein Österreicher – und Österreicher sind eben auch noch in Afrika charmant. Knapp über fünfzig mochte er sein, hatte schneeweißes Haar und war ungeheuer

1 Kat = eine stark berauschende Pflanze, die gekaut wird. Sie wird aus dem Strauch Celastraceen gewonnen, der in den Tälern der Provinzen Harrar und Shoa angebaut wird. Kat (oder auch Tschat) wird ausgeführt.
2 Scharmuta = Prostituierte

gemütlich. Ich hatte ihm einen Stollen aus Hamburg mitgebracht, so einen richtigen, mit viel Butter und Rosinen. Manchmal ist es doch gar nicht so verkehrt, Konditor zu sein. Es kann Herzen und Türen öffnen.

»Wissen Sie, Sie tun mir richtig leid«, sagte Dr. Weithaler. »Gammeln hier herum und können nichts tun als warten.« Er überlegte eine Weile. »Fahren Sie doch einfach mal nach Bisidimo«, schlug er dann vor. »Damit könnten Sie wenigstens die Zeit sinnvoll überbrücken.«

»Was ist denn Bisidimo?« fragte Hinrich.

»Das ist eigentlich nur der Name eines Flusses«, erklärte Dr. Weithaler. »Aber 1960 hat dort das Deutsche Aussätzigen-Hilfswerk ein Krankenhaus für Leprakranke errichtet. Wissen Sie, Hospitäler gibt es ja in den Städten schon ein paar, aber dieses Bisidimo hat meiner Ansicht nach nichts Vergleichbares.«

»Ach, Aussätzige also«, entsetzte sich Hinrich. »Doktor, wir wollen uns doch hier nicht noch 'ne Krankheit holen!«

»Da brauchen Sie gar keine Angst zu haben«, erwiderte der Österreicher. Uns Europäern kann da gar nichts passieren. Es bedarf schon eines sehr intensiven Kontakts, um sich anzustecken, zum Beispiel wie ihn Eltern zu Kindern haben oder Ehepartner miteinander. Genau erforscht ist das aber bis heute nicht.«

»Wo liegt denn dieses Bisidims?«

»In der Provinz Harrar«, antwortete Dr. Weithaler. »So an die vierhundert Kilometer von hier. Aber es führt sogar eine ganz gute Straße hin.«

Abends im Hotel sagte Michael: »Wißt ihr, vielleicht ist das gar nicht so schlecht, was der Weithaler da vorgeschlagen hat. Wir könnten einen kleinen Film drehen. Den deponieren wir hier. Wenn uns später das Filmmaterial vom Blauen Nil irgendwie verloren gehen sollte, dann kommen wir wenigstens nicht mit ganz leeren Händen nach Hause. Man kann ja nie wissen.«

»Und wenn wir nun morgen gerade unser ganzes Gepäck rauskriegen sollten«, fragte Hinrich skeptisch-optimistisch zurück. »Dann verlieren wir unnötig wieder ein paar Tage.«

»Ach, nége«, winkte Michael ab. »Und wenn schon. Auf zwei, drei Tage mehr oder weniger kommt's nun ja wirklich nicht mehr an.«

Am nächsten Tag flogen wir nach Dire-Dawa. Auf eine Busfahrt wollten wir uns lieber doch nicht einlassen. Wer weiß, vielleicht blieb der Wagen unterwegs irgendwo stecken – wir hatten die abenteuer-

lichsten Geschichten gehört. Addis Abeba – Dire-Dawa. Inneräthio-
pischer Liniendienst. Eine uralte amerikanische »Dakota«. Verdammt nahe unter uns das äthiopische Hochland, die Däga[1].

Bizarre, zerklüftete Gebirge, manchmal war uns, als griffen steinerne Finger nach dem Flugzeug. Service? Natürlich gab's auch Service an Bord. Nach einer Viertelstunde Flug öffnete sich die Cock-
pit-Tür, heraus kam der Copilot und servierte Coca.

Bitte sehr!

Wir landeten glatt in Dire-Dawa. Ein einigermaßen ebenes Feld,
Grasbüschel, rötlicher fester Lehmboden, ein kleiner Flachbau – der
Flugplatz! Natürlich mußten wir zuerst den Gouverneur besuchen.
Das gehört in Äthiopien sozusagen zum guten Ton. Im Hotel in
Addis Abeba hatte ich mal von drei englischen Kunsthistorikern ge-
hört, die alte Kirchen besichtigen wollten. In einer Provinz hatten sie
es dann versäumt, dem Gouverneur ihre Aufwartung zu machen.
Prompt wurden sie festgenommen. Da nutzten ihnen auch die vielen
Empfehlungschreiben aus der Hauptstadt nichts. Die Hauptstadt ist
weit, hier war der Gouverneur der Boß. Erst nach zwei Nächten in
einer verlausten Gefängniszelle wurden die Engländer wieder freigelassen. Der Irrtum habe sich aufgeklärt hieß es, man wünsche gute
Weiterreise.

Unser Gouverneur war so ein Zackiger. Groß, schlank, gewachsen
wie ein Pfahl, knappe Bewegungen, sprach fließend englisch.

»So, nach Bisidimo wollen Sie, einen Film drehen? Das finde ich
aber sehr gut. Das sind tüchtige Leute dort. Die haben viele Felder
angelegt, mit Gemüse, Kaffee, Blumen, mit Tef[2] Ja, sie decken da
nicht nur ihren eigenen Bedarf, die beliefern sogar die Geschäfte und
Hotels in Harrar und Dire-Dawa. Wirklich tüchtige Leute.«

Nach Harrar fuhren wir mit einem Taxi.

Dann standen wir vor dem Bus, der uns nach Bisidimo bringen
sollte. Mißtrauisch schlich Hinrich um den klapprigen Kasten herum.
Ein Italiener schlenderte heran. »Sie brauchen keine Angst zu haben«, grinste er. »Der fährt schon zehn Jahre, und der fährt bestimmt
auch noch die nächsten zehn.«

---

1 Däga = die hohen Zonen in Äthiopien. Berge bis über 4000 m. Die anderen Zonen
heißen Waina Däga = die mittlere Zone; die Kolla = tiefe Zone. Letztere ist sehr
heiß und trocken. Malariagebiet.
2 Tef = ein grasartiges Getreide. Hauptnahrungsmittel in Äthiopien.

Der Bus fauchte und ratterte und holperte. Aber er fuhr. Wir waren die einzigen Europäer. Stolze Amharen und Gollas mit Gewehren neben uns, Priester, Hirten, Bäuerinnen mit gackernden Hühnern in einem Tuch. Michael war unbestrittener Mittelpunkt. Diese blitzende Kamera, die er da neben sich auf dem Sitz hatte! Das Stativ, die Objektive – hundert Hände grapschten danach. Michael schwitzte und fluchte.

»Sieh man zu, wie du da klar kommst«, stichelte Hinrich. Michael warf ihm nur einen wütenden Blick zu. »Hilf mir lieber, du Blödmann«, zischte er. »So viel Augen kann einer alleine ja gar nicht haben, um da überall aufzupassen.«

Vor uns eine weite Ebene. Graue Berge im Hintergrund. Mannshohe Kakteen säumten den Weg. Plötzlich hielt der Bus.

»He, ihr Fremde«, radebrechte der Fahrer englisch nach hinten. »Ihr jung, ihr Stückchen laufen.«

Schon standen wir draußen. Der Bus entschwand in einer Staubwolke. Rings um uns nichts, nur Äthiopien und blauer Himmel.

Doch stopp! Da stand ja noch ein winziges Schild. »Bisidimo-Center« entzifferte Hinrich. »Na, dann laß uns man marschieren. Wir sind ja jung, ihr habt's ja gehört.« Sprach's, schnappte sich eine von Michaels Taschen und marschierte los, wir fluchend hinterdrein. Nach einer Weile kreischte eine Pavian-Herde neben uns her. Ich hatte dem einen Affen eine Banane zugeschmissen. War ein Fehler, wir wurden sie überhaupt nicht mehr los. Immerhin – wer kann in Old-Europe schon mit einer Pavian-Herde spazierengehen?

Etwa eine halbe Stunde waren wir unterwegs, als in der Ferne ein paar weißgekleidete Gestalten auftauchten.

»He, kommt mal her«, schrie Hinrich und winkte heftig. Doch sie grinsten nur verlegen und liefen in immer gleichem Abstand neben uns her. Dafür verschwanden die Paviane.

Noch eine halbe Stunde. Dann tauchte eine Ansiedlung vor uns auf. Langgestreckte, weiße, saubere Flachhäuser, in der Mitte ein richtiger deutscher Kirchturm. Bisidimo.

Ein paar hundert Meter vor der Siedlung ein Schlagbaum. Einfach so in die Landschaft gestellt. Man konnte links dran vorbeigehen, man konnte rechts vorbeigehen. Man konnte ihn aber auch heben und durchmarschieren. »Wie im Zirkus«, stieß mich Michael an. »Wenn die Clowns in der Manege eine Tür aufstellen, nur so eine Tür. An beiden Seiten ist es frei, aber da steht eben eine Tür.«

In der Zwischenzeit waren es immer mehr Weißgekleidete geworden. »Ob das wohl alles Lepra-Kranke sind«, fragte Hinrich doch ein wenig ängstlich. »Man, hoffentlich stecken wir uns nicht doch an.«

Dann sahen wir plötzlich das Mädchen: Kurzgeschnittene blonde Haare, blaue Augen, ein weißer Kittel, vorn weit geöffnet, Bikini darunter, viel sonnengebräunte Haut, herrlich gewachsene Beine.

»Das kann doch nicht wahr sein«, flüsterte Michael und rieb sich die Augen. »Das ist ja Hamburg! Hamburg mitten im Busch.«

Es war auch Hamburg. Elke Besler, medizinisch-technische Assistentin im Entwicklungsdienst. Heimatadresse: Blankenese. Seit zwei Jahren in Bisidimo.

»Was, aus Hamburg seid ihr? Und ihr wart Silvester noch dort?« Sie klatschte immer wieder fassungslos in die Hände. »Los, los, kommt, ihr müßt erzählen. Mindestens einen Tag müßt ihr erzählen.«

Sie schleppte uns zu der Kirche. Ein breitschultriger, dunkelhaariger Mittvierziger beschnitt dort Blumen. »Herr Soellner, Herr Soellner! Wir haben Besuch bekommen. Aus Deutschland.«

Na, die scheinen ja hier auf uns gewartet zu haben. Wie Kirsten zu Weihnachten, dachte ich.

Überströmende Herzlichkeit überall. Bei den Soellners, bei dem Chefarzt, bei seiner üppigen Frau, bei den paar Schwestern, den Handwerksmeistern. Dreizehn Deutsche.

»Wir sind so etwas wie eine winzige deutsche Kolonie hier«, erzählte Franz Soellner abends. Wir saßen behaglich beim Tee auf der Terrasse seines Hauses. »Alles Entwicklungshelfer, die für das Deutsche Aussätzigen-Hilfswerk arbeiten. Prima Jungs und Mädchen.« Stolzer Blick in die Runde. »Dabei ist das ein verdammt harter Job hier. Sie müssen sich mal vorstellen: die meisten Kranken, die zu uns kommen, können nicht schreiben und nicht lesen. Irgendwo haben wir sie aufgegabelt. Sie haben oft noch nie in ihrem Leben Schuhe getragen. Daß sie sich waschen müssen, täglich ein paarmal, müssen wir ihnen mühsam beibringen.«

Franz Soellner leitete das Lepra-Zentrum mit Unterbrechungen seit seiner Gründung 1960.

»Damals haben wir noch in Zelten hier gehaust«, erinnerte er sich. »Zuerst legten wir die Felder an. Gemüse, Kartoffeln, Tef, Kaffeeplantagen. Das ist nämlich das wichtigste an der Therapie: die Leute müssen beschäftigt werden, die müssen sehen, daß ihr Leben noch

Sinn hat. Deshalb sind ja auch die Handwerksmeister hier. Die Kranken sollen nämlich nicht nur Gemüse anbauen, die sollen auch etwas lernen. Tischlern zum Beispiel, ein bißchen schlossern oder schneidern. Wenn sie dann später wieder draußen leben müssen, dann sind sie Spezialisten und ihre Mitmenschen vergessen vielleicht, daß sie Kranke vor sich haben, die sie sonst meiden.«

»Eine richtige Resozialisierung also«, meinte Hinrich.

»Ja, eine richtige Resozialisierung«, entgegnete Soellner.

»Nur reden wir hier nicht so oft davon.«

»Und wie ging das dann damals alles weiter?« wollte Michael wissen.

»Ja, da hatten wir also die Felder«, berichtete Soellner. »Aber das zog auch die Elefanten und vor allem Paviane an. So leicht kommen die natürlich sonst nicht an Leckerbissen. Manchmal standen sie mitten zwischen den Zelten, standen einfach so rum, die Kolosse. Und wenn sie sich umdrehten, dann rissen sie mit dem Hintern oder dem Rüssel unsere Behausungen ein. Mann, das war vielleicht eine irre Zeit.«

Soellner zog schmauchend an seiner Pfeife. Seine Frau goß Tee nach.

»Und dann haben wir die Kirche hier gebaut. So eine richtige deutsche Kirche. Manchmal ist man eben doch sentimental. Die Kirche jedenfalls wurde unser Zentrum. So nach und nach entstanden dann die Häuser. Und jetzt – na ja, Sie sehen ja selbst: wir haben nun 320 Betten hier, annähernd 600 Patienten, ein festes Hospital für 60 Patienten, die liegen müssen, Küche, Tischlerei, Kfz-Werkstatt, Wäscherei, eine Schule, Tierzucht, eigenes Bewässerungssystem, wir unterhalten einen mobilen Hilfsdienst, der durch die Dörfer fährt und etwa 3700 Kranke betreut.«

Stolz schwang in seinen Worten mit.

»Und wie lange bleiben die meisten Kranken hier?« erkundigte ich mich.

»Ja, das ist der Haken«, antwortete Soellner. »Wir können sie nur ein- bis anderthalb Jahre höchstens aufnehmen. Dann müssen sie wieder raus, weil andere Kranke nachdrängen. Das wäre alles nicht so schlimm, aber ein großer Teil der Leute, die hier entlassen werden, vergißt natürlich, sich draußen ambulant behandeln zu lassen. Oder sie haben keine Möglichkeit, weil der nächste Arzt oder das nächste Hospital viele Tagemärsche entfernt ist.«

Er seufzte resigniert.

Hinrich hatte inzwischen den Schrank mit den Gewehren entdeckt. »Wozu brauchen Sie die denn?« fragte er. »Für die Jagd? Oder stehen die nur so als Schmuck herum.«

»Sie haben vielleicht eine Ahnung«, amüsierte sich Franz Soellner. Und dann erzählte er die Geschichte von den Somalis:[1]

Es geschah zwischen dem Kleinen Regen[2] und dem Großen Regen. Es war ungewöhnlich heiß, die Sonne hing dumpf und brütend am Himmel, alle schlichen umher, als hätten sie Blei an den Sohlen. Plötzlich Geschrei. Assefa kam angerannt. Assefa hatte Wache, draußen an der Kaffeeplantage. Er lief, als wäre ihm der Leibhaftige persönlich auf den Fersen.

»Die Somalis kommen! Die Somalis kommen!« schrie er unentwegt und fuchtelte mit den Händen in der Luft umher.

Bisidimo verwandelte sich in einen Bienenschwarm. »Schnell, alles in die Kirche«, befahl Soellner. »Los, los, schnell. Helft den Kranken aus dem Hospital.«

Und Assefa flüsterte er zu: »Du bist ein guter Läufer. Du bist jetzt unser wichtigster Mann. Los, renne nach Harrar. So schnell du kannst. Erzähl dem Polizeichef, was hier los ist.«

Minuten später lag die Station wie ausgestorben da. Nur in der Kirche wisperten und tuschelten über 600 verängstigte Menschen. Ein Glück, daß wir hier feste Mauern gebaut haben und massive Türen, dachte Soellner. Die kriegen sie nicht so schnell auf. Da können sie sich ganz schön die Zähne dran ausbeißen. Hoffentlich kommt bald Hilfe. Angestrengt spähte er durch den Sehschlitz. Nichts. Plötzlich entdeckte er die Staubwolke am Ende des Dorfweges, die sich schnell näherte.

»He-he-he« brauste es heran. Ungefähr dreißig zottige Pferde, zerlumpte Gestalten drauf, die Köpfe dicht über die Hälse gebeugt. Gewehre knallten, Pistolen feuerten, wilde, verwegene Gesichter, Turban über die Stirn gedrückt.

Nach einer Weile hörte das Schießen auf. Soellner beobachtete, wie die Somalis vorsichtig in die Häuser schlichen. Dann kam der erste an die Kirchentür, versuchte sie aufzureißen.

---

1 Somalia = Nachbarland im Osten und Südosten Äthiopiens. In der Provinz Harrar liegt Bisidimo nur rund 100 Kilometer von der Grenze entfernt.
2 Kleiner Regen = eine kürzere Regenzeit etwa im April.

Drinnen war es totenstill geworden. Auch Soellner hatte sich von seinem Beobachtungsposten zurückgezogen. Die Frauen, dachte er, Herrgott, wenn wir doch nur die Frauen nicht hier hätten! Laß sie doch rauben und stehlen! Aber die Frauen.

Er wußte, wie es Frauen ergangen war, die Somalis in die Hände fielen, lieber gar nicht dran denken.

Draußen hämmerte es gegen das Tor. Schüsse peitschten dagegen. Wie lange kann es dauern, bis Hilfe kommt, überlegte Soellner. Ob Assefa es überhaupt bis Harrar geschafft hat?

Ohne Übergang brach die Nacht herein. Geschrei draußen, Feuer flackerten auf. »Die wollen sich wohl hier richtig häuslich niederlassen«, flüsterte der Chefarzt, der neben Soellner getreten war.

Dann hörten sie in der Ferne das Motorengebrumm. Soellner sah, wie der Anführer der Somalis sich aufrichtete, wie er Befehle gab und wie sich seine Leute zurückzogen.

Drei schwere Lastwagen fuhren in Bisidimo Center ein, stoppten, Polizisten sprangen herab, schwärmten aus, schossen.

Richtiger Buschkrieg, dachte Soellner. Doch die Erleichterung spiegelte sich in seinem Gesicht wider.

Zwei Stunden später sprengten die Somalis in wilder Flucht zur Grenze. Drei Tote ließen sie zurück. Von den Polizisten hatte es einen am Arm erwischt – weiter nicht schlimm. Die Patienten lagen wieder in ihren Betten, die Lastwagen fuhren ab, zehn seiner Leute ließ der Kommandeur hier.

Man kann schließlich nie wissen. Somalis – denen ist alles zuzutrauen.

Bisidimo lag wieder so da, als sei das ganze nur ein böser Spuk gewesen. Die Nacht war samten und weich und voller geheimnisvoller Stimmen; die Schritte der Polizeiposten knirschten im Sand, ein leiser Wind war aufgekommen. Hyänen wimmerten und schlichen durch das Dorf.

Nur noch die Deutschen waren zusammen. Auf Franz Soellners Terrasse saßen sie und redeten sich die Aufregung ab. Nein, an Schlaf war diese Nacht nicht mehr zu denken.

»Wissen Sie, wann das war?« fragte uns Franz Soellner. Er wartete die Gegenfrage nicht ab. »Das ist noch keine 6 Jahre her. Und das kann immer wieder passieren.«

Er drehte sich Hinrich zu: Ganz leichtes Lächeln: »Wissen Sie nun, warum wir die Gewehre haben?«

Wir blieben drei Tage in Bisidimo. Aus dem geplanten Filmchen wurde ein halbstündiger Film. Man zeigte uns alles, wir durften überall drehen.

Nur ein winziges Häuschen war da – dort sollten wir nicht rein. »Da liegt unser schlimmster Fall«, sagte Franz Soellner. »Den Anblick möchte ich Ihnen gern ersparen.«

Rückflug nach Addis Abeba. Elke Besler flog mit uns. »Ein paar Tage Urlaub machen in der Hauptstadt«, sagte sie leichthin. Die zwei Stunden huschten dahin. Ein bißchen flirten, lachen, »Talkwalk«, wie es heute heißt. Haben wir noch etwas vergessen zu erzählen? Von Hamburg und so?

Kurz vor der Landung sagte Elke: »Wißt ihr, ich habe einen Freund in Addis, einen Arzt aus Indien. Der holt mich am Flughafen ab. Ist ein prima Kerl, aber verdammt eifersüchtig. Ist besser, wir tun so, als ob wir uns nicht kennen, ja?«

Landung, Gangway, Flughafengebäude. Ein junger Mann hinter der Barriere, sah aus wie eine Mischung aus Gregory Peck, James Stewart und Alain Delon. Elke flog ihm entgegen.

Wir gingen vorbei, als hätten wir uns nie gesehen.

Endlich

In der Rezeption lag ein Zettel für uns: »Alle Ihre Zollformalitäten sind erledigt. Das Gepäck ist im Hotel abgestellt worden. Die Waffenlizenzen habe ich auch. Ein Auto mit Fahrern stellt Ihnen Dr. Vees, leitender Professor, deutscher Geophysiker, der hier zur Zeit Erdkrustenmessungen vornimmt. Sie brauchen nur noch Ihre Träger. Semerdschan.«

Was war mit Michael? Hatte der plötzlich einen Veitstanz bekommen? Er hopste auf einmal umher wie ein Verrückter, schmiß die langen Beine, als würde Bill Haley seinen wüstesten Rock hämmern, dann sank er in den nächstbesten Sessel: Stöhnte entzückt:

»Mann, dann können wir ja los! Das kann doch nicht wahr sein! Mensch, Rüdiger, endlich!«

Endlich!

Drei Tage später brachen wir auf. Wir hatten sechs Träger gemietet und einen Führer. »So etwa hundert Kilometer vor dem Tana-See müssen wir Sie in der Gegend um Mota leider absetzen«, hatten die vom Geophysikalischen Institut gesagt. »Sonst verlieren wir zu viel Zeit. Für die letzte Strecke wäre es besser, wenn Sie sich einen Führer besorgen.«

Ich hatte den Mann schon ein paarmal vor dem Hotel-Eingang gesehen. Als ich abends zurückkam, sprach er mich an. Gebrochenes Englisch, dazwischen ein paar Brocken Arabisch. Ob es stimme, daß wir zum Blauen Nil wollten? Ob er uns führen dürfe?

»Was verlangst du?« fragte ich?

»Zehn Dollar«, antwortete er.

Er hieß Jegiga. Man sah ihm an, daß er die Lepra hatte. Noch kein schwerer Fall.

»Gehst du auch immer zum Arzt?« fragte ich ihn.

»Du bist Deutscher?«, fragte er zurück. Und dann erzählte er mir, daß er in Bisidimo war. Ein Jahr lang.

In den nächsten Tagen erfuhr ich seine Geschichte. Ich erfuhr sie von einem Arzt, von ihm, von seinen Landsleuten. Die Geschichte von Jegiga, dem Teufelskind:

Der Aussätzige

Jegiga saß am Feuer und träumte. Er hatte seine Shamma[1] bis dicht unter das Kinn gezogen, so daß das Gewand ihn einhüllte wie ein weißer Schleier, der nur den Kopf frei ließ. Die Flammen huschten über sein Gesicht und spiegelten sich in den erdbraunen Augen, die ausdruckslos waren und nicht verrieten, was hinter ihnen vorging.

Jegiga war allein. Nur die Nacht war bei ihm und der Wind, und die drei Weißen. Spielerisch glitt der Wind durch das Feuer, ließ es auflodern, duckte es im nächsten Moment wieder. In der Nähe bellte eine Hyäne. Jegiga drehte langsam und lauschend den Kopf in die Dunkelheit. Leise Furcht kroch in ihm hoch. Hyänen! Er wußte, daß sich Budas[2], die Menschen mit dem bösen Blick, nachts gern in Hyänen verwandelten, um so ihre Opfer zu suchen. Was wollten sie noch von ihm? War er nicht schon ein Gezeichneter?

---

1 Shamma = traditionelles weißes Fallgewand der Äthiopier
2 Buda = Geisterglaube, bedeutet »Person mit bösem Blick«

Er sah hinüber zu den anderen Feuern, an denen die Träger saßen. Dort lachte und lärmte es wie bei einem Fest. Manchmal sprühten Funken in die Nacht, und Jegiga wußte, daß dann der Spieß gedreht wurde, an dem das saftige Stück Fleisch über dem Feuer hing. Die Ferénzis [1] hatten es gegeben, die drei weißhäutigen Fremden, die von weither gekommen waren und zum Abai [2] wollten, den sie »Blauer Nil« nannten.

Er wäre auch gern an diesen Feuern gewesen, doch die anderen, die Träger, wollten Jegiga nicht in ihrer Mitte haben. Dabei hätte er ihnen viel erzählen können, denn Jegiga war kein armer Mann – er besaß Erfahrung und Weisheit, und er könnte eine Menge berichten von dem Leben, das die meisten, die an den anderen Feuern lärmten, noch vor sich hatten. Viel würde er geben, wenn sie ihn einmal nur bitten würden: »Erzähl uns, Jegiga, erzähl uns, wie es früher war.«

Doch sie baten nicht, und Jegiga wußte, daß sie ihn niemals bitten würden. Sie sahen ihn nur scheu an, er spürte, wie sich ihre Blicke in seinen Rücken bohrten. Doch wenn er sich umsah, dann drehten sie verlegen die Köpfe weg und machten sich davon.

Jegiga war nicht zornig auf sie. Er wußte, daß er nicht anders handeln würde, wenn er an ihrer Stelle wäre. Zu lange schon gehörte er zu den Kindern des Teufels, er begehrte nicht mehr auf, er war nur noch traurig. Und er wartete ängstlich darauf, daß Miggannja [3] sich wieder rühren würde, die rote Schlange, die in seinem Körper wohnte. Miggannja war in den letzten Wochen wieder unruhiger geworden. Manchmal biß sie in seinem Inneren um sich, daß er sich schreiend vor Schmerzen auf dem Boden wälzte und die Neugierigen, die sich schnell um ihn scharten, ängstlich zurückwichen.

Doch war Miggannja nicht Jegigas größter Schrecken. Viel mehr Furcht noch hatte er vor Tekusat [4], diesem stillen, unheimlichen Dämon, der das Blut zum Kochen bringt und die Haut nach außen wölbt, bis sie aufreißt, der die Muskeln und Sehnen anfällt, bis sie die Befehle nicht mehr ausführen, die der Mensch ihnen gibt. Tekusat ist ein merkwürdiger Dämon; er fetzt dir Löcher in die Haut, aber

1 Ferénzi = Europäer
2 Abai = Blauer Nil
3 Miggannja = Figur aus dem Geisterglauben, bedeutet eine rote Schlange, ruft Koliken hervor.
4 Tekusat = Ebenfalls eine Figur aus dem Geisterglauben. Ruft Fieber hervor und Lepra.

du fühlst es überhaupt nicht. Du kannst einen glühenden Stein an die Wunde halten, doch das einzige was du merkst, ist der Geruch verbrannten Fleisches.

Deines Fleisches!

Jegiga war schon seit vielen Jahren ein Opfer Tekusats. In den letzten Monden hatte er sich besser gefühlt, seit er in dem Camp gewesen war, das die weißen Hakims[1] »Bisidimo« nannten. Die Hakims sagten, er sei nichts anderes als krank, er habe die Lepra.

Jegiga aber glaubte, daß Tekusat sich nur verborgen hatte. Er würde wieder sein Versteck verlassen, wenn die Hakims ihren Zauber nicht mehr anwenden konnten.

Tekusat war nicht nur ein stiller Dämon, er war auch ein geduldiger Dämon. Und Jegiga fürchtete, daß er sich bald wieder den anderen anschließen müsse, wenn er Gefährten haben wollte. Denen, auf deren Augen und Ohren die Geister sitzen, und die deshalb nicht sehen und hören können.

Den Teufelskindern, den Verdammten.

Jegiga war im Kaffa-Hochland[2] geboren worden, in einem Sommer, den die Väter den »Sommer der Paviane« nannten. Dreister als in den anderen Jahren drangen die Tiere in die Felder ein. Sie fraßen die Mais- und Hirsekolben auf, verwüsteten die Kaffeepflanzung, und die Mädchen des Dorfes mußten tagsüber Wache halten und Steine werfen, um die Eindringlinge zu vertreiben.

Jegiga dachte gern an seine jungen Jahre zurück. Frei von Sorgen waren sie, die Rinder sahen prall und gesund aus, in jedem Haus gab es genug Fleisch und Brot, und abends saßen die Männer beisammen und tranken Talla[3] oder Tagg[4].

Einst war das Land ein Königreich gewesen. Der Ibede goda[5] hatte unumschränkt geherrscht; der Ibede goda war der Vertreter Dotschs[6], des Königs aller Geister. Dotsch hatte ihn geschickt, um aus dem Munde Ibede godas seine Befehle zu verkünden.

---

1 Hakim = Arzt.
2 Kaffa-Hochland = Eine Provinz in Äthiopien. Bis 1897 selbständiges Königreich.
3 Talla = Aus Hirse gebrautes Bier.
4 Tagg = Aus Honig gewonnener, stark berauschender Wein.
5 Ibede goda = Bei den Kaffas der Hohe Priester, weltlicher und geistlicher Regent.
6 Dotsch = der oberste Gott der Kaffas.

Dann waren die Fremden gekommen, die Amharen, die einen anderen Gott hatten. Christus nannten sie ihn, und er mußte ein sehr mächtiger Gott sein, denn die Amharen besetzten das Land und alle wichtigen Posten.

Immerhin waren sie keine gestrengen Herren. Sie ließen den Kafitschos ihren Dotsch und ihre Ekkos [1]; sie lächelten darüber und ihre Mienen verfinsterten sich nur, wenn die Steuern und Abgaben nicht pünktlich gezahlt wurden.

Eines Tages war der Alamo [2] des Dorfes gestorben. Man hatte ihn draußen gefunden, nicht sehr weit von dem großen Tef-Feld entfernt. Eine Schlange mußte ihn überrascht haben, deutlich waren die beiden Punkte auf dem Handrücken zu sehen, wo sie ihre Zähne eingeschlagen hatte.

Der Alamo war ein guter Mann. Er wurde im Dorfe verehrt und man hatte ihm Opfer gebracht, sooft er es verlangte.

Jetzt aber war sein Geist frei geworden. Er suchte sich einen neuen Alamo, und mit dem war das Unglück über das Dorf gekommen. Der Regen fiel nicht mehr so reichlich, die Ernten wurden schlecht, der Hunger hielt Einzug in die Hütten und viele Felder wechselten ihre Besitzer. Denn vor der Kaffee-Ernte stiegen die Preise für Getreide so stark an, daß sie kaum jemand bezahlen konnte. Die Händler verliehen einen Korb Mais an die Bauern und ließen sich später dafür einen genauso großen Korb Kaffee zurückzahlen.

Das war ein hinterhältiger Handel. Die Bauern konnten dabei nicht auf ihre Kosten kommen, weil sie außerdem bis zur Hälfte ihrer Ernte den Großgrundbesitzern abliefern mußten. Sie mußten die Felder aufgeben.

Jegiga und die Seinen kehrten dem Land den Rücken. Sie packten ihr Hab und Gut auf Esel und zogen nach Norden, und viele zogen mit ihnen. Ein großer Fluß, hatte man ihnen erzählt, sollte dort sein. In dem würde es Fische geben, so viele, daß man sie fast mit bloßer Hand fangen könne. Außerdem nisteten Enten dort, deren Fleisch köstlich schmeckte, und es gäbe Antilopen und Wildschweine. Und Tef könne so reichlich angebaut werden, daß jeder satt werden würde.

Es wurde eine lange und mühselige Reise. Mächtige Berge ver-

---

1 Ekko = Bei den Kaffas die Geister.
2 Alamo = Bei den Kaffas der vom Ibede goda eingesetzte Vertreter.

sperrten ihnen den Weg, in manchen Dörfern wurden sie freundlich aufgenommen, in anderen jagte man sie davon. Sie hielten sich eng zusammen, denn wer zurückblieb, der lief Gefahr, von den Shifftas [1] überfallen zu werden, die das Land unsicher machten und jeden töteten, bei dem sie auch nur etwas zu erbeuten hofften.

Eines Tages hörten sie ein Rauschen in der Ferne. Es schwoll immer mehr an, wurde lauter und lauter, und als sie einen Felsen erstiegen hatten, sahen sie tief unter sich den Fluß dahinjagen. Er warf sich wild gegen die schwarze Schlucht, schäumte vor Zorn und geiferte mit weißen Spritzern nach oben.

Einen Tagesmarsch zogen sie in der Richtung, in der die Sonne unterging. Dann wurde das Land flacher, die Felsen blieben zurück, der Fluß breitete sich aus und verlor seine Wildheit. Leise murmelnd plätscherte er dahin, als sei es ein ganz anderer Fluß. Man konnte ihn sogar schwimmend überqueren.

Abends kamen sie in ein Dorf namens Mabil. Es thronte hoch im Berg über dem Strom, und sie fragten den Ältesten, ob sie sich ihre Tukulls [2] hier aufbauen dürften. Es gab lange Verhandlungen. Esel und Ziegen wechselten den Besitzer, was noch zu verschmerzen war. Schlimmer war schon, daß sie auch noch mit Gewehren und Munition zahlen mußten, dem wertvollsten Besitz im Lande.

Aber Jegiga fühlte sich schnell wohl in der neuen Heimat. Vor allen Dingen zog ihn der mächtige Fluß magisch an. Wenn er einen Tag nach Osten lief, dorthin, wo er mit seiner Familie auf den Fluß gestoßen war, dann wurden die Ufer wieder steiler und felsiger, sie engten das Wasser ein, und je mehr sie das taten, um so heftiger wehrte es sich. Böse gurgelnd schoß es über die Felsen, die mitten in seinem Bett lagen, zog tückische Strudel, und Jegiga schauderte bei dem Gedanken, dort hineinzustürzen.

Er hatte von Werselja [3] gehört. Vielleicht war hier das Reich der schwarzen Dämonin, die nachts in die Hütten schlich, wo Neugeborene lagen. Sie strich ihnen mit der Hand über die Augen, und wenn morgens die Mutter nach ihrem Kind sah, dann fand sie es tot. Werselja hatte ihm die Seele geraubt.

Jegiga beschlich ein merkwürdiges Gefühl, wenn er von Werselja

---

1 Shiffta = Räuber.
2 Tukull = Rundhütte.
3 Werselja = eine Dämonin.

hörte. Einerseits hatte er Furcht, entsetzliche Furcht, andererseits fühlte er sich auf eine geheimnisvolle Weise angezogen. Die schwarze Dämonin, so hatte er von einem Däbtäras [1] gehört, lebte schon seit Urzeiten im Lande. Vor vielen hundert Jahren hatte sie einmal den Sohn eines großen Königs geraubt, des Königs Susenjos. Dieser aber war ein tapferer Mann. Er ließ sein Pferd satteln und zog allein aus, den Sohn zu rächen. Nach vielen Tagen fand er Werselja, er besiegte sie und stieß ihr den Speer in die Lende. Die Dämonin wimmerte um Gnade; König Susenjo aber schenkte ihr das Leben, nachdem er ihr das Versprechen abnahm, dort keine Kinder mehr zu töten, wo man sich auf ihn berief. Für drei Patronen hatte der Däbtäras allen, die es wünschten, ein Ketab [2] verkauft mit geheimnisvollen Schriftzeichen. Der Priester sagte, daß alle, die es trugen, sich in König Susenjos Schutz begaben.

Jegiga legte das Amulett niemals ab.

Die Monde gingen ins Land, aus Jegiga wurde ein junger Mann. Er lernte den hölzernen Pflug zu führen, er gehörte zu den besten Ringern im Dorf, im Laufen konnte ihn niemand schlagen, der Vater lehrte ihn, mit dem Gewehr umzugehen. Manchmal träumte Jegiga davon, ein großer, berühmter Jäger zu sein. Er wollte Krokodile erlegen, die tagsüber faul und träge am Ufer lagen, tückisch blinzelten, wenn man sich ihnen näherte, bevor ihre mächtigen gepanzerten Leiber ins Wasser glitten.

Jegiga wußte, daß Krokodile vor allen Dingen nachts ihre Opfer suchten, wenn der Mond untergegangen war und die Wasser des Abai mit dem Dunkel der Nacht wetteiferten. Gnade dem, der dann den Fluß durchqueren mußte.

Manchmal nahm sich Jegiga heimlich das Gewehr des Vaters. Dann lief er zum Fluß, erkletterte einen Felsen und stellte sich hin, so wie er es immer bei den Jägern sah: breitbeinig, die Waffe über beide Schultern gelegt, die Arme nach hinten über Lauf und Schaft geschlungen, unbeweglich, unnahbar, stolz.

Und dann lebte das Mädchen Astir im Dorf. Astir hatte eine Haut wie Bronze, ihre Augen leuchteten dunkel-herausfordernd, die Lippen waren voll und geschwungen, das Haar lag wie ein dunkler Teppich über dem Kopf. Wenn Astir durch das Dorf ging, schwingend

1 Däbtäras = nicht geweihter Priester.
2 Ketab = Amulett.

wie eine gespannte Stahlfeder, dann folgten ihr die Blicke der jungen Männer. Sie steckten die Köpfe zusammen und tuschelten. Auch Jegiga sah Astir gern. Manchmal träumte er von ihr heiße und wirre Träume. Wenn Jegiga aus ihnen erwachte, fühlte er sich beschwingt und bedrückt gleichzeitig.

Jegiga liebte Astir. Er wollte seinen Vater bald bitten, in Astirs Tukull zu gehen, um für ihn als Brautwerber aufzutreten. Er wußte, daß lange Verhandlungen notwendig waren, denn Astir war schön, sie würde sicher nicht wenige Hühner, Ziegen und Patronen kosten.

Die Zukunft, so dachte Jegiga, die Zukunft wird schön werden. Mit Astir als Ehefrau, die Tonkrüge auf dem Kopf trug, als seien sie aus leichtem Schilf geflochten. Und sicher würde sie den Wot[1] besonders scharf zubereiten, und Engara, das flache Fladenbrot, würzig backen.

Jegigas Tage schwebten auf weißen Wolken. Was tat es schon, daß er ein Kafitscho war, ein Kafa, kein Amhare, die alle einträglichen Stellungen bekleideten. Merkwürdige Menschen, diese Amharen, dachte er. Manchmal nennen sie uns verächtlich Schankilla[2] – so, als wäre ihre Haut nicht ebenfalls braun, sondern weiß, wie die Haut der Fremden, die von weither kamen.

Jegiga wollte kein Kind eines Amharen sein. Er hatte einmal beobachtet, wie in einem amharischen Haus das Essen aufgetragen wurde. Der Vater bekam allein die Schüsseln mit Fleisch, Gemüse und Kartoffeln vorgesetzt, die Kinder mußten mit dem Gesicht zur Wand stehen und warten, was er ihnen übrigließ.

Nein, Jegiga war froh, daß er ein Kafa war.

Eines Morgens sah er den Fleck auf seinem Arm. So groß wie ein Centstück, genau in der Beuge des Ellbogens, ein wenig heller als die übrige Haut, beinahe so, als hätte man den Daumen längere Zeit auf diese Stelle gedrückt.

Jegiga spürte, wie ihn die Angst ohne Vorwarnung anfiel. Hätte er sich im Wasser befunden und ein großes Krokodil wäre vor ihm aufgetaucht – sein Entsetzen hätte nicht größer sein können.

Hastig wischte er mit der Hand über das Mal, das so harmlos aussah. Nichts! Nicht einmal die Berührung spürte er, als er gleich darauf seinen Fingernagel in das Fleisch bohrte. Für einen Moment faszi-

1 Wot = eine sehr scharfe Sauce.
2 Schankilla = abschätziger Name für Neger, Farbige.

nierte ihn das. Wenn man nicht hinschaut, dachte er, dann wüßte man nicht einmal, daß man seinen eigenen Körper berührt hat.

Sofort war die Furcht wieder da. Jegiga wußte, was dieses Mal bedeutete – jeder in Äthiopien wußte das. Aina Telja[1], das unglückbringende Auge, hatte seinen Blick auf ihn geworfen. Mochte der dicke Nachbar auch verächtlich lachen, wenn man im Dorf von Aina Telja sprach. Er war aus der Hauptstadt gekommen, hatte dort sogar eine Schule besucht und glaubte klüger zu sein als die anderen Bewohner. »Du bist krank«, sagte er zu jedem, dessen Haut sich so merkwürdig verfärbt hatte. »Du hast die Krankheit, die Lepra heißt. Das ist eine sehr schlimme Krankheit. Du mußt dich von den anderen fernhalten.«

Die anderen tuschelten über den Nachbarn. Eine Krankheit, ja – das wußten sie selbst, dazu brauchte man nicht die Schule besucht zu haben. Aber daß diese Krankheit nicht einfach nur so daherkam, daß sie vielmehr der Teufel geschickt hatte – das wollte der dicke Nachbar nicht wahrhaben. Jegiga schauderte es. Er war ein Kind des Teufels geworden – des Teufels und der bösen Geister. Er dachte an die anderen im Dorf, die der Aina Telja getroffen hatte und die jetzt dem Teufel gehörten. Sie waren die Ausgestoßenen. Keiner nahm sie mehr auf, jeder machte einen weiten Bogen um sie, selbst die räudigsten Köter schlichen scheu um sie herum.

Die Kinder des Teufels!

Nachts, wenn die Dunkelheit die anderen Dorfbewohner in die Häuser trieb, dann saßen sie zusammengedrängt an einem Feuer, um sich zu wärmen. Dann verzehrten sie die armseligen Brocken, die die Angehörigen der Familien ihnen hingestellt hatten.

Das war auch der einzige Kontakt mit ihnen.

Und Jegiga dachte an die, die der Teufel schon viele Jahre gezeichnet hatte. Verstümmelte Hände, die sich nicht mehr schließen konnten; Füße, kaum noch als solche zu erkennen; Gesichter, manchmal nur noch Löcher statt einer Nase, oder ein Mund, eine blutige Grube, aus der die Zähne gespenstisch leuchteten.

Eine Zeitlang verstand es Jegiga, seine Familie zu täuschen. Doch der Fleck wuchs und wuchs, und eines Tages sah ihn der Vater.

Von diesem Augenblick an gehörte Jegiga zu den Teufelskindern. Sie hatten ihn aufgenommen in ihren Kreis, gleichgültig, kaum, daß

1 Aina Telja = Aberglaube. Person mit übelbringenden Augen.

jemand Notiz von ihm nahm. Hier hatte jeder mit sich selbst genug zu tun.

Jegiga aber wollte sich noch nicht mit dem Schicksal abfinden. Nächtelang lag er da und überlegte, was er getan haben mochte, daß solche Strafe auf ihm lastete.

Eines Tages ging er zum Kallittscha, dem Zauberer des Dorfes. Es war eine unheimliche Hütte. Dämmriges Licht erschwerte das Sehen, ein Vorhang aus Schnüren teilte den Raum in zwei Hälften, überall hingen Amuletts und geheimnisvolle Zeichen.

»Bleibe stehen, wo du bist«, sagte der Kallittscha. Er saß hinter dem Vorhang und war nur undeutlich zu erkennen. »Was willst du von mir?«

»Kannst du mir helfen, Kallittscha?« fragte Jegiga.

Einen Moment war es still. »Du bist von Aina Telja angeschaut worden, ja?«

Er wartete die Antwort gar nicht erst ab. »Ja, ich könnte dir helfen. Aber um die Geister milde zu stimmen, bedarf es fünfundzwanzig Patronen.«

Jegiga ging still hinaus. Fünfundzwanzig Patronen! Selbst früher, als er noch kein Kind des Teufels war, hätte er einen solchen Preis kaum bezahlen können.

Dann kam ein Fremder ins Dorf. »Ihr müßt in ein Hospital«, rief er. »Wenn ihr hier bleibt, dann werden noch viel mehr Leute krank werden.«

Und er schickte sie aus dem Dorf. »Geht irgendwohin, dort, wo ein Hospital ist«, sagte er.

»Wo ist ein Hospital?« fragten sie ihn. »Ich weiß es nicht«, antwortete er. »Dort, wo viele viele Menschen wohnen, dort ist meist auch ein Hospital. Ihr müßt es suchen.«

Jegiga hatte nun nicht einmal mehr ein Dorf. Manchmal durfte er in einer anderen Siedlung übernachten, manchmal jagten sie ihn weg. Jegiga gewöhnte sich an, die Menschen zu meiden; nur zu denen, die das gleiche Los trugen, hatte er noch Kontakt. Längst waren aus dem kleinen Fleck am Ellbogen dicke, häßliche Knoten geworden, die seine Arme und Hände verunstalteten. Oftmals am Tage tastete er sich über das Gesicht. Waren auch dort die Knoten schon zu spüren?

Am schlimmsten aber war dieses Alleinsein mit der Not, mit der Verzweiflung. Und diese ständig bohrende Frage: Warum, warum, warum? Warum gerade ich?

Schmerzen? – Er hatte keine Schmerzen. Er hatte nur Hunger, er fror in den Nächten. Und hoffen –? Er hoffte nur noch, wenn der Schlaf ihn mildtätig zudeckte.

An manchen Tagen waren es zwanzig und noch mehr, die sich zusammengeschlossen hatten. Sie saßen bettelnd am Wege oder sie schleppten sich müde dahin. An anderen Tagen war Jegiga allein. Dann fühlte er sich am besten.

Sein Ziel war Däbrä Sait[1]. Von einem Kratersee hatte er gehört, den es dort geben sollte, dem Wohnsitz eines mächtigen Geistes. Jedes Jahr, bevor der Kleine Regen einsetzte, fand dort ein großes Fest statt. Viele seien dort schon von Leiden befreit worden, hatte man ihm erzählt. Man müsse das Wasser des Sees über sich gießen lassen und ein Opfer bringen, um den großen Geist im See milde und gnädig zu stimmen.

Jegiga kam an den See, und mit ihm kamen viele Tausende. Die Pilger führten Ziegen und Esel und Hühner. Jegiga aber hatte wochenlang schon jeden Cent gespart, den mildtätige Seelen ihm zugeschmissen hatten, er hatte ein Huhn gekauft, um dem Geist sein Opfer bringen zu können.

Das Fest begann, als die Dunkelheit sich über das Land senkte. Viele hundert Feuer glühten um den See auf, monotoner Gesang erklang, Menschen beteten, andere rösteten Kaffee, um mit dem Wohlgeruch die Geister zu erfreuen, manchmal erhob sich der Schrei eines geopferten Tieres in die Nacht.

Unweit des Sees stand ein großer Baum. Es hieß, hier würden viele Untergeister wohnen. Jegiga kannte noch aus seiner Kindheit die Baumgeister. »Kolo« nannte man sie in seiner Heimat. Jedes Dorf hatte seinen heiligen Hain gehabt oder wenigstens einen heiligen Baum.

Er schlachtete das Huhn, so wie es vorgeschrieben war. Mit dem Blut beschmierte er den Baumstamm, den Kadaver grub er dort ein, wo die Wurzeln sich entlangzogen.

Dann betete er. Und mit ihm beteten die vielen, vielen anderen. Und genauso wie er hofften sie auf ein Wunder.

Doch Jegigas Opfer muß dem Geist des Sees nicht groß genug gewesen sein. Er befreite ihn nicht von dem Teufel. Die Tage vergingen,

---

1 Däbrä Sait = Kratersee im Süden Äthiopiens. Jedes Frühjahr findet hier ein Opferfest statt.

die Wochen und Monate vergingen, doch alles blieb, wie es vor dem Fest gewesen war.

Noch aber war Jegiga groß und kräftig. Tekusat, der schreckliche Dämon, wohnte zwar in ihm, und manchmal spürte er auch, daß Miggannja, die rote Schlange, sich in seinen Gedärmen einzunisten begann – doch noch pulsierte sein Blut in schnellen Schlägen, noch hatte ihn die große Gleichgültigkeit nicht überfallen, die er bei so vielen anderen Kindern des Teufels beobachtete.

Jegiga wandte sich nach Norden. Eine große, prächtige Stadt sollte dort sein, die die Amharen »Axum« nannten. Axum war einst die Hauptstadt des Landes gewesen, und sie galt noch immer als sein heiligster Ort. Ein wandernder Priester hatte Jegiga von Axum erzählt, von der Pracht seiner in Stein gehauenen Kirchen und der Kraft der Gebete, die dort gesprochen werden.

»Du glaubst an die falschen Götter«, hatte der Priester warnend gesagt. »Weil du aber an die falschen Götter glaubst, deshalb hat der einzig richtige Gott dich bestraft und dich dem Teufel übergeben. Das ist deine große Sünde. Wenn du erlöst sein willst, dann mußt du dich dem Herrn zuwenden und Christus, seinem leiblichen Sohn. Gehe nach Axum und versuche, Abbitte zu tun.«

Dieses Land! Wie sollte ein Mann wie Jegiga sich in diesem Land zurechtfinden? Da war der Glaube seiner Väter, in dem er großgeworden war, die Ekko-Geister, der Dotsch, der Ibede goda; da waren die Amharen und die Tigray, die den christlichen Glauben als die staatstragende Religion vor vielen hundert Jahren eingeführt hatten; da waren die Gallas, die Allah priesen und Mohammed seinen Propheten; und da waren die unzähligen Sekten, die mit geheimnisvollen Riten ihre Geister beschworen, Opfer brachten, und all diese Religionen grenzten sich nicht scharf voneinander ab, sondern berührten sich an ihren Randsphären, gingen ineinander über.

Der Mann, der Jegiga hieß, wanderte über die Berge, auf deren Höhen die Nächte so kalt waren, daß er seine Hände nicht mehr spürte. Am liebsten wäre er für immer an dem nächtlichen Feuer liegen geblieben, um das sich mehr und mehr versammelten, je näher er Axum kam.

Dann ging der lange Marsch zu Ende. Jegiga war in der großen Stadt. Alles kam ihm fremd und gewaltig vor: die steinernen Häuser, die Kirchen, das Menschengewirr in den Straßen. Und zum ersten Mal erlebte er, daß die anderen keinen Bogen um ihn schlugen; doch wahrscheinlich lag das daran, daß es zu viele hier gab, die schlimmer litten als Jegiga. Sie hockten an den Straßenrändern, manche bettelten, andere saßen einfach nur herum und warteten.

Auf was warteten sie?

Der Gottesdienst sollte am nächsten Tag beginnen, noch bevor die Nacht den Tag ablösen würde. Eine unübersehbare Menge drängte sich vor der Kirche, die »Maria Zion«[1] hieß. Doch nur wenige Auserwählte durften hinein. Jegiga beobachtete, daß derjenige, der Schuhe trug, sie ausziehen mußte, bevor die Priester ihn einließen, und er erfuhr, daß das deshalb geschah, um die Engel zu schützen, die in der Kirche wohnten.

Als die Dunkelheit hereinbrach, begannen die Priester im Vorhof der Kirche zu singen. Sie standen in dichten Reihen, ihre Shammas waren blendend weiß mit einem breiten, roten Ring im unteren Drittel. In der rechten Hand hielten sie einen prächtigen, roten Schirm über dem Kopf, andere stützten sich auf den langen Temtem, den Gebetsstock.

Der Gesang begann verhalten. Die Priester standen unbeweglich. Doch je stärker der Gesang anschwoll, desto mehr Bewegung geriet in die lebende Mauer. Die Priester schwangen mit den Hüften, die Reihen schoben sich im Takt ein paar Schritte nach vorn, dann wieder zurück, schrille Schreie erhoben sich über den Gesang.

Immer lauter dröhnten die Koboros, die Gebetstrommeln, durch die Nacht, immer kräftiger schwangen die Däbtäras die Sisthtren, deren grelles Rasseln das Gezwitscher der Vögel ersetzen sollte.

Tanz und Gesang wurden wild und wilder. Jegiga hatte gehört, daß vor vielen hundert Jahren der große König David denselben Tanz vor dem größten Heiligtum, das die Amharen »Bundeslade«[2] nennen, getanzt habe.

---

[1] Kirche Maria Zion = die Hauptkirche in Axum. Frauen dürfen sie nicht betreten. Als Königin Elizabeth vor einigen Jahren Äthiopien besuchte, bedurfte sie einer Sondergenehmigung, um die Kirche besichtigen zu können.
[2] Bundeslade = größtes Heiligtum der israelitischen Stämme, das von König David nach Jerusalem gebracht wurde, enthält die zehn Gebote und Prophezeiungen. Nach der äthiopischen Legende wurde die Bundeslade von Menelik I., dem Sohn König Salomos und der Königin von Saba, bei einem Besuch in Jerusalem entführt und nach Äthiopien gebracht. Hier soll sie hinter 7 Türen, die von den 7 Erzengeln bewacht werden, in der Hauptkirche von Axum ruhen. Nur eine kleine Zahl von Bischöfen darf sie sehen, kein Fremder, nicht einmal der Kaiser.

Der Funke war auf die Menge übergesprungen. Und während die Priester sich in eine Ekstase steigerten, bewegte sich im Widerspiel die Menge wie Korn im Winde.

Viele sanken in die Knie, Priester und Priestergehilfen schritten durch die Massen und hielten den Menschen silberne Kreuze entgegen, die sie an ihre Stirn preßten und küßten.

Auch Jegiga betete zu dem neuen Gott, betete inbrünstig, daß er ihn erlösen möge von den Dämonen und dem Teufel, von Tekusat und Miggannja, der gefräßigen, roten Schlange. Er betete, bis die Sonne hoch am Himmel stand.

Er verließ Axum erschöpft und glücklich.

Er wartete viele Wochen, dann wußte er, daß auch der neue Gott seine Gebete nicht erhört hatte. Zu groß mußten die Sünden der Väter und Urväter sein, für die Jegiga büßte.

Tiefe Hoffnungslosigkeit überfiel ihn. Ohne festes Ziel zog er durch das Land, bettelte hier und stahl dort. Seine Kräfte schwanden.

Jegiga hatte sich aufgegeben.

Eines Nachts wachte er von einem spitzen, brennenden Schmerz auf, der sein Bein wie ein Dolch durchfuhr. Er hatte kein Feuer angezündet, viel zu müde war er gewesen, hatte sich nur in seinen Shamma gehüllt und war eingeschlafen. Als der Schmerz ihn aus wirren Träumen hochriß, sah er mehrere graue Schatten, die blitzschnell in die Nacht verschwanden.

Jegiga zog das Bein hoch und stöhnte; gleich unter dem Knie blutete er heftig. Deutlich sah er die scharfen Bißwunden – Ratten mußten den regungslos daliegenden Mann als eine leichte Beute betrachtet haben.

Nach langer Zeit weinte Jegiga wieder. Er war ein Verlorener.

Marcel Arnaud war mit seinem schweren Landrover nun schon die ganze Nacht unterwegs. Von Addis Abeba nach Harrar waren es kaum mehr als vierhundert Kilometer, aber vierhundert Kilometer in Afrika – eine Riesenstrecke! Nicht zu vergleichen mit europäischen Kilometern. Da hörte die Straße plötzlich auf, wenn sie nach der Karte weiterzuführen hatte, da versperrten schwere Felsbrocken den Weg, oder umgestürzte Bäume lagen über der Fahrbahn, und manchmal versank man einfach in Schlamm und Dreck – je nach Jahreszeit.

Die Scheinwerfer fraßen sich in die Nacht. Marcel Arnaud kämpfte gegen die Müdigkeit. Wenn ich wenigstens noch vor Morgengrauen Harrar erreiche, dachte er, dann könnte man sich noch ein paar Stunden schlafen legen. Arnaud vertrat eine französische Autofirma. In Harrar wollte er Verhandlungen über den Ankauf von 3 Lastwagen zu Ende führen, die sich nun schon wochenlang hinzogen.

Plötzlich schärfte sich sein Blick. War da nicht eben etwas Weißes, das ins Gebüsch gerollt war? Für Bruchteile von Sekunden hatten die Scheinwerfer es erfaßt.

Instinktiv trat Arnaud auf die Bremse. Der schwere Wagen schleuderte etwas, dann stand er. Der Franzose zögerte einen Moment. Allein in der Nacht, ein Weißer, der sicher eine Menge Kostbarkeiten besaß – ob das nicht Anreiz genug wäre für Shifftas, die überall die Gegend unsicher machten?

Marcel Arnaud war kein Feigling. Aber einen Augenblick überlegte er doch, ob es nicht besser wäre, Gas zu geben und weiterzufahren.

Dann überwog die Neugier. Er legte den Gang ein, der Wagen rollte langsam zurück, bis die Scheinwerfer das Gebüsch erfaßten, wo der weiße Schatten verschwunden war.

Arnaud stieg aus. Seine Müdigkeit war wie weggeblasen. Er hörte ein schwaches Stöhnen. Als er die Zweige auseinanderbog, erblickte er einen Mann, der zusammengekauert dasaß. Offensichtlich war er krank. Es schüttelte ihn, als würden Fieberschauer durch seinen Körper jagen.

»Kann ich dir helfen?« fragte Arnaud auf amharisch. Der andere blickte ihm ängstlich entgegen und zeigte wortlos auf eine stark blutende Wunde an seinem Bein. Als dabei sein Shamma zurückfiel, konnte der Franzose den Arm des Mannes sehen, der über und über mit Knoten und offen schwärenden Wunden bedeckt war.

Lepra, dachte er. Wieder einer, der diese furchtbare Krankheit hat und sich auf den Straßen aufhält, statt daß man ihn in ein Hospital steckt. Arnaud hatte keine Furcht, er wußte, daß Lepra meist nur auf Kinder ansteckend wirkt und auch dann nur bei ständigem Kontakt mit leprösen Eltern.

»Komm, ich nehme dich mit«, forderte er den Fremden auf. »Ich bringe dich nach Harrar, dort gibt es ein großes Hospital, da bist du gut aufgehoben.«

Oder besser ist es noch, ich bringe ihn gleich nach Bisidimo, dachte er. Ist ja kaum weiter. Er stütze den Mann. »Wie heißt du«, fragte er, als er ihn zum Auto führte.

»Jegiga«, sagte der andere leise.

Gleich darauf brummte der schwere Motor wieder durch die Finsternis. Von Zeit zu Zeit warf Arnaud einen schnellen Seitenblick auf den stillen Fahrgast. Scheu drückte der sich gegen die Tür.

Wird wahrscheinlich das erste Mal sein, daß er mit einem Landrover fährt, dachte der Franzose. Mann, hat der vielleicht ein Glück gehabt, daß ihn ein Europäer gefunden hat. Keiner seiner Landsleute würde angehalten haben. Und mitgenommen hätte er einen Fremden schon gar nicht. Mitleid, sinnierte Marcel Arnaud – nein, in diesem Land kennt man das Wort Mitleid nicht.

Stunden später hielt der Wagen in Bisidimo. Arnaud brachte seinen Mitfahrer noch ins Büro des Hospitals. Wenn du ihn nicht persönlich abgibst, rückt der vorher noch aus, das wußte er.

Jegiga fand sich in einer fremden Welt wieder. Aber das war eine gute, helle Welt. Er bekam ein eigenes Bett. Noch nie in seinem Leben hatte er ein richtiges, weiches Bett gehabt. Er bekam Schuhe und neue Kleidung. Ein Hakim war da, der ihn untersuchte, der Hautproben von ihm nahm, ihm Blut abzapfte, der ihm Spritzen, Tabletten und zu essen gab und der nicht eine einzige Patrone dafür verlangte. War doch noch ein Wunder geschehen?

Mit der Zeit spürte Jegiga, wie es ihm besser ging. Die Knoten verschwanden zwar nicht, aber die Wunden schlossen sich, die Haut wurde glatter, das Blut kochte nicht mehr so oft und Miggannja, die rote Schlange, biß längst nicht mehr so um sich wie früher.

Vor allen Dingen aber fühlte er sich nicht mehr so nutzlos. Er lernte Shammas schneidern und Hosen und Kleider für die Frauen, er bekam einen Knüppel in die Hand gedrückt und mußte Wache stehen auf den Feldern. Wache gegen die Paviane, gegen Feld- und Viehdiebe und die räuberischen Somalis.

Eine Menge Monde waren ins Land gegangen, als der Hakim ihn zu sich rufen ließ. »Jegiga«, sagte er, »du mußt uns jetzt verlassen. Weiter können wir dir nicht helfen. Andere warten, die viel kränker sind als du, daß sie ein Bett und einen Platz bei uns bekommen. Du hast jetzt etwas gelernt bei uns, du kannst etwas englisch sprechen, du bist ein Schneider geworden, ein Spezialist. Alle werden zu dir kommen, denn Spezialisten sind gefragte Leute. Gehe und lasse dich irgendwo nieder, wo ein Hospital in der Nähe ist. Das mußt du alle zwei Wochen aufsuchen und dir von dem Hakim eine Spritze und Tabletten geben lassen.«

Jegiga hatte gewußt, daß er eines Tages Bisidimo wieder verlassen mußte. Alle mußten eines Tages wieder gehen. Viele hatten sich dann einfach am Dorfrand angesiedelt. So war ein neuer Ort entstanden. Die Worte des Hakims trafen ihn deshalb nicht überraschend. Er bekam einen Schein, den er sorgfältig aufbewahren sollte, denn er enthielt die Anweisung, wie man ihn in dem anderen Hospital behandeln sollte. Er packte sein Bündel und machte sich auf den langen Weg nach Addis Abeba, der »neuen Blume«, wie die Äthiopier ihre Hauptstadt nennen.

»In Addis Abeba werden Schneider immer Arbeit haben«, hatten die anderen ihm gesagt. »Und ein großes Hospital gibt es dort auch, wo man dich behandeln wird.«

Seitdem lebte Jegiga in Addis Abeba. In einer armseligen Wellblechhütte inmitten vieler hundert Wellblechhütten. Manchmal kam jemand zu ihm, der etwas schneidern lassen wollte. Meist waren es Ferénzis, die seine Geister nicht fürchteten und die seine ordentliche Arbeit zu schätzen wußten. Doch viel zu tun hatte er nicht, die meisten Menschen ängstigten sich noch vor ihm. Denn Tekusat hatte Jegiga nicht verlassen und Miggannja, die Schlange, auch nicht. Aber die Dämonen waren erträglich geworden, sie quälten Jegiga lange nicht mehr so heftig wie früher. Manchmal konnte er sogar schon wieder lachen.

Im Grunde war er ein ganz zufriedener Mensch geworden.

Dann hörte er eines Tages von den drei Fremden in der Stadt. Zum Abai wollten sie, hieß es, und sie hätten ein großes Boot und viel Gepäck, für das sie Träger suchten. Sie würden im »International«-Hotel wohnen.

Einen ganzen Nachmittag drückte er sich um den Eingang herum. Gegen Abend kam der eine Fremde. Ja, das mußte er sein, so hatte man ihn beschrieben, mit einem Bart und nicht sehr groß.

»Mister«, sagte Jegiga. »Mister, du willst zum Abai. Ich bin vom Abai, ich könnte dir gute Dienste leisten. Nimm mich als Träger.«

Das Feuer flackerte hell auf. Jegiga fuhr aus seinen Träumen hoch. Drüben an den Feuern war Ruhe eingekehrt. Die anderen schliefen. Nur einen sah er sitzen, das Gewehr über die Knie. Manchmal stocherte er mit einem Stock in den Flammen.

Die Wache.

Jegiga wußte, daß sie morgen den Abai erreichen würden. Er würde gute Dollars bekommen, denn er war ein vortrefflicher Führer gewesen, der keine Umwege machte, der die sichersten Pfade wußte und die besten Rastplätze.

Übermorgen wollte er zurück nach Addis Abeba. Die anderen auch. Doch Jegiga wußte, daß sie nicht zusammen mit ihm gehen würden, sie würden Abstand halten und ihre Feuer in einiger Entfernung anzünden.

Ein Kind des Teufels – das bleibt man, dachte Jegiga. Aber man gewöhnt sich auch daran, ein Kind des Teufels zu sein.

Der Fluß lag vor uns wie ein feiner, silberner Faden im schwarzen Samt. Ringsum zerklüftetes, scheinbar kahles Bergland, weil die Bäume und Sträucher ihre Blätter abgeworfen haben und die Gräser vergilbt sind. Es war Trockenzeit. Die Pflanzen ruhten sich aus. Wir schreiben Januar 1972. Im Norden vor uns stürzte das Wasser in breiter Front steil in eine Schlucht, kochte unten und zog als schmales Band weiter. Die Tisissat-Fälle.

»Dahinten, Mister, Tana-See. Hier Abai«, sagte Jegiga und deutete nach vorn. Irgendwo fanden wir eine Pütz ruhiges Wasser. Zwei Stunden später schaukelte »Ente II« in ihrem schicksalsbestimmten Element. Das Gepäck war verstaut, Hinrich saß vorn, Michael mit den kostbaren Kameras auf dem sichersten Platz in der Mitte, ich achtern.

Wir begannen die Paddel ins Wasser zu setzen. »Let's go!«

Kaum war das Boot frei, gewann es rasende Fahrt. Die paar Träger waren schon vom Ufer verschwunden. Nur einer stand noch da und winkte, winkte, bis wir nicht mehr zu sehen waren.

Jegiga.

Fünftes Kapitel

Zwischenspiel 2

Bilder! Der menschliche Geist ist vollgestellt mit Bildern, fein säuberlich archiviert, A wie Anton, B wie Berta, C wie Cäsar . . . Grönland – sagt zum Beispiel jemand Grönland, schon öffnet sich da oben der Kasten »G« und heraus fallen Bilder und Erinnerungen an Grönland: Schneewüste, Gletscher, Eskimos, Iglus, Eisbären – Grönland!

Oder Australien? Schwups, da ist das Bild mit den hüpfenden Kängeruhs, dazwischen Tennisspieler, alle Welt spielt in Australien Tennis. Südsee: Himmel und Meer streiten darum, wer von beiden blauer ist. Mädchen wiegen sich blumengeschmückt im Tanze, Kanus gleiten durch die Brandung – Südsee: gemaltes Aloha.

Und Äthiopien, Afrika?

Zu Hause hatten wir einmal abends so restlos die Nase voll gehabt von Bootsbauen, Survival, Ausrüstung zusammenstellen, Erste-Hilfe-Kurse-Absolvieren. Wir wollten nur mal zusammensitzen, nichts tun, einen Drink nehmen, über irgend etwas reden, das letzte Fernsehspiel vielleicht, über Bayern München, meinetwegen auch über Politik.

Doch das ging natürlich nicht lange gut. Das dauerte kaum länger als eine Stunde, da sagte Hinrich: »So, jetzt nehmen wir mal einen Zettel, und jeder schreibt für sich, an was er als erstes denkt, wenn er das Wort ›Äthiopien‹ hört.«

Drei Zettel. »Eingeborene« stand auf Hinrichs. »Ja, sie sind für mich der erste Gedanke«, erklärte er. »Das ist manchmal ganz merkwürdig – auf der einen Seite finde ich sie ungeheuer interessant, manchmal beneide ich sie um das Leben, das sie führen, die Urwüchsigkeit, die Natur – halt, unterbrecht mich nicht, ich weiß wohl, daß das alles sentimentaler Quatsch ist, daß dieses naturhafte Leben prall angefüllt ist mit Hungersnöten, Krankheiten, Unwissenheit – aber das ist dann schon der nächste Gedanke, bei dem sich die Vernunft eingeschaltet hat. Ja, und auf der anderen Seite finde ich diese Menschen nicht nur exotisch-interessant, sondern ich fürchte mich auch vor ihnen. Sie repräsentieren eine so fremde Welt, voller geheimnisvoller Riten, Bräuche, Ordnungen. – Auf einem fremden Stern würde ich mich wahrscheinlich genauso zu Hause fühlen wie in einem Eingeborenendorf.«

Schau, schau, der Hinrich! Ingenieurs-Seele, nüchterne ananlytische Denkweise, randvoll mit Formeln, Logarithmen, Gleichungen, und doch noch Platz für ein Spielwieschen der Phantasie.

Michaels Zettel enthielt zwei Wörter: »Blauer Nil«. Wunderte ich mich: »Da fährst du zum ersten Mal in deinem Leben nach Afrika, und dann denkst du nicht gleich an Neger, an Hitze, Urwald oder an Haile Selassie? Denkst einfach nur an einen Fluß? Flüsse gibt es doch auch bei uns.«

»Flüsse!« Michael stieß es beinahe verächtlich aus. »Was hier bei uns durch die Landschaft fließt, das ist doch nur Wasser. Wasser, meist so dreckig, daß die Fische schon drin verrecken. Aber das da – das ist für mich mehr als ein Fluß, ich kann es schlecht erklären. Das ist einfach eine Aufgabe, in die ich mich verbissen habe. Ich mußte in den letzten Monaten so viel lesen und hören von diesem Blauen Nil, daß ich gar nicht mehr anders kann, als immer nur an diesen verfluchten Fluß zu denken. Und daß wir ihn schaffen müssen!«

Da war er wieder, der ehrgeizige, junge Mann, der der Welt beweisen wollte, daß sie ihn bisher falsch eingeschätzt hat. Afrika – für Michael eine Tür, die in das eigene Leben führt.

Ich hatte »Tiere« auf meinen Zettel geschrieben. »Na ja«, spöttelte Hinrich, »was hättest du wohl auch sonst schon schreiben können.«

Ganz unrecht hatte er nicht. Tiere haben in meinem Leben immer eine besondere Rolle gespielt. Nicht etwa, daß ich mich unbedingt nach einem Hund sehnen würde, den ich streicheln wollte, der mir zu Füßen liegt, der mir Freund wäre, oder ein Pferd, oder eine Katze. Nein, ich glaube nicht, daß Tiere die Begleiter des Menschen sein müssen, ich will sie vielmehr nur beobachten, will studieren, wie sie sich in den verschiedensten Situationen verhalten, wie sie reagieren, wie sie leben. Das fasziniert mich.

Und doch waren es nicht schlechthin »Tiere« gewesen, die ich auf meinem Zettel gemeint hatte. Äthiopien – das war für mich Afrika. Und Afrika, das waren Giraffen, die durch die Savanne schaukelten, mächtige Gorillas, gelangweilte Löwen, majestätisch durch den Busch brechende Elefanten, im Schlamm lauernde Krokodile.

Merkwürdig – warum ist es eigentlich immer nur das Großwild, das die Phantasie beflügelt. Warum sind es nicht die kleinen, unscheinbaren Tiere, die doch genauso typisch sind? Zikaden zum Bei-

spiel, Baumfrösche, Moskitos, Tse-Tse-Fliegen, durch die Nacht hu-
schende Fledermäuse? Die Kleinen geben uns doch oft viel mehr
Rätsel auf als die Großen.

Oder wollen wir keine Rätsel?

Jedenfalls waren unsere Schwerpunkte gesetzt. Tiere! Menschen!
Und ein Fluß!

Sechstes Kapitel

Tiere

Die Riesenschlange
Camp 29

Nein, viel Zeit zum Träumen ließ uns dieser elende Fluß nicht. Kleine Katarakte: Gischt hüllte dich ein, das Wasser umschäumte dich. »Mensch, paß auf, damit wir nicht gegen den Felsen dort prallen!« haarscharf schnitten wir den Brocken. Oder wir schlugen um, schnappten nach Luft, wurden unter Wasser windelweich geprügelt. Große Katarakte: Raus, nichts wie raus! Das Boot, 2½ Zentner, über Land schleppen, eine halbe Stunde, eine Stunde. Zurück, das Gepäck, 3 Zentner, holen. Die Stromschnellen: »Los, los, stemm dich schon in die Paddel. Hau rein, schneller, schneller!« Brach das Kreuz noch nicht? Nein, es brach nicht, aber es schmerzte, es hatte nur keine Minute Zeit, sich zu erholen. Schmerzen, immer Schmerzen.

Kleine Katarakte, große Katarakte, Stromschnellen, endlose stehende Wasser – nahm denn das nie ein Ende? Nein, das ließ dir nur hin und wieder gnädig eine kurze Verschnaufpause. 20–25 km pro Tag. Mehr schafften wir nicht.

Wir hatten unser Zelt schon lange vor Sonnenaufgang abgebrochen. Das Gras war noch taufeucht, als wir unser Boot in den Fluß schoben. Herrlich. Die Luft kühl und frisch, das Wasser wie ein warmes Bad.

Und glatt! Keine Welle kräuselte es, spiegelblank polierte Oberfläche, kein Rauschen in der Ferne, das dem Ohr den nächsten Katarakt ankündigte. Das Boot glitt sanft dahin wie von weichem Flügelschlag getragen. Idylle – Zeit zum Träumen.

Was wird Maggy wohl machen? Ob sie mit dem Geschäft zurechtkommt? Und Kirsten? Sicher fragt sie manchmal, wann denn der Vater nun wiederkommt. Sehnsucht, halt dich fest, Rüdiger, du hast ja Sehnsucht!

Die Paddel stachen wie von selbst ins Wasser. Links und rechts passierten wir die Langeweile. In der Landschaft kein grüner Strauch, kein grüner Baum, verbranntes Gras nur und Steine.

Im Hintergrund triste, graue Hügelketten. Wieder stieg die Sonne am Himmel. Daß ein Tag so hell sein konnte und so heiß[1].

---

1 Durchschnittstemperatur mittags 33° C, einmal in der Didessa-Region 45° C.

»He, komm zu dir! Willst doch nicht schon wieder schlafen?!«
Michaels Stimme drang wie durch einen dichten Vorhang zu mir
durch. Ich fuhr hoch.

»Was gibt's denn?«

»Ich weiß nicht recht.« Michael hatte seine Stimme gedämpft.
»Irgendwie war da eben im Wasser so etwas Komisches. Eine Bewegung, die gehörte da nicht hin . . .«

Er zeigte nach vorn. Nichts. Ich wollte gerade nach dem Fernglas
greifen, da zischte Michael:

»Da! Jetzt wieder!«

In diesem Moment sah ich es auch. Etwa hundertfünfzig Meter
voraus, etwas wippte da auf dieser spiegelblanken Wasserfläche, war
weg, kam wieder hoch, war wieder weg, kam wieder hoch.

»Ein Krok kann das doch nicht sein«, flüsterte Michael. »Die rauschen doch wie ein Torpedo durchs Wasser. Ein Waran? Ein Wels?
Nein, ein Wels ist das auch nicht.«

Unwillkürlich hatten wir aufgehört zu paddeln. »Los, laß uns ein
bißchen näher ran«, sagte ich. Ein paar schnelle, scharfe Schläge, vielleicht noch hundertzwanzig Meter, noch hundert. Plötzlich durchfuhr es mich wie ein Blitz:

»Das ist eine Schlange! Eine Riesenschlange!« schrie ich. Deutlich
sah ich jetzt den flachen, breiten Kopf, der schräg nach oben auf dem
Wasser lag. Wir kamen schnell näher. Seltsam. Wieso kamen wir näher? Eine Schlange kann doch viel schneller schwimmen als wir mit
unserem plumpen Boot. Und warum tauchte sie denn eigentlich nicht
weg? Sie müßte doch wegtauchen! Eine Viertelstunde bis zwanzig
Minuten können Schlangen gut und gern unter Wasser bleiben. Dann
sah ich es: Mit vollem Magen soll man eben nicht ins Wasser steigen,
hatte die alte Frau Nehberg ihrem Rüdiger schon immer gesagt. Die
Schlange mußte vor einigen Minuten erst eine junge Gazelle geschlagen haben. Die Mitte ihres Leibes war unförmig aufgebläht, deutlich
drückten sich die kleinen Gazellenhörnchen durch die Schlangenhaut. So an die dreißig bis fünfunddreißig Pfund schwer schätzte ich
die Beute. Schwimme einer mal mit fünfunddreißig Pfund zusätzlich
im Magen bei vierzig Pfund Eigengewicht.

Unsere Schlange war eine Felsenpython (Python sebae). Graubraune Haut mit gelber Zeichnung. Ein Halbstarker, etwa dreieinhalb Meter lang. Ausgewachsene Felsenpythons schaffen bequem das
Doppelte.

In meinem Kopf hämmerte nur noch ein Gedanke: Die mußt du haben! Die mußt du lebend haben! Die mußt du mit nach Hause nehmen!

In Hamburg nannten sie mich manchmal spöttisch »Mann mit dem Schlangentick«.

Na ja, ein Hobby hat schließlich jeder. Der eine sammelt Briefmarken, andere spielen Fußball, ich fange eben Schlangen. Zugegeben – das ist nicht gerade der populärste Zeitvertreib.

Angefangen hatte das alles, als ich neun war und mit meinem Vater durch den Westerwald spazierenging. Eine hübsche, harmlose Ringelnatter brachten wir mit nach Hause, und Mutter tat so, als wäre der Leibhaftige persönlich in ihre Wohnung eingebrochen. »Raus damit! Sofort raus!« forderte sie kategorisch, und ich ging in den Keller. Dort versteckte ich meine Ringelnatter und bin seitdem der »mit dem Schlangentick«.

Später wurden es weniger harmlose Hausgenossen. Kobras zum Beispiel. Da war selbst Vater aus dem Häuschen, als ich ihm im Keller den indischen Schlangenbeschwörer vorspielte. Dabei ist es ein simpler Trick. Man muß nur wissen, daß die Brillenschlange in der Regel so weit zuschlägt, wie sie sich aufrichtet. Und das Aufrichten macht sie nicht etwa, weil man Flöte spielt, sondern weil es zu ihrem Imponiergehabe gehört und sie ihren vermeintlichen Angreifer damit schocken möchte. Schlangen können nämlich gar nicht hören. Sie haben kein Gehör und registrieren ihre Wahrnehmung mit sehr empfindlichen Bauchnerven.

Die Flöte hat also keinesfalls die Aufgabe eines Musikinstrumentes zu erfüllen. Sie dient der Täuschung des Zuschauers und als Verteidigungsstab für den ›Beschwörer‹.

Die Schlange sieht nämlich in dem Moment, wo die Flöte vor ihrer Nase herumtanzt, nicht mehr den Menschen als Gegner, sondern die Flöte. Sie konzentriert sich voll und ganz darauf und wartet auf ihren Angriff. Bewegt man die Flöte nun langsam, geht die Schlange mit. Man kann sie somit veranlassen, hin und her zu pendeln, vor und zurück oder im Kreise.

Sie tanzt.

»Das Schwerste«, hatte ich zu Vater gesagt, »das Schwerste an dem ganzen Schwindel ist das Flötespielen.«

Immerhin: Als ich – junger Geselle, der den Pfennig umdrehen mußte – mit dem Fahrrad einmal durch Marokko fuhr, besserte mir dieser Schwindel und eine dort gefangene junge Kobra die Reisekasse ganz hübsch auf. Einmal tanzen lassen, ein Dollar.

Mit Maggy hatte es da anfangs natürlich auch ein paar Probleme gegeben. Sicher, sie schrie nicht gleich »Iiiii«, wenn sie eine Schlange sah, aber als Dauergäste im Wohnzimmer wollte sie sie deshalb trotzdem nicht gleich dulden. Ich mußte sie zumindest in einem Kellerraum unseres Hauses unterbringen und diesen gut abdichten und abschließen.

Jetzt, während wir auf dem Blauen Nil herumschipperten, aalten sich in diesem Kellerraum in Hamburg zwei junge Tigerpythons, eine Boa, eine Kobra, zwei Nashornvipern und eine Puffotter. Der Felsenpython da vorne wäre unbestritten das Prachtstück.

Und dazu noch in freier Wildbahn gefangen!

Schon waren wir mit unserem Boot bis auf fünf Meter herangekommen, als der Felsenpython plötzlich die Flucht aufgab und urplötzlich zum Angriff überging. Der flache Kopf glitt heran, der Mund weit geöffnet, ein gefährlich klingendes Zischen.

Michael, der verzweifelt bemüht war, seine Kamera schußfertig zu machen, fuhr erschrocken zurück. »Bist du auch sicher, daß das keine Giftschlange ist?«

»Mann, sieh' lieber zu, wie du mit deinem Apparat da klarkommst. Solche Szene wirst du so schnell nicht wieder kriegen.« Ich war aufgeregt wie selten. Da war sie am Boot. »Die Augen waren starr und glitzerten tückisch«, sagte Michael später. »Es sah aus, als wollte sie dich hypnotisieren.« Und ich dachte: Wenn sie jetzt zustößt, dann mußt du versuchen, sie hinter dem Kopf zu packen. Sie kann nicht mehr allzuviel Kraft haben. Sie hat die schwere Gazelle im Leib, da kann sie sich nicht mehr groß wehren.

Am Abend vorher hatten wir in einem Dorf zwei Hühner eingetauscht. Zwei Patronen gegen ein Huhn. Das eine sollte heute unser Mittagessen werden. Zur Zeit flatterte das Mittagessen aufgeregt auf dem Bootsdeck umher. Dort hatten wir es angebunden.

Genau auf die Hühner zielte der Python. Wahrscheinlich reizte ihn dieses Flügelschlagen. Er verfehlte. Ich aber verfehlte ihn nicht, packte ihn hinter dem Kopf, hielt verzweifelt fest. Himmel, was hatte das Biest doch noch Kraft. Ich war längst aus meinem Sitz heraus, versuchte, die Schlange an Bord zu ziehen. Sie konnte sich von außen gegen die Bordwand stemmen und ihr Gewicht von ca. 80 Pfund mit Gazelle zum Zuge bringen.

Für einen Augenblick schien es, als würde ich es schaffen. Drei, vier Zentimeter. »Mensch, hilf mir doch mal!« stöhnte ich. Aber Michael dachte gar nicht mehr daran, mir zu helfen. Er hockte hinter seiner Kamera und filmte, filmte, filmte. Das hatte ich davon. Hatte ich nicht selbst gesagt, er würde solch eine Szene so schnell nicht wieder kriegen?

Nein, ich schaffte es nicht. Ich spürte, wie meine Knie anfingen zu zittern, wie mir der Schweiß aus allen Poren brach, meine Hände zu erlahmen drohten.

Die Schlange und ich, wir sahen uns an. Was man sich in solchen Sekunden alles einbildet. Die will dich verhöhnen, dachte ich, die weiß natürlich, daß sie stärker ist, auch noch mit der verdammten Gazelle im Bauch. Du wirst sie nicht mit nach Hamburg bringen, die wird wieder im Wasser verschwinden und lachen über den komischen Kerl da, der sie aus dem Wasser ziehen wollte. Los, noch einen kleinen Ruck, nun laß doch schon los, du schaffst es ja doch nicht, warum strengst du dich denn bloß so an?

Die Schlange hatte Angst. Sicherlich hatte sie nichts als wilde Angst. Schlangenaugen verraten nicht, welche Angst hinter ihnen sitzt – zumindest können wir Menschen es nicht lesen. Ich spürte nur ihre starken Halsmuskeln, die meine Hände aufzusprengen drohten, mein Atem ging stoßend und hechelnd, ich hatte keine Zunge mehr, ich hatte einen dicken, trockenen, rauhen Lappen im Mund. Nahm denn das nicht endlich ein Ende?

Unser Boot lag nur knapp über dem Wasser. Zwei Handbreit vielleicht. Das Deck war nie trocken, ständig stand Wasser darauf. Ich merkte, wie meine Füße auf dem nassen Grund ihren Halt verloren, ich konnte mich nicht mehr abstemmen. Jetzt rutschst du ins Wasser, dachte ich merkwürdig ruhig. Jetzt rutschst du ins Wasser, und vielleicht ist da ein Krokodil, dem du gerade recht kommst. Wahrscheinlich aber wird der Lärm sie längst vertrieben haben. Die Schlange ist bestimmt da. Die Schlange, warum läßt du denn nicht einfach los?

Ich ließ nicht los. Ich hielt fest, als wäre ein Krampf in meinen Händen. Wieviel Zeit mochte denn schon vergangen sein? Fünf Sekunden? Zwanzig Sekunden? Drei Minuten?

Das Wasser schlug über uns zusammen. Der Mensch macht instinktiv den Fehler, an die Oberfläche zu wollen, statt erst zu versuchen, den Kontrahenten in den richtigen Griff zu bekommen.

Solche Sorgen hat die Schlange nicht. Sie wirft, obwohl ich sie noch am Hals habe, sofort ihre Schlingen um mich. Luft hat sie für 15–20 Minuten.

In diesem Moment erwartete ich eigentlich, daß sie fest zuziehen würde. Aber ich spürte nur einen gleichmäßigen, kräftigen Druck. Ein Arm war mit in die Schlingen geraten, der andere war frei. Aber er genügte nicht, um mich vom Schwanz her abzuwickeln. Denn in dem aufgewühlten Wasser fand ich ihn gar nicht und hatte genug damit zu tun, mich, nein uns, an die Oberfläche zu paddeln.

Es kam der Moment, wo ich ausatmen mußte. Und da passierte es, was ich bis dahin noch nie mit dieser Stärke zu spüren bekommen hatte; früher, wenn ich bei kleineren Pythons und Boas deren Kraft spürte, als ich sie mir um den Hals oder die Arme gelegt hatte.

Diese hier spürte mein Ausatmen und zog im selben Moment einfach nach. Zwei, drei Rippen enger. Dann scheint sich wohl etwas bei ihr zu verhaken wie die Krallen eines Vogels, der nachts auf einem Ast sitzt und schläft und trotzdem nicht runterfällt.

Mit Lungenkraft kann man den engen Ring nicht wieder sprengen. Man verausgabt sich sogar, atmet noch tiefer aus und gibt der Schlange eine gute Gelegenheit, abermals nachzuziehen.

Ich glaube heute, ich hatte das große Glück, daß mein Gegner selbst Schwierigkeiten hatte, mit seiner Gazelle im Bauch zu tauchen.

So blieben wir drei wie gute Freunde eng zusammen und ziemlich dicht an der Oberfläche.

Michael, der Wahnsinnige, hatte seinen Film durchgekurbelt. Aus Angst, es könnte ihm etwas verlorengehen, will er nicht erst die Rolle wechseln und steht dicht vor mir am Bootsrand und schießt Dias. Klick, klack, klick, klack . . .

Ich tauche aus dem Gewühle auf und schnappe gierig nach Luft. Er denkt, ich will ihm zurufen »Blende Acht«. Jedenfalls behauptete er das hinterher, und eins der Fotos, die er machte, scheint das zu beweisen.

Dann kriegte ich plötzlich beim Umeinanderschlagen unser Halteseil zu fassen und japste Michael zu: »Paddel doch ins Flache, los!« Weil ich zwischen jedem Wort nach Luft schnappte, merkte er schließlich doch, daß er jetzt seine tägliche gute Tat vollbringen konnte.

Ich traute meinen Augen nicht, als ich sah, daß dieser Photonarr seine Kamera hinlegte und wie ein Mississippidampferschaufelrad mit dem Paddel das Wasser peitschte, um mich ins Flache zu schleppen.

Durch den Halt am Boot blieb ich an der Oberfläche und konnte atmen. Wenn man das so nennen will. Ich hechelte die kürzesten Atemzüge meines Lebens, rein, raus, rein, raus – im $1/10$-Sekundentempo. Anders konnte ich keinen Sauerstoff bekommen.

Wie aussichtslos muß der Kampf einer Gazelle mit einer Würgeschlange sein, einer Gazelle, die keine Hände hat, die zupacken können, keine Finger, die krallen und stechen können! Ihr bleibt nur ein hoffnungsloses, qualvolles Ende durch Ersticken.

Da! Was war denn das? Ein Stein? Ich merkte, wie mein Fuß gegen etwas Hartes stieß. Bekam ich endlich Grund unter die Füße? Oder war es nur ein Felsen, der im Wasser lag?

Nein, wirklich, ich konnte wieder stehen; das Wasser ging mir nur noch bis zum Kinn. Ein paar Zentimeter noch, Michael, ein paar Zentimeter, daß ich etwas fester stehen kann.

Michael schlug die Paddel mit aller Kraft ins Wasser. Ich darf nicht aufhören zu paddeln, dachte er. Ich kann ja nicht vorkriechen und Rüdiger helfen. Sonst zieht die Schlange uns erst recht ins tiefe Wasser. Hoffentlich schaffe ich es bis ans Ufer. Ob Rüdiger durchhält? Mensch, ist das schwer. Da hinten fängt eine Stromschnelle an. Vorher muß ich am Ufer sein. Bloß nicht erst in die Stromschnelle reinkommen. Dann haut es das Boot um. Und Rüdiger kann sich nicht mehr festhalten. Außerdem liegen Krokodile meist im ruhigen Wasser hinter den Stromschnellen.

Endlich! Meine Füße fanden sicheren Halt. Ich konnte das Seil loslassen. Aber die Hand war wie abgestorben, sie gehorchte mir nicht. Ich wollte sie um den Schlangenhals legen – aber sie gehorchte einfach nicht. Immerhin: ich hatte den Kopf endlich frei. Ich mußte nicht literweise Wasser schlucken. Ich bekam wieder Luft, herrliche, frische Luft. Meine Kräfte kamen flutartig wieder. Nein, du geliebtes Biest! So wie du dir das gedacht hast, so geht das ja nicht. Da wollen wir doch noch mitspielen. Mich ersäufen wie eine junge Katze?! Mir die Luft abdrehen wie einem tollen Hund?! Der »Mann mit dem Schlangentick« von einer Schlange umgebracht?!

Plötzlich spürte ich meine rechte Hand wieder. Irrsinnige Schmerzen durchzuckten sie. Das Nylonseil hatte in die Handfläche und die Finger tief eingeschnitten. Aber ich konnte die Hand wieder bewegen, ich konnte sie um den Schlangenhals legen, festhalten.

Ein, zwei Schritte noch. Das Ufer. Ein Mann torkelte an Land, den eine Schlange umklammert hat. Ich stürzte zu Boden. Die Schlange zischte nicht mehr, sie hatte zwar immer noch das Maul weit aufgesperrt, aber vielleicht wollte sie gar nicht mehr beißen. Vielleicht wollte sie auch nur Luft.

Luft, Luft, Luft.

Michael kam herangestürzt. »Versuch sie . . . loszu . . . wickeln«, keuchte ich. »Fang hinten an.« Die paar Worte kosteten mich das letzte bißchen Kraft. Der Ring um meinen Körper – Michael, mach bloß schnell. Ich halte das nicht mehr aus, ich bin am Ende.

Plötzlich bekam ich Luft. Kein Ring mehr. Der Himmel über mir war unendlich blau, ein paar weiße Fetzen schwammen darin herum, ich hörte die Vögel singen, den Fluß plätschern, ich konnte wieder tief ein- und ausatmen, und Michael stand hinter mir, bewegte meine Arme. Vor und zurück, vor und zurück. Mensch, tat das gut.

Aber die Schlange? Wo war die Schlange? Hatte Michael sie entkommen lassen?

Ich fuhr hoch. Nein, da lag sie. Drei Meter weg. Der Leib mit der Gazelle in der Mitte bewegte sich ganz, ganz sacht, den Kopf hatte sie flach an den Boden gepreßt, das Maul nur einen Spalt geöffnet.

Sie sah mich starr an: Augen wie dunkle Glassteine, so unbewegt. Nichts, aber auch nichts konnte man darin lesen. War sie vielleicht tot?

Mühsam kam ich wieder auf die Beine. Michael stützte mich. Ich torkelte auf die Schlange zu, sie verfolgte mich nur mit den Augen. Keine Bewegung. Ich konnte sie anfassen, dort hinter dem Kopf. Sie reagierte nur mit einem leisen Zucken der Halsmuskeln, sonst nichts, keine Abwehr mehr, kein Zischen, kein weitgeöffnetes Maul, das auf mich zufahren wollte.

Sie hatte aufgegeben.

Riesenschlangen haben kaum einen ernsthaften Gegner. Sie belauern ein Opfer, taxieren genau, ob sie in der Lage sind, es hinunterzuwürgen, schlagen zu, treffen es oder treffen es nicht. Flucht ist das einzige, was den Gegner retten kann. Blitzschnelle Flucht. Hat sie erst einmal ein Opfer gepackt, sich um es geringelt, fester und immer fester umschlungen, dann gibt es keine Rettung mehr. Dann ist es nur eine Frage der Zeit, wann der Kampf zu Ende ist.

Riesenschlangen sind gewohnt, im Kampf zu gewinnen. Sieg ist für sie kein mühsam errungener Erfolg, er ist einfach Naturgesetz, er gehört zu ihrem Leben wie das Atmen, das Heranschleichen, das Zuschlagen, das Verdauen.

Hier aber war das Leben auf den Kopf gestellt worden. Nicht die Schlange hatte angegriffen, sondern der Gegner. Nicht die Schlange hatte gesiegt, sondern der Gegner.

Was mochte wohl in ihr vorgehen?

Einmal noch lehnte sie sich auf, aber das war mehr ein müdes Aufbegehren als ernsthafter Widerstand. Mühelos konnte ich zur Seite springen, konnte ihr den Fuß sanft auf den Leib setzen und den Kopf festhalten.

Kein Triumph mehr, nur noch eine Formalität.

»Wohin damit?« fragte Michael mürrisch. Denn er ahnte natürlich, daß ich sie mitschleppen wollte. »Wo willst du dieses Riesending reinstecken?«

Ja, wohin? Da fiel mir der Zeltsack ein. Der war porös genug, da bekam sie genügend Luft. Und stabil war er auch.

»Aber wohin mit dem Zelt?« In Michaels Stimme schwang verhaltener Ärger mit. »Wenn wir es nur so verstauen, wird es doch sofort naß. Willst du abends immer in ein nasses Zelt kriechen?«

Was interessierte mich in diesem Augenblick ein nasses Zelt? Da lag diese Prachtschlange. Ich hatte sie gefangen! Die würde ich doch nicht liegenlassen. Michael hatte doch wohl nicht im Ernst angenommen, ich würde die hier liegenlassen?

Und außerdem war sie dreieinhalb Meter lang und rund siebenhundert Mark wert. Schließlich wurde in Deutschland der Zentimeter Schlange mit zwei Mark gehandelt. Nicht etwa, daß das die Hauptsache war – aber willst du siebenhundert Mark einfach verschenken, Michael?

Vielleicht gab der ökonomische Gesichtspunkt für Michael den Ausschlag. Keine lange Diskussion mehr. Die Schlange kam in den Zeltsack. Der Zeltsack wurde auf dem Bootsdeck festgezurrt. Wir fuhren weiter. Die Sonne stand hoch im Zenit, Mittag schon.

Gedanken: Wenn wir am Ziel angelangt waren, falls wir es überhaupt schaffen würden, was dann? Rund einhundertsiebzig Kilometer Fußmarsch standen uns dann noch bevor. Wie sollte ich da die Schlange transportieren? Vielleicht würden wir irgendwo ein paar Träger mieten können, vielleicht sogar Esel. Aber wenn die merken, daß wir eine lebende Schlange bei uns haben, dann geht bestimmt keiner mit.

Eine lebende Schlange! So verrückt konnten auch nur Fremde sein.

Ja, wenn Hinrich noch bei uns wäre. Aber Hinrich war in Mabil ausgestiegen. Mit den bereits abgedrehten Filmen hatte er sich allein auf den Weg nach Addis Abeba gemacht. Vielleicht war er schon dort, vielleicht saß er schon wieder im Flugzeug, Richtung Deutschland. Wir waren nur noch zwei. Michael würde den Sack mit der Schlange bestimmt nicht tragen. Der saß schweigsam da vorne im Boot und zog mit dem Paddel durch das Wasser. Eins, durchziehen, raus, eins, durchziehen, raus, eins, durchziehen, raus. Wie ein Automat. Von Zeit zu Zeit warf er einen schnellen Blick über die Schulter. Es war nicht das angenehmste Gefühl, so eine Riesenschlange hinter sich zu haben. Wer garantiert schon, daß der Zeltsack auch wirklich hält?

Gedanken: Heimkehr nach Hamburg. Empfang am Flughafen. Freunde, Bekannte, Reporter, vielleicht das Fernsehen. Und ganz vorne Maggy und Kirsten. Fahrt nach Hause, erzählen, auspacken. »Und was hast du da drin?« – »Wo?« – »Dort, in dem großen Sack?« – »Ach«, ganz nebensächlich klingende Stimme, »eine Riesenschlange, weißt du, ein Felsenpython. Wollte ich doch schon immer haben . . .«

Es war, als hätte der Fluß Mitleid mit mir. Er forderte uns an diesem Tag nicht mehr heraus. Kein Katarakt versuchte uns aufzuhalten, kein Wasserfall, wir mußten das Boot nicht mehr schleppen. Ruhige, langweilige Fahrt, nichts geschah mehr, überhaupt nichts.

Noch eine halbe Stunde nach dem Ringkampf strömte mir, trotz Rast im Schatten, der Schweiß von der Stirn.

Eine ganze Stunde später bemerkte ich, daß mein Brustkorb eine sehr kräftige Massage erhalten hatte. Es war ein angenehmes Gefühl. Wie nach einem Langstreckenlauf, wenn das Blut in allen Äderchen pulst.

Vielleicht mache ich später einmal einen Massagesalon auf mit Riesenschlangen als Masseusen!

Und dennoch: Im Zeichen der Schlange einer der schönsten Tage der Fahrt für mich.

Abends bauten wir unser Lager zwischen ein paar großen Felsen auf. Wir sprachen beide nicht sehr viel. Michael suchte etwas trockenes Holz zusammen, ließ die Flammen prasseln, setzte den Topf mit Haferflocken auf. Ich fühlte mich zerschlagen, jeder Knochen, jeder Muskel tat weh. Sitzen, nur sitzen, in die Flammen dösen.

Es knackte im Gebüsch. Neugierige Gesichter beobachteten uns. Michael winkte, hob beide Hände hoch, die Handflächen nach außen gedreht. Internationales Zeichen für Friedfertigkeit. Leere Hände, keine Waffen.

Vier, fünf dunkle Gestalten näherten sich vorsichtig. Der Vortrupp. Es wurden immer mehr. Irgendwo in der Nähe mußte ein Dorf sein. Unsere Besucher verloren sehr schnell ihre Zurückhaltung. Offensichtlich hatten sie sich überzeugt, daß ihnen von uns keine Gefahr drohte. Und wenn Afrikaner nicht mehr zurückhaltend sind, dann sind sie neugierig. Alles wurde betastet, in die Hand genommen, untersucht.

»Mensch, paß bloß auf, daß uns hier nicht eine Menge wegkommt«, flüsterte Michael. Plötzlich kam mir ein Gedanke. Ich ging in das Zelt, holte den Sack mit der Riesenschlange heraus. Aufschnüren, die Schlange herausschütteln. Apathisch lag sie da, kaum, daß sie sich rührte.

Aber der Anblick reichte aus. Spitze, ängstliche Schreie, respektvolles Zurückweichen, Getuschel. Eine Weile noch standen sie in weitem Kreis um uns herum, beobachteten, dann waren wir wieder allein.

Weiterfahrt am nächsten Morgen. Plötzlich drehte Michael sich um. »Du, merkst du nichts? Das stinkt ja plötzlich so gemein?«

Ich roch es auch. Der Geruch von verfaultem Fleisch hing in der Luft. Wir hatten doch kein verfaultes Fleisch – wir hatten überhaupt kein Fleisch.

Die Schlange! Verdammt, die Schlange! »Los, Michael, da vorn die Sandbank, laß uns da schnell ranfahren.«

Sie mußte einfach übergroße, entsetzliche Angst bekommen haben. Dieses dunkle, enge Gefängnis, in dem sie sich kaum bewegen konnte, keine Sicht, keine Freiheit. Wenn Schlangen Angst haben, dann würgen sie ihre Beute wieder aus. Der Felsenpython hatte es mit der Gazelle versucht. Zur Hälfte hatte er es geschafft, die andere Hälfte mußte seine Luftröhre abgeklemmt haben. Wie lange wohl schon?

Ich versuchte zu helfen. Mit der bloßen Hand zog ich den halbzersetzten Kadaver ganz langsam aus dem Maul heraus. Die Schlange ließ alles mit sich geschehen; regungslos lag sie da. Ich ging mit ihr zum Ufer, packte sie ins flache Wasser, hielt mit der einen Hand den Kopf hoch und massierte mit der anderen sanft den Leib. Luft, sie sollte wieder Luft kriegen. Dann stülpte ich meinen Mund über ihren. Gegen das Zuschnappen sicherte ich mich mit einem Stock, den ich ihr zwischen die Kiefer steckte. Ich versuchte es mit Mund-zu-Mund-Beatmung. 30 Minuten lang. Plötzlich ein ganz leises Zucken, Strecken. Den mächtigen Körper verließ die letzte Spannung, schlaff und weich wurde er unter meinen Händen. Es hatte nichts genutzt.

Jetzt ist sie tot, wußte ich. Ich brauchte sie gar nicht mehr zu untersuchen, es gab nicht den geringsten Zweifel. So faßt sich nur ein Körper an, den das Leben verlassen hat.

Michael war herangetreten. »Was ist mit ihr?«

Ich antwortete nicht. Drehte mich nur weg. Seltsam, wie einem so etwas nahegehen kann. Gestern hatte ich mit ihr noch im Wasser gestrampelt, heute war mir fast so, als hätte ich einen Gefährten verloren. Das war der traurigste Tag meiner Reise. So dicht liegen Freude und Trauer beieinander.

Deprimiert warf ich den Gazellenkadaver ins Wasser. Er schwamm eine kurze Weile, dann rauschte es wie ein Pfeil heran, spitze Bugwelle, der Rachen Zentimeter nur über dem Wasser, tiefliegende, kleine Augen in der gepanzerten Haut. Für Bruchteile von Sekunden blitzten Zähne auf rotem Grund auf – weg. Kein Gazellenkadaver mehr, keine Bugwelle, keine Zähne, kein Krokodil. Das Wasser flach, unbewegt.

Abends zogen wir die Schlange ab. Wenigstens die Haut wollte ich mit nach Hamburg bringen. Als Erinnerung. Michael schlug einen dünnen Baumstamm zurecht, wir spannten die Haut herum, so straff wir konnten. Am nächsten Tag legten wir Baumstamm mit Schlangenhaut quer ins Boot. Ich drehte ihn ständig, um die Haut möglichst gleichmäßig der Sonne auszusetzen. Doch immer wieder schwappte Wasser über. Später, in Uetersen bei Hamburg, wird der Gerber sagen: »Nein, mein Lieber, mit dieser Haut kann ich auch nicht mehr viel anfangen. Die ist einfach unsachgemäß getrocknet worden. Wissen Sie, da ist der Wirkstoff Kollagen vom Wasser vermutlich zerstört worden.«

Und ich werde nur noch einen schäbigen, eingeschrumpelten Hautfetzen behalten. Verblichen zu einer schwarzweißen Zeichnung.

Krokodile

An diesem Tag waren es dreiunddreißig Stück. Hinrich zählte sie, als müsse er Buch führen. Dreiunddreißig. Sie lagen träge am Ufer, manche hatten sich im Schlamm eingewühlt, daß die gepanzerte Haut kaum heraussah, andere bildeten einen wirren, unübersichtlichen Knäuel, in dem hin und wieder ein Schwanz die Luft peitschte oder ein Rachen gelangweilt gähnte.

Die ersten Krokodile sahen wir im Canyon. Die letzten am Dabus, wo wir aufhörten.

Die größten sollen 6 m erreichen. Die größten, die wir sahen, schätzten wir auf knapp 4 m.

In den ersten Tagen war einer von uns ständig dabei, die Wasserfläche genau abzusuchen. Nichts machte uns soviel Sorge wie die Krokodile. Zwei Expeditionen waren ihretwegen gescheitert. »Die packen dich und ziehen dich in die Tiefe, auf den Grund des Flusses, dort, wo sie zu Hause sind«, hieß es. »Sie haben dich am Arm oder am Bein, und du hast auch nicht die geringste Chance mehr, ihnen zu entkommen. Sie kurbeln deine Gliedmaßen durch blitzschnelles Drehen ihrer Körper aus den Gelenken. Nicht etwa, daß sie dich bei lebendigem Leibe auffressen, nein, du ersäufst oder erstickst oder krepierst einfach vor Angst und Schmerz oder Blutverlust. Krokodile lieben angefaultes Fleisch, das sich leicht von den Knochen löst. Deinen Leichnam werden sie nicht sofort fressen, sondern später, wenn er in Fäulnis übergegangen ist.«

Der gepanzerte Tod. In manchen Büchern hatte es geheißen, am Blauen Nil würde es die größten Krokodile der Welt geben. Michael war Feuer und Flamme gewesen. »Die werden wir filmen«, hatte er verkündet. »Wir werden uns am Ufer eingraben, genau dort, wo sie gern in der Sonne liegen. Und dann werden wir sie aus nächster Nähe aufnehmen. Sensationelle Bilder!«

Wenn Michael an seinen Film dachte, gingen die Phantasiepferde nur allzu leicht mit ihm durch.

Als wir in Addis starteten, war die Geschichte von dem amerikanischen Peace-Corps-Mann gerade in aller Munde gewesen. Sie hatte sich am Omo-River abgespielt, einem Fluß im Süden des Landes. Der junge Amerikaner lebte schon einige Monate dort, er wollte den Bauern beibringen, wie sie ihre Felder besser bestellen, die Erträge mit Kunstdünger steigern und mit modernen Pflügen die Erde viel leichter und schneller aufbrechen können als mit den Hakenpflügen, die schon ahnenreihenlang unverändert benutzt wurden.

Eines Abends wollte der Amerikaner schwimmen gehen. Den ganzen Tag über hatte ihm die Sonne aufs Fell gebrannt. Er war ausgelaugt. Ins Wasser – schon der Gedanke entzückte ihn.

Doch die Dörfler hatten gewarnt. »Geh nicht ins Wasser«, sagten sie. »Hier gibt es viele Krokodile. Es ist zu gefährlich.«

Der Amerikaner hörte nicht. Er badete, es passierte nichts. Siehst du, dachte er, alles nicht so gefährlich, wie es immer hingestellt wird. Dann setzte er sich ans Ufer, ließ die Beine ins Wasser hängen und träumte vor sich hin. Er überhörte das leise Herangleiten, er übersah die spitzwinklige Bugwelle, er spürte nur plötzlich einen rasenden Schmerz im Fuß, etwas riß ihn mit unwiderstehlicher Gewalt ins Wasser, kaum daß er Zeit bekam, noch einmal zu schreien.

Ein paar Tage später wurde am Omo-River ein mächtiges Krokodil erlegt. Der weiße Jäger hatte es mit einem einzigen Schuß ins rechte Auge getötet. Die Äthiopier zerlegten das Tier, und in seinem Inneren fanden sie Knochen. Die Reste eines menschlichen Körpers. Außerdem fanden sie ein kleines, silbernes Kreuz mit Kettchen. Die Dörfler erkannten es. Der junge Amerikaner trug es immer um den Hals.

»Willst du dich jetzt auch noch am Ufer eingraben und deinen Sensationsfilm drehen?« hatte Hinrich Michael gefragt, als man uns von dem Amerikaner erzählte. Michael winkte ab.

Aber er mußte die Idee doch noch nicht aufgegeben haben. Eines Morgens fanden wir krallenartige und Schwanzabdrücke dicht vor unserem Zelt. Unzweifelhaft ein Krok. »Mensch, hast du denn gepennt?« fuhr mich Hinrich an. »Du hast doch Wache gehabt.«

»Ich habe nichts gesehen«, stotterte ich. Verflucht, so leise kann sich doch ein großes Tier nicht bewegen!

Michael sagte gar nichts. Doch am nächsten Abend traf er merkwürdige Vorbereitungen. Die Zweige eines Strauchs bog er so weit herunter, daß ihre Spitzen das Wasser berührten. Er nahm sich ein Stück von dem Wels, den wir tags zuvor gefangen hatten, befestigte es an einem starken Angelhaken und band den Köder mit einem Nylonseil an den Strauch. Dann warf er das blutige Fleisch ins Wasser.

»Aha«, stieß mich Hinrich an, »hier will einer ein Krokodil angeln.«

»Wenn da nun wirklich eins anbeißen sollte, wie willst du das denn merken?« rief er. »Willst du die ganze Nacht da an dem Baum sitzen?« Hinrichs Stimme triefte vor Hohn.

Michael konnte ganz kalt und beherrscht sein. »Wir haben uns doch diese komische Alarmkugel eingepackt«, antwortete er. »Die stellen wir an den Strauch. Wenn sich da auch nur etwas rührt, heult die sofort los. Dann haben wir das Ding wenigstens nicht ganz umsonst mitgeschleppt.«

Tatsächlich, das konnte klappen. Irgendeiner von uns war in Hamburg auf den Gedanken gekommen, eine Alarmkugel mitzunehmen. So ein handgroßes Gerät, das man sich in das Wohnzimmer stellt, um die Herren Einbrecher abzuschrecken. Wenn es angestellt war und man tippte nur kurz dagegen, dann heulte es so durchdringend wie eine Luftschutzsirene.

Nacht. Plötzlich riß es uns hoch. Tüüüüü! Tüüüüü! Tüüüüü! Ein Heulen, das durch Mark und Bein ging. Michael hatte Wache gehabt, er war als erster an der Falle. Zwei transportable Handscheinwerfer gleißten auf, tauchten die Umgebung in grellweißes Licht. Dahinter stand die Kamera. Wirklich, Michael hatte alle Vorbereitungen getroffen, die möglich waren. Da – der Strauch beugte sich wie eine straff gespannte Feder ins Wasser. »Los, zieht!« schrie Michael. »Zieht doch schon am Seil. Wir müssen es an Land holen!«

Hinrich und ich stemmten uns in den Boden, daß uns der Schweiß ausbrach. Gewaltiger Widerstand. Irgendwo dahinten peitschte etwas entfesselt das Wasser. Aber wir schafften Zentimeter um Zentimeter. Knochenarbeit. Als ob es nicht schon tagsüber genug davon gab. Man könnte jetzt schlafen, sich ausruhen, träumen.

Wieder ein paar Zentimeter. War da nicht schon die spitze Schnauze zu sehen? Die tief eingekerbte Haut? Wirbel im Wasser, als würden tausend Teufel baden.

Plötzlich ein mächtiger Ruck. Wir knallten beide gegen den Boden, der Strauch war kein gespannter Flitzbogen mehr, nur noch ein traurig ins Wasser hängendes Geäst. Wir hatten ein armseliges Stückchen Nylonschnur in den Händen und einen maßlos enttäuschten Michael hinter uns.

»Scheiße. Verdammte Scheiße. Nylon. Nichts kann Nylonseile zerreißen, heißt es immer. Habt ihr gesehen, wie es reißt. Mann, ich könnte verrückt werden. Wir hatten es beinahe schon geschafft.«

Michael versuchte es nicht mehr.

Vielleicht war es der achte Reisetag, vielleicht auch schon der neunte. Mittägliche Glut. Ich verfolgte die Schweißtropfen, die auf Michaels Rücken eine helle Bahn zogen. Dabei paddelt er noch nicht einmal, dachte ich müde. Der sitzt nur in der Mitte und paßt auf seine Kameras auf.

Die Paddelblätter fuhren gleichmäßig durchs Wasser. Gute Fahrt. Abends würden wir Antilopen essen. Hinrich hatte gestern eine geschossen. Schönes, saftiges Lendenstück.

Ein leiser Ruck durchfuhr das Boot, zitterte leicht nach. Da vorn fuhr Hinrich zurück. »Mein Paddel«, stieß er entsetzt hervor. »Mein Paddel. Ein Krok hat mir das Paddel aus der Hand gerissen!«

»Du spinnst.« Das war Michael. »Das wird sich in einem Baumstamm verhakt haben. Oder in einen Felsen.«

Wir hatten unsere Paddel am Boot angebunden. Sicher ist sicher. Die Schnur zeigte senkrecht nach unten. Nicht einen Millimeter rührte sie sich.

Wo war unser Ersatzpaddel? Es stand im Hotel »International« in Addis Abeba. Zimmer 243. Wir hatten es vergessen, wir Tölpel. Jetzt würden wir uns ein neues schnitzen müssen. Sauarbeit.

Plötzlich machte es »Flupp«, und das Paddel schoß wieder nach oben. Ein Paar Meter vom Boot entfernt schwamm es auf der Wasseroberfläche. Hinrich zog es eilig heran, griff es. »Da. Guck dir deinen Baumstamm mal an. Seit wann können Baumstämme beißen?«

Er reichte das Paddel nach hinten. Deutlich waren auf beiden Seiten des Blattes zwei Zahnreihen zu sehen, die sich tief in das Holz gegraben hatten. Vielleicht fünf Zentimeter unter der Stelle, wo Hinrichs rechte Hand das Paddel umschloß.

Abends baute ich mir aus drei leeren Kanistern einen Krokodilschutz.

Ich saß schließlich im Heck: mein Hintern hing meist halb über den Bootsrand, eine Handbreit nur über der Wasserfläche.

Diese mörderische Hitze machte einen verrückt. Unbarmherzig griff uns die Sonne an, die Luft war feucht und schwer, schon das Sprechen war Arbeit. Und rings um uns dieses herrliche Wasser. Manchmal sprühte es uns ein, manchmal schäumte es wild, dann wieder lag es leise lockend da, als wollte es sagen: »Steig doch einfach rein. Erfrisch dich, nimm ein Bad. Hier, du kannst es doch gar nicht bequemer haben.«

Aber plätscherte es da nicht leicht? Zog da nicht der gepanzerte

Tod gleich unter der Wasseroberfläche seine Bahn und lauerte nur darauf, daß einer leichtsinnig wurde?

Wasser, Millionen Hektoliter Wasser. Und du kannst doch nicht baden. Manchmal hatten wir die Äthioper beobachtet, wenn sie durch eine Furt stiegen. Einer ging voran, große Zweige in der Hand, mit denen er das Wasser peitschte. Dazu schrie er gewaltig. Die anderen standen derweil am Ufer, schlugen ebenfalls das Wasser, was das Zeug hielt, und vollführten einen Lärm, daß die Luft zitterte.

Es hieß, daß Krokodile Lärm meiden. Aber war das eine Garantie? Nein, dann doch lieber nur Wasser schöpfen und es sich über den Kopf gießen. Obwohl das nur für Sekunden half.

Einmal war ich restlos am Ende. Drei große Katarakte an diesem Tag. Dreimal hatten wir das Boot und die Ausrüstung schleppen müssen. Dumpfe Mattigkeit gewann die Oberhand, die Kehle war ein einziges Reibeisen, im Kopf brannte ein grelles Licht, ging an, verlöschte, ging an, verlöschte.

»Ist mir jetzt ganz egal«, krächzte ich, »ich spring rein. Schlagt mit den Paddeln aufs Wasser.«

Herrliche Kühle. Der Fluß umschmeichelte mich, hüllte mich ein in einen frischen Mantel. Ich machte ein paar Schwimmbewegungen vom Boot weg. Plötzlich schoß mörderische Angst in mir hoch, raubte mir fast den Atem. Wenn es jetzt kommt. Vielleicht setzt es gerade zum Angriff an. Schnell, schnell, schnell zum Boot. Kommt man denn gar nicht näher? »Los, Hinrich, zieht mich rein, so helft mir doch!« Die Beine hoch, ins Boot fallen, aufatmen, tief aufatmen.

Das Wasser lag ganz ruhig da. Nichts rührte sich, gar nichts. Dahinten schwamm eine Ente.

Ein Bild des Friedens.

Oder.

Sie lagen am Ufer und schienen zu gähnen oder sich ihre Zähne zu sonnen.

Sahen sie uns, verschwanden sie wie der Blitz im Wasser. Einige tauchten argwöhnisch wieder auf, umschwammen uns und tauchten weg, wenn wir mit dem Paddel schlugen.

Manchmal schien eins unseren Kiel mit seinem rauhen Rücken zu kratzen.

Aber Angriffe, wie sie der Züricher Zahnarzt Scholtz 1974 erlebte (siehe Kapitel IX, Finale) oder Rottlinger 1956, erlebten wir nur einmal.

Abb. 1 Unser Traumboot

Abb. 2 Überlebenstraining

Abb. 3 Harrar, nächtliche Fütterung

Abb. 4 Flug zum Startplatz

Abb. 5 Blick in einen Teil der Nilschlucht

Abb. 6 Tississat-Fälle

Abb. 7 Die alte Portugiesen-Brücke

Abb. 8 Wildwasserfahrt

Abb. 9 Kormorane am Tanasee

Abb. 10–13 2,80 m langer Felsenpython würgt nach dem Fang seinen Mageninhalt aus, um beweglicher zu werden. Die ausgewürgte Gazelle von der Größe eines Rehs ist an dem Teil, der im Magen lag, schon stark anverdaut. Der andere Teil, der in der Speiseröhre steckte, war noch für uns genießbar. Übrigens wird bis auf die Haare fast alles verdaut. Also: Knochen, Zähne, Hufe, Gehörn ... Daß eine Schlange solch große Tiere hinunterschlingen kann, liegt daran, daß ihre Kiefer mit Sehnen verbunden sind. Das 4. Bild zeigt die Elastizität besonders deutlich.

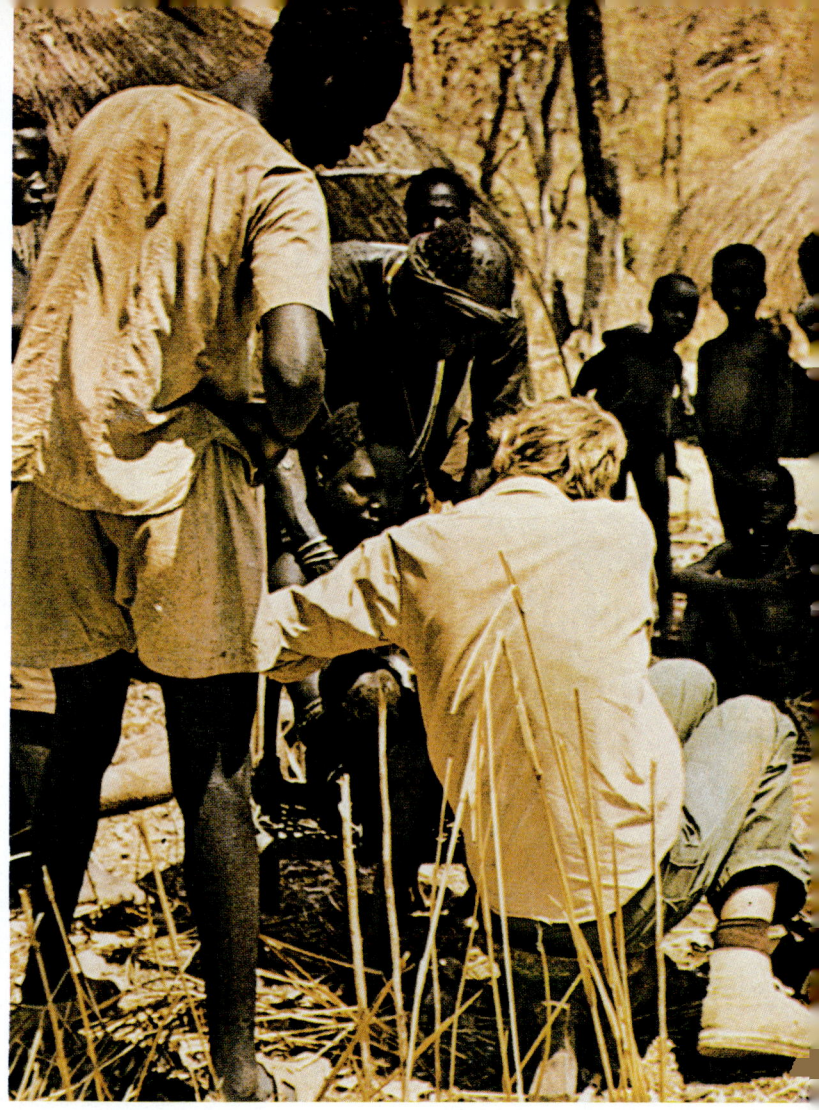
Abb. 14 Ärzte ohne Titel

Abb. 15–17 Schmuck und Schönheit der Einheimischen

Ausgerechnet ein kleines Tier war es. 2 Meter lang vielleicht. Es lag am Strand. Und wir hatten es wohl verärgert. Jedenfalls warf es sich ins Wasser und kam ohne zu tauchen wie ein Torpedo auf uns zu.

Es mußte in den nächsten Sekunden in die Bootsflanke beißen. Selten sieht man ein gutes Foto so deutlich kommen.

Ich riß die Weitwinkelkamera raus. Da biß es zu. Im selben Moment klickte die Kamera.

Aber im Eifer hatte ich sie nicht gespannt. Das sind Momente, über die man sich nach Jahren noch ärgert. Das Krokodil biß zu und wollte das Boot schütteln. Das aber lag im Wasser stabil wie eine Insel und so schüttelte sich das Tier nur selbst und ließ dann sofort wieder los.

Hyänen
Camp 20

Eine Faust knuffte mich, ich tauchte auf. Maggy, Kirsten, Hamburg, die Konditorei, Freunde, unser Haus – wieder nur ein Traum. Ein Zelt in der afrikanischen Nacht, draußen rauschte der Fluß.

Was war los?

Hinrich zischte: »Wach auf, Rüdiger, wach schon auf. Irgendwas stimmt nicht da draußen.«

Plötzliche Erinnerung. War da nicht in Hamburg schon mal so etwas Ähnliches gewesen? Damals, als wir im Trittauer Forst übernachteten? Richtig, der Förster, der uns überraschte und uns für ausgebrochene Sträflinge hielt.

Damals hatten wir keine Wache aufgestellt, weil wir Anfänger waren. Und diesmal? Müdigkeit, einfach Müdigkeit. Und Leichtsinn natürlich. Komisch, je länger man sich in der Gefahr aufhielt, um so mehr gewöhnte man sich an sie.

Jetzt hörte ich es auch ganz deutlich. Es japste, fiepte merkwürdig hoch, irgend etwas splitterte, als wenn Knochen brachen.

Am Abend zuvor hatten wir Gazelle gegessen. Knusprige Keule, am Spieß gebraten, herrlich. Eine Menge war noch übriggeblieben. Ich erinnerte mich genau, wie Michael den Rest sorgfältig eingepackt hatte. Warum soll man nicht auch zum Frühstück Gazellenkeule essen?

Hinrich kniete vor der Zeltöffnung. Seine Hand fuhr nach hinten, winkte. Leise, ganz leise rutschte ich nach. Eine helle Nacht lag vor dem Zelt. Der Mond übergoß Felsen, Wasser und Ufer mit silbernem Licht, scharf zeichneten sich die Silhouetten der Bäume und Sträucher ab. Eine Schattenriß-Landschaft.

Und da – drei – vier Meter vor unserem Zelt, dort, wo wir vor ein paar Stunden noch gegessen hatten, war schon wieder ein großes Festgelage im Gange. Die Gäste: dreiviertel Meter hoch, nach hinten eigenartig abgeflacht, deutlich sah man die dunklen Tupfen auf dem braunen Fell und die breite Schnauze. Vier Hyänen.

Es gab Gazellenkeule, knusprig gebraten, Hyänen-Selbstservice.

Ich tastete zur Seite, dorthin, wo die Gewehre lagen. Der kühle Lauf – vorsichtig zog ich ihn heran. Da schepperte es sacht, ich war an das zweite Gewehr gestoßen.

Draußen brach es durch das Gebüsch, Zweige rauschten zusammen, hohes, gespenstisch klingendes Bellen hob an, das in einen unheimlichen heulenden Dauerton überging.

»Sie sind weg«, sagte Hinrich. »Pack das Gewehr wieder weg.« Michael hatte von alldem nichts gemerkt. Leises Schnarchen kam aus seinem halbgeöffneten Mund.

»Na, der wird sich wundern, wenn er morgen seine Keule auspakken will«, spöttelte Hinrich und kroch in seinen Schlafsack.

Eigentlich gehörten sie dazu, wie die Paddel zum Boot. Es gab nur wenige Nächte, die nicht von ihrem Gebell und Geheul unterbrochen wurden. Oft sahen wir ihre funkelnden Lichter in der Dunkelheit glühen, uns beobachtend. Manchmal fühlten wir uns eingekreist, da und dort knurrte es leise, drohend, oder es lachte und kicherte in der Ferne, so daß wir unwillkürlich näher an das Feuer rückten und uns leiser unterhielten. Hieß es nicht, daß Hyänen das kräftigste Gebiß von allen Tieren haben? Mancher Afrika-Camper weiß ein Lied davon zu singen, wie selbst stabile Kochtöpfe morgens aussehen, wenn nachts die Hyänen durchs Camp gezogen waren.

Aus Addis Abeba hatte einmal eine deutsche Touristin berichtet, daß sie zu später Stunde in ihr Hotel wollte, und zu Fuß durch die leeren Straßen ging. Plötzlich tappten leise Schritte hinter ihr. Sie sah sich um und entdeckte zwei Hyänen, die ihr nachschlichen.

Vielleicht hatte sie übertrieben. Aber wie war das denn in Harrar gewesen? Dort in der Provinzhauptstadt?

»Hier gibt es Leute, die füttern nachts gegen Bezahlung Hyänen.«
Ein italienischer Händler hatte es uns erzählt. Wir brauchten nicht
lange zu suchen. »Mister, du wollen heute sehen Hyänen? Du mir
geben etwas Geld, für Fleisch zum Füttern.«

Ein magerer, heruntergekommen aussehender Mann. Seine Shammas über und über schmutzig.

»Wo willst du denn füttern?« fragte ich.

»Na hier.« Er zeigte auf den Platz, auf dem wir uns befanden. Die
Hauptstraße war nur dreißig Meter entfernt.

»Der spinnt doch«, meinte Michael. »Hier kommen doch nie Hyänen her. Ist doch viel zu belebt.«

Wahrscheinlich will diese Hyäne nur unser Geld, dachte ich auch.
Den werden wir nie wiedersehen.

Der Mann mußte unser Mißtrauen gespürt haben. »Bitte, geben
etwas Geld für Fleisch. Hier wirklich Platz für Hyänen. Wenn dunkel ist. Bitte gucken.«

Er zeigte auf die vielen Knochen, die in der Gegend herumlagen.

»Was kann schon groß passieren«, knurrte Hinrich. »Gib ihm zwei
Dollar für Fleisch. Wenn er wirklich abhaut, na ja, dann haben wir
eben drei Deutsche Mark in den Sand gesetzt.«

Der Mann bekam sein Geld. »Wiederkommen. Sieben Uhr.« Weg
war er.

Um sieben Uhr standen wir wieder auf dem Platz. Leise Schritte
tappten durch die Dunkelheit heran. Tatsächlich, unser Hyänenfüt-
terer. Er trug einen Korb mit stinkenden Fleischbrocken. »Aufpassen, Mister, aufpassen.«

Er legte beide Hände an den Mund und stieß einen lockenden, mo-
notonen Ruf aus. Wieder und immer wieder. Plötzlich lösten sich aus
der Dunkelheit graue Schatten, schlichen vorsichtig heran, verharrten
lange, wieder ein paar Schritte vorwärts.

Der Mann hatte einen Fleischbrocken vor sich hingelegt, seine
Rufe waren leiser geworden, vertraulicher.

Da schoß der eine Schatten wie ein Blitz heran, schnappte das
Fleisch, war schon wieder in der Dunkelheit verschwunden. Nur eine
Staubwolke blieb zurück.

Der Mann lachte leise. Der nächsten Hyäne hielt er das Fleisch in
der Hand hin. Ein Knurren, ein Sprung, weg war sie.

Michaels Atem ging gepreßt. »Irre«, flüsterte er, »völlig irre. Hättest du das für möglich gehalten?«

Unbemerkt war ein Junge zu uns getreten. Vielleicht elf, zwölf Jahre alt. »Ein Dollar, Mister, ich zeige euch großen Trick«, stieß er mich an.

Hinrich hatte ihm schon das Geld in die Hand gedrückt. Er war nur noch nervöse Spannung. Seine linke Gesichtshälfte zuckte leicht, wie immer, wenn er aufgeregt war. Die Augen hatten sich zu engen Schlitzen zusammengezogen.

Der Junge griff sich einen der blutigen Brocken aus dem Korb, legte sich auf die Erde und nahm das Fleisch in den Mund. Gar nicht mehr scheu, sprang eine Hyäne heran, riß ihm den Klumpen aus dem Mund und verschwand.

Ich hatte auch schon einen Köder in der Hand, hielt ihn den Tieren hin. Doch das war den Äthiopiern gar nicht recht. Sie schimpften und rückten den Korb wieder weg. Dann klatschten sie gar in die Hände und scheuchten die Tiere zurück in die Nacht.

Natürlich wollten sie nicht, daß die Fremden auf den Gedanken kämen, sie könnten die Hyänen selbst füttern. Das schmälert ja die Verdienstquelle. Wer nimmt das schon widerspruchslos hin? Also zahlten wir auch für Selbstfüttern und tatsächlich: Mit derselben Fixigkeit und Gier rissen sie auch mir das Fleisch aus dem Mund.

Dieser Augenblick des Zuschnappens ist eigenartig. Bruchteile einer Sekunde spürt man ihren Atem und schließt unwillkürlich die Augen, fühlt den Riß am Fleisch wie einen wilden Kuß, und ehe man sich dessen bewußt wird, was passiert ist und hätte passieren können, ist der Spuk vorbei.

Viele Nächte hatten wir die Hyänen gehört. Michael sagte einmal: »Von diesen Schreien werde ich wohl noch lange träumen. Das verfolgt einen ja richtig. Und wenn ich sie mal nicht höre, fehlt mir etwas.«

Ja, etwas Unheimliches ging von diesen Tieren aus. Wie hatte Jegiga doch gesagt: »Buda, die Personen mit dem bösen Blick. Nachts verwandeln sie sich in Hyänen und schleichen umher, um die Menschen zu erschrecken.«

Aber macht man sich einmal die Mühe, sich näher mit ihnen zu befassen, kann man sie sogar schön finden. Schön wie Haie oder wie Schlangen zum Beispiel.

Puffotter!
Camp 16

Die Nächte waren manchmal kühl am Blauen Nil. Wenn die Dunkelheit sich über das Land gelegt hatte, sank das Thermometer bis zum Morgen manchmal auf achtzehn Grad. Anfangs war das wohltuend, denn tagsüber hatte der Körper unter der sengenden Sonne gelitten. Später begann man zu frösteln.

Holz für ein wärmendes Feuer fand man hier immer. Irgendwo war es während der Regenzeit in den Fluß gerissen worden, eine Zeitlang mitgeschleppt, dann hatten es die kräftigen Drehströme zerkleinert und an das Ufer geworfen. Es gab Felsnischen, die aussahen, als wäre jemand gerade dabei gewesen, Ofenscheite zu zerkleinern. Pulvertrockenes, mürbes Holz.

Wir hatten unser Lager unterhalb einer steil aufragenden Felswand aufgeschlagen. Bis zum Wasser waren es nur ein paar Schritte im weichen, weißen Sand.

»Du bist heute dran mit Holzsammeln«, sagte ich zu Michael. »Wir beide bauen das Zelt auf.«

Michael verschwand. Ich werde doch nicht die erstbesten Äste auflesen, dachte er, ich werde sehen, daß ich einen ganzen Stapel schöner Knüppel finde.

Michael ist ein rationell denkender Mann. Er hatte seine Pistole mit, aber hoffentlich müßte er nie damit schießen. Seltsam. So treffsicher er mit dem Gewehr war, mit der Pistole kam er überhaupt nicht zurecht. Er hielt einfach nicht tief genug, der Rückstoß riß ihm die Hand hoch, sein Schuß landete mit Sicherheit weit über dem Ziel.

Ein schmaler, tiefer Felseinschnitt tat sich vor Michael auf. Da wird genug Holz sein, dachte er. Der Fluß spült es gern in solche Spalten.

Dunkel. Durch den schmalen Spalt fiel nur wenig Tageslicht. Aber Holz, viel Holz lag da. Michael sammelte Stück für Stück auf und warf es hinter sich in Richtung Eingang. Mann, das flutschte ja, freute er sich, da sind die ja mit dem Zelt kaum zur Hälfte fertig, dann habe ich es schon geschafft und mache Pause.

Da – ein scharfes Zischen, so als würde man eine Preßluftflasche öffnen. Michael zuckte zusammen. Was war das? Sein Blick fuhr in die Runde. Nichts. Verdammt, daß es hier so dunkel ist. Er verharrte starr.

Es zischte wieder. Und jetzt sah er sie. Eine kurze, gedrungene

Schlange mit bräunlichen Mustern, nicht sehr lang, ein Meter vielleicht. Sie hatte sich zusammengerollt, ihr Kopf ragte in der Mitte heraus. Der Hals war s-förmig gebogen. Der Körper vibrierte, schwoll vom aufgeregten Einatmen dick an, um gleich darauf unter lautem Zischen wieder schlanker zu werden. Die lange schmale Zunge spielte nervös und fächelte ihr die Witterung des Gegners zu. Wieder zischte sie.

Michael fühlte, wie ihm kalter Schweiß auf die Stirn trat. Was nun? Er hatte sich mit dem Feuerholz selbst den Ausgang zugebaut. Einen guten halben Meter hoch lag sein Stapel direkt vor dem Spalt. Einen Schritt daneben, im Inneren der Höhle, die Schlange.

Für ein paar Sekunden drohte die Angst, Michael zu lähmen. Gedanken rasten wirr durch seinen Kopf. Eine Puffotter, eine dicke, halbstarke Puffotter – soviel wußte er von Schlangen durch meine Bücher, Erzählungen und Terrarien.

Und er wußte auch, daß die Puffotter zu den gefährlichsten Giftschlangen der Welt zählt. Sie verursacht in Afrika die meisten Schlangentode. Dabei ist sie langsam, und es würde ihr nie einfallen, jemanden zu verfolgen. Ihr Stärke ist die Geduld. Das Abwarten und dann das allerdings ungeheuer schnelle Zuschlagen.

Nicht, daß sie es auf Menschen abgesehen hätte. Keine Schlange greift grundlos Menschen an. Aber was soll sie machen, wenn da so 'n 150-Pfund-Koloß auf sie draufzutappen droht? Dann wehrt sie sich und schlägt zu. Und da sie ein Dämmerungstier ist und die meisten Afrikaner barfuß gehen, kommt es täglich zu diesen tödlichen Bissen.

Das Gift zersetzt das Blut. Es gerinnt. Die Blutgefäße weiten sich, werden porös. Die Wunde schmerzt, schwillt an und nach Minuten oder Tagen tritt der Tod ein, sobald Blut oder Blutgefäße sich genügend verändert haben und ihrer Fuktion nicht mehr gerecht werden können.

Ein einigermaßen sicheres Mittel dagegen kann Serum sein. Das hatten wir nicht mit, weil es kühl gelagert werden muß. Und weil die Chance, in Afrika von einer Schlange gebissen zu werden, für uns Europäer gleich Null ist. Und für Michael schien es nun umgekehrt zu sein. Nämlich die Chance, dem Biß zu entrinnen, glaubte er gleich Null.

»Sicher denkt ihr, ich will jetzt rumrollen«, meinte er hinterher keuchend. »Ich stand wie gelähmt, und anstatt was zu tun, fiel mir

Rüdigers Geschichte von der Mamba ein, und die vergrößerte meinen Schock noch.« Das war in Südafrika auf einer Farm in der Nähe von Pretoria. Der Farmer hatte eine Mamba erlegt, sie mit nach Hause geschleppt und sie zusammengerollt in seinen Pantoffel gelegt. Er wollte seiner Frau einen Schrecken einjagen.

In manchen Gegenden sind die Scherze eben härter.

Abends Besuch eines Nachbarn. Der Farmer zu seiner Frau: »Du, kannst du mir nicht mal schnell meine Pantoffel holen? Mir tun die Füße so verdammt weh. Den ganzen Tag Stiefel – man ist eben doch nicht mehr der Jüngste.«

Die Frau ging ins Schlafzimmer. Sekunden später ein spitzer Schrei. Farmer und Nachbar grinsten sich an. Na ja, Spaß gelungen. Nun wird sie ja gleich kommen.

Aber sie kam nicht. »Sie wird jetzt uns einen Schreck einjagen wollen«, sagte der Farmer. »Am besten, wir reagieren gar nicht.«

Aber nach nach ein paar Minuten war die Frau immer noch nicht da. Der Farmer erhob sich. »Wollen vielleicht doch lieber mal nachsehen.«

Die Frau lag tot neben dem Bett. Den Pantoffel des Mannes in der Hand. Auf dem Boden die tote Mamba, daneben zusammengeringelt eine zweite.

Eine lebende!

Der Farmer hatte die erlegte Schlange auf dem Boden hinter sich hergeschleift. Die andere Mamba mußte die Schleifspur aufgenommen haben. Mehr nicht. Ende eines Scherzes.

Michael stand also starr wie ein Baum. Nur keine hastigen Bewegungen, wußte er.

Schreien? Nein. Das Zelt war gut achtzig bis hundert Meter entfernt. Da müßte ich erst aus der Höhle raus. Herrgott, wie komme ich bloß aus der Höhle raus?

Die Schlange bewegte sich keinen Zentimeter vorwärts, aber kringelte nervös auf der Stelle und bebte unter Zischen am ganzen Leib. Dieses laute Zeichen hat ihr auch den deutschen Namen »Puffotter« gegeben (Bitis arietans).

Angst –? Ja, er hatte noch Angst, aber die Panik war verschwunden, er konnte wieder klar überlegen. Es war nur die natürliche Angst, die man vor allem Unbekannten hat. Keinesfalls Feigheit. Die Angst, die oft einen der Reize der Reise ausmachte.

Und dann ging alles blitzschnell. Er sprang hoch, stützte sich seitwärts an den rauhen Wänden ab und jumpte mit einem sagenhaften Pendel-Schwung über sie hinweg in den Holzhaufen hinein, rollte gleich weiter und lief laut schreiend weg. »Rüdiger, Rüdiger, eine Schlange!«

Aber ich war zu weit weg. Und da siegte auch wieder seine Nüchternheit. »Wenn ich da erst hinlaufe und ihm das erzähle und wir kommen her und das Vieh ist weg . . . der schlägt mich mit Hohn. Wie oft hat er uns eingetrichtert, nur keine Schlange entweichen zu lassen!«

Und als er sah, daß die Viper liegenblieb, war er völlig der alte. Er behielt sie aus 5 m Entfernung im Auge und gab Signalschüsse aus der Pistole ab.

Ein Stück des Zeltplatzes konnte er einsehen. Er sah, wie ich mich hinwarf, nach dem Gewehr griff, hinter einen Stein robbte. »Hinrich! Sichere du nach der anderen Seite!« schrie ich. Wo war das Signal hergekommen? Im Rauschen des Flusses ließ sich die Richtung nicht sicher feststellen.

Da, wieder drei Schüsse. Jetzt wußte ich die Richtung. Da hinten, die schmale Höhle. Und davor, wild mit den Armen fuchtelnd, Michael.

Michael! Was ist los? In Zick-Zack-Sätzen jagten wir zur Höhle.

»Was ist los, Michael?«

»Eine Schlange«, flüster er zurück. »Eine Puffotter.«

»Wo?«

»Hier, gleich neben dem Eingang.«

Ich legte das Gewehr weg. Puffotter!! Mit dem Python hatte es nicht geklappt. Vielleicht konnte ich eine Puffotter mit nach Hause bringen. »Michael, du Schatz! Dafür kriegst du heute meinen Löffel Kakao mit Zucker!« Ich war glücklich! Ein herrliches Exemplar. Als ich mich behutsam dem Spalt näherte, wollte sie sich gerade unter die Steine zurückziehen. Einen Stock aus dem Holzstoß ergreifen, sie sanft, aber hart genug, um sie am Kriechen zu hindern, zur Erde zu drücken, hinterm Kopf ergreifen und in meinen Strumpf zu tun, war Sache eines Augenblicks. Ich hatte eine Puffotter!

Und im Überschwang hatte ich Michael meinen Kakao geschenkt. Dabei hatte er doch nur seine Pflicht getan. Aber ich hatte es versprochen und er war so abgebrüht, sofort anzunehmen.

Aber auch dieses Reptil sollte ich nicht lange behalten. Ich war gerade eine Woche in Hamburg. Da besuchte mich mein Freund Franz

Gerber. Franz ist Münchner. Und Fußballstar des FC St. Pauli 1973/74 norddeutscher Torschützenkönig. Eine Seele von Mensch und Schlangenfan. Es ist nicht übertrieben, wenn man sagt, er sei selbst eine halbe Schlange.

Er sah den Traum von Tier, lud mich hinterlistig zu einem Steak ein und bearbeitete mich währenddessen so unermüdlich, daß ich mich irgendwann verschluckte. Den Husten deutete er als Zustimmung und los war ich sie.

Ich kam mir fast vor wie Hans im Glück, dem zuletzt auch nur noch die Erinnerung blieb.

Inzwischen ist er durch sie sogar 19facher Vater geworden.

Wildhunde

Gleich mußte von links der Uolaka in den Abbai münden. Wir hatten Hunger, richtigen nagenden Hunger. Ein saftiges Stück Fleisch stellten wir uns vor, wie es am Feuer brutzeln würde, wie das Fett in die Flammen tropfte und sie kurz aufzischen ließ.

Menschen haben eine Neigung dazu, sich zu quälen.

Wir durften nämlich nicht schießen, auch kein Feuer anmachen. Drei Tage vorher hatten uns Eingeborene zum ersten Mal überfallen, gestern peitschten wieder Schüsse um unser Boot. Gefahr. Angst – ein neuer, unsichtbarer Fahrgast. Wir hielten uns so unauffällig wie es eben ging. Möglichst dicht am Ufer paddeln, keine Laute, kein Feuer.

Nicht schießen, nicht auf uns aufmerksam machen.

Unsere Nerven waren gespannt. Die Haferflocken, die wir uns aus Deutschland mitgebracht hatten, kauten wir trocken. Sie wurden im Mund pappig. Sie waren kaum zu schlucken.

Ein Stückchen Fleisch nur. Oder einen Wels, einen dieser fetten, großen Welse. Waren wir noch in dem Gebiet der feindseligen Eingeborenen? Wir wußten es nicht. Aber Vorsicht heißt die Mutter des Überlebens. Noch nicht schießen. Ein Feuer? Ja, ein ganz winziges Feuerchen würden wir schon wagen. Aber zum Teufel, jetzt ließ sich kein Wels mehr sehen, den wir angeln konnten.

Vor dem Ufer lag ein dichter, breiter Schilfgürtel. Bellte da nicht etwas? Wir steuerten unser Boot tief in die grüne Deckung. Wirklich, da bellten Hunde, sie machten einen höllischen Lärm. Es hörte sich an, als ob sie ein Wild gestellt hätten.

»Du, Hinrich, guck doch mal nach. Vielleicht sind das Wildhunde, die eine Gazelle erbeutet haben. Mann, die könnten wir ihnen doch abnehmen, dann hätten wir Fleisch!«

Hinrich sprang ins flache Wasser. Das Schilf schlug über ihm zusammen. Keine drei Schritte war er weg und schon nicht mehr zu sehen. Plötzlich hörte ich ihn rufen: »Komm her, Rüdiger! Das sind zwei, die haben ein Wildschwein gestellt. Ich kann nicht ran.«

Ich tastete mich durch das Schilf. Ein irrsinniges Bild bot sich mir: mit dem After zum Wasser ein mächtiger Keiler. Offensichtlich waren ihm die Hinterläufe durchgebissen worden, er konnte nicht mehr fliehen. Jetzt saß er auf der Hinterhand und wehrte sich verzweifelt gegen zwei magere, zerzauste Wildhunde, die wie die Derwische herumtobten, mal die Flanke rissen, mal an den Hals fuhren, schnell wie Blitze – Angriff, Biß und schon wieder weg.

Zwischen den Keiler und die Hunde hatte sich Hinrich geschoben. Und es schien, als wüßten diese mageren Teufel, daß dieser Mensch ihnen die sichere Beute abjagen wollte. Sie fegten um ihn herum, so rasend, daß man kaum mit den Augen folgen konnte. Hinrich schlug wie ein Besessener mit dem Dolch nach den Angreifern, aber das sah aus wie der Versuch einer Schildkröte, schneller als eine Gazelle zu sein. Schon rann ihm Blut aus einigen Bißwunden an den Beinen.

Wenn uns hier einer hört! Noch wissen wir nicht, ob wir allein sind. »Nicht schießen!« rief ich, als ich sah, wie er an der Pistolentasche nestelte. »Warte, ich helfe dir! Sicher sind es Jagdhunde, und das Schwein gehört jemandem. Laß uns schnell machen und dann ab durch die Mitte. Aber leise!«

Ich hatte schon meinen Dolch in der Hand. »Los, du den einen, ich den andern!«

Wie wir uns das so dachten! Unsere Gegner waren echte Kämpfer, ein tolles Team. Sie waren viel zu schnell. Wir schlugen mit unseren Dolchen Löcher in die Luft, um uns herum aber tobte der blanke Haß. Bleckende Zähne über hochgekrempelten Lefzen, der Geifer tropfte, heiseres Knurren, Hecheln, Zuschnappen. Ein Fight wie in Urzeiten: Mensch gegen Tier, Messer gegen Reißzähne.

So geht das nicht, dachte ich. So kommen wir mit den Biestern nie klar. Dahinten liegen ein paar große Äste – ich muß unbedingt an die Äste kommen.

Endlich. »Fang auf, Hinrich!« Ja, jetzt konnten wir uns besser wehren. Dagegen kamen sie nicht mehr an, auch wenn sie noch so wild herumfuhren. Sie jaulten, kniffen den Schwanz ein und zogen sich 5 m auf eine Kiesanhöhe zurück. Oben verharrten sie, unerreichbar für uns.

Aber wir waren sie los. Das Wildschwein gehörte uns. Armes, wehrloses Vieh, die Hinterläufe kaputt. Es biß verzweifelt nach uns. Manchmal kann ein schneller Schnitt durch die Halsschlagader gnädig sein.

Die Wildhunde standen immer noch auf der Kiesanhöhe. Klepprige, graue Enttäuschung. »Eigentlich sind wir ja Diebe«, sagte Hinrich. »Das war doch ihre Beute. Wer weiß, wie lange sie schon gehetzt und gejagt haben.«

Wir trennten den Kopf des Wildschweins ab und ließen ihn am Ufer liegen. Den Rest verluden wir. Heute abend würden wir eine Orgie feiern. Wildschweinbraten! Das Blut des Tieres mischte sich mit dem Wasser im Boot. Dazu der Geruch. Aber wir hatten Fleisch für 1 Woche! Da war unwichtig, ob die Hosen bis zum Knie blutig wurden.

Als unser Boot wieder auf dem Fluß trieb, sahen wir, daß die Wildhunde zurückgekehrt waren.

Der Kopf, nur der Kopf war ihnen geblieben.

Impressionen
zwischen Camp 20 und 21

»Bald kommen wir nach Hause und haben nicht einmal einen Löwen gesehen. Afrika und keinen Löwen! Wo doch alle Welt glaubt, die gäbe es hier hinter jedem Busch.«

Michael. Lamento eines Kameramannes. Filmst du in Persien, und du hast den Schah nicht im Bild, ist das eben nur ein halber Film.

Und dann sahen wir doch noch einen Löwen. Eine große Akazie stand unweit vom Ufer, weites Geäst reichte bis tief auf den Boden.

Unten, beschattet von einer breiten Gabel, lag er. Schmutziges Gelb, unansehnliche Mähne, alle viere weit von sich gestreckt. Er hob nicht einmal den Kopf, als wir langsam vorbeiglitten, er rührte sich nicht, als Michael die Kamera surren ließ. Hätte er nicht wenigstens einmal blinzeln können? Oder gähnen? Daß es so aussah, als würde er uns anfauchen?

Nichts. Wir waren Luft für ihn. Weniger noch als Luft.

Immerhin: Michael hatte seinen Löwen.

Oder die Nilpferde. Wie waren wir überrascht, die ersten bereits hinterm Uolaka zu treffen. So hoch oben. Manchmal lag so ein riesiger, grauer Felsbuckel im Fahrwasser. Man versuchte, vorbeizusteuern. Doch dann tauchte der Felsbuckel plötzlich auf, prustete empört, wedelte blitzschnell mit den kleinen Ohren und tauchte unter. Das Wasser zog weite Kreise. Irgendwo weit hinten hob sich ein neuer Felsbuckel aus dem Fluß.

Angenehme Störungen.

Die Welse waren viel weniger schüchtern. Fettes, weißes, wohlschmeckendes Fleisch. Man brauchte nur einen Köder ins Wasser zu halten, schon biß einer an. Wählerisch waren die nicht, sie nahmen alles. Das konnte ein Stück Affenfleisch sein, ein Brocken eines gerade gefangenen Artgenossen oder auch nur ein fettiger Lappen. Als wir einmal keinen Köder hatten, nahmen wir ein eitriges Hansaplast. Es dauerte 3 Minuten – und mein Furunkel hatte uns einen Wels beschert. Und hatte man erst einen, brauchte man nur etwas von seinem Gedärm in der Hosentasche mit sich zu schleppen und hatte jederzeit den richtigen Köder.

Und eines Tages hatte ich die glänzende Idee, mein schmutziges Hemd am Boot anzubinden, um es während der Fahrt waschen zu lassen. Waschmaschine Made in Ethiopia. Hätte ich sie doch nie erfunden. Abends war mein Hemd nur noch ein Fetzen. Welse haben zwar keine Zähne, aber ihre Kiefer sind rauh wie Sandpapier. Das Hemd war zerrieben. Haben Sie schon einmal ein Hemd mit Sandpapier gescheuert?

Zweimal kamen Skorpione an unser Feuer. »Schnell ein Filmdöschen her!« Und schwupp waren sie drin. Luftloch. Täglich ein Insekt als Futter. Sie leben heute noch und fressen aus der Hand.

Camp 38

Dann war da diese große Wasserschildkröte. 60 cm lang, ergab die Messung, 35 cm breit, ganz flacher, weicher Panzer. Ein tapferer Kerl. Er schnappte noch nach uns, als wir ihn schon an Land gezogen und auf den Rücken gelegt hatten, er wollte einfach nicht aufgeben. Wir filmten ihn von allen Seiten. »Nun kannst du sie wieder schwimmen lassen!« Es war der Michael, der diesen Blödsinn von sich gab.

Hatte der eine Ahnung. In mir war – mal wieder – der Entdecker, der Forscher wach geworden.

»Bist du eigentlich wahnsinnig, du Filmfritze? Noch nie in meinem Leben habe ich von Riesenschildkröten am Nil gehört. Womöglich ist das eine Neuentdeckung! Erst vor drei Jahren haben sie in Tansania oder einem Ort weiter eine neue Schlange entdeckt, am Kilimandscharo hatte man den berühmten Blauen Tansaniten entdeckt. Das war doch auch erst ein paar Monate her. Und 1902 das Okapi im heutigen Zaire oder 1928 die Syrischen Goldhamster. Damals dachten die Menschen auch schon, es gäbe nichts mehr zu entdecken.

Und was damals die Hamster, das ist heute vielleicht die Schildkröte«, entschied ich undemokratisch und ganz gegen Vertrag und Gewohnheit. »Deshalb nehmen wir sie mit und lassen sie untersuchen.«

»Ich weiß auch genau, wie das Vieh eines Tages heißen wird! Millionen von Schulkindern werden sie büffeln müssen, sie, die Schildkröte Nehbergii, entdeckt 1974, in der Nähe des Allalla, einem Nebenfluß des Blauen Nil in Äthiopien. Entdeckt, als man schon auf dem Mond landete und die Bestandteile des Mars niemandem mehr ein Geheimnis waren! Jawoll!«

Und da kam dieser Filmtyp und sagte einfach: »Paßt nicht in unseren Topf. Lassen wir schwimmen. Außerdem ist mir Schildkrötensuppe am Nil zu pervers.«

Die Schildkröte Nehbergii kam also in eine der immer wasserhaltigen Boxen unter Deck.

Als wir sie später auf die Esel verladen wollten, war sie uns im Wege, denn sie verlangte ja auch ihre Portion Wasser, um ihren Schild feucht und elastisch zu halten. Also entschlossen wir uns, sie noch einmal von allen Seiten zu fotografieren und dann freizulassen.

Ich sah mich schon im Geiste noch einmal zum Nil fahren, nur um sie wieder einzufangen, weil die Welt nach einem dieser neuen Exemplare verlangte.

»Du wirst es noch bereuen«, dachte ich und ahnte nicht, daß die Zoologen, denen ich meinen Fund gleich nach meiner Rückkehr in Hamburg präsentierte, mich auslachen würden. »Das da? Ich bitte Sie, Herr Nehberg! Backen Sie man lieber wieder Kuchen. Das ist so, als würden sie uns einen Hering aus der Nordsee bringen in der Hoffnung, da etwas Neues aufgetrieben zu haben. Das ist eine ganz ordinäre (das hat *er* gesagt, nicht ich) Weichschildkröte der Gattung Trionyx.«

So war das.

Was wollten wir also noch mit ihr? »Laß sie sein«, sagte Michael zu mir. »Komm, wir setzen sie wieder ins Wasser.«

Sie machte ein paar elegante Schläge mit den Flossen und tauchte unter.

Begegnungen mit Tieren. Da waren einige, die wir nie vergessen werden, da waren andere, vor denen wir Angst hatten, und dann gab es die, die wir gar nicht mehr wahrnahmen. Stoisch auf den Bäumen hockende Geier, ewig kreischende Affen oder die Fliegen, Afrikas schwarze Plage. Sie hocken in den Augen, sie hocken überall. Schlugst du eine tot, waren hundert neue heran.

Am besten, man fand sich damit ab. Widerstand kann sinnlos sein.

Siebtes Kapitel

Begegnungen mit Menschen

Ein Tag wie jeder andere
zum Beispiel Camps 11–17

Meerkatzen jagen neben uns her.

Paviane ziehen sich vom Wasser zurück. Langsam schreiten sie den Berg hinauf. Nur ein oder zwei kräftige Männchen sitzen noch Wache und bellen uns provozierend an. Erst heute mittag hatten wir uns noch mit ihnen angelegt, als wir unsere streng eingehaltenen 45 Minuten Pause verschlafen wollten. Ausgerechnet in ihrem Revier. Das hagelte nur so Proteste. Ein Warnschuß aus dem KK ließ sie sich einen Moment besinnen, auf Anraten ihres Führers hundert Meter höher laufen. Aber dann drohten alle Sippen, Männer, Weiber, Kinder.

Es half nichts. Wollten wir uns entspannen, mußten wir ein paar hundert Meter weitertreiben.

Wie herrlich war es im Schatten. Wie angenehm das vielstimmige Vogelkonzert. Welch eine Fundgrube für Ornithologen! Vom Reiher über den Buntstorch zum Kiwi! Perlhuhnvölker, deren Anblick an die Musik bruzzelnder Pfannen und dampfender Töpfe erinnerte. Zu selten erwischte man einen dieser nervösen und immer im Dauerlauf bewegten Hühnervögel ohne Gewehr.

Dort fand eine Versammlung von 11 Fischadlern statt. Was gäben Hamburgs Naturschutzparks darum, nur ein einziges frei lebendes Paar zu haben! Und hier saßen elf auf einem Geröllfeld und unterhielten sich offenbar über die Naturschutzgesetze.

Und nicht nur die großen, nicht nur die Wappenvögel, nein, auch die kleinen, die flinken, die man oft nur im Schatten sah, mit langen silbernen oder roten Schwänzen sind unvergeßlich. Farborgie und Melodien-Festival.

Als Rentner werde ich mir hier ein Blockhaus bauen. Hier am Succu mit der kolossalen Wildwestkulisse, den prustenden Flußpferden, den landscheuen Krokodilen und den dicken Welsen, die zwischen diesen Vierfüßlern die Oberfläche abschnüffeln.

Das Paradies vor dem Sündenfall.

Jede Pause endet. Das Wechselspiel von Standwassern und Katarakten beginnt von neuem. So wie jeden Tag. Von morgens bis abends.

Wochenlang. Eine Gazelle unterbricht das mechanische Paddeln. Wenn man Glück hat, sieht man vom Fluß aus einen der herrlichen Kadus mit einem Kitz. Wunderschöne Tiere! Ich verstehe die Jäger nicht, die wegen der herrlichen, geschwungenen Gehörne solche Pracht töten. Wir schießen nicht einmal auf Krokodile. Irgendwie mag ich sie. Oder die Hippos. Gutmütig wie Boxerhunde.

Nun ist es gleich 17 Uhr und wir müssen einen Rastplatz suchen. Der schönste Moment des Tages. Wie richtiger Feierabend. Man freut sich darauf wie auf Zuhause. Das Zelt unter dem Baum auf sandigem Untergrund, das beruhigende, verspielte Feuer mit dem dampfenden Topf, das Tagebuch, die Geräuschkulisse der Natur.

Und dann dies
Camp 4

Es knackt im Gebüsch. Ein vorsichtig äugelnder Mensch kommt und gibt zu verstehen, daß er gute Absichten hegt. Er legt den Handrücken gegen die Stirn und beugt sich fast bis auf den Boden. Warum sollen wir ihn nicht heranlassen?

Zunächst ist er bescheiden, aber geben wir ihm den kleinen Finger, will er gleich die ganze Hand. Wir wissen das aus Erfahrung. Also halten wir uns zurück. Einen Schluck Tee werden wir ihm nicht verwehren. Das würde man in seinem Dorf auch nicht tun. Wasser ist heilig, trinken heilige Handlung.

Aber bald sind es mehr. Drei, fünf, zehn Mann. Der Rekord waren einmal 150 Männer und Frauen und Kinder, die hinter den Bergen am Uanca wohnten und zu uns ins Tal gekommen waren.

Ein Drittel der Männer war mit alten Karabinern bewaffnet. Zum ersten Mal stellten wir fest, daß viele keine Patronen hatten. Aber ohne Gewehr ist ein Amhare kein Mann. So erklärten wir uns den Waffenfanatismus der Männer.

Und nun sitz da einmal 50 bewaffneten Leuten gegenüber, die Unbewaffneten nicht gerechnet. Und du kennst ihre Mentalität nicht. Erinnerst dich der netten Schnacks in den Survival-Büchern: Lächeln als Geste der guten Absicht (bei uns war es mehr ein verzerrtes Grinsen), ein Liedchen singen, weil ja Musik international ist, eine Verbeugung und Goodwill-Bekundung gegenüber den Ältesten, den

Frauen, den Kindern. Wer die Kinder gewinnt, hat das Dorf gewonnen. Alte Ranger-Weisheit.

Trotz aller Diplomatie bleibt es nicht aus, daß die Leute immer dichter ans Zelt rücken. Wie stolz ist man dann auf den Erfolg, daß man sie mit Hilfe des Alten, den wir immer Baba nannten (= Papa), dazu bekommen hatte, sich hinzusetzen. So hatte man sie besser im Blick. Weil sie ihre Waffen nicht ablegten, taten wir es auch nicht. Einerseits schreckten sie ab, das Zielfernrohr wirkte ungemein, und außerdem hatte man sie zur Hand.

War das erste Vertrauen hergestellt, versuchten wir es zu untermauern, indem wir einfach das Gewehr dem Alten in die Hände gaben. Patronen allerdings raus. Patronen nicht raus, das bedeutete schon eine ganze Stufe höher in der Vertrauensskala. Und er war glücklich. Dieses verflixte Zielfernrohr, das war ja der Höhepunkt. Das Nonplusultra.

Zu gern zeigten sie dann auf einen kleinen Vogel in der Ferne: »Da, den knallt mal ab, ihr weißen Helden!« schien ihre Geste zu bedeuten. Und alle saßen gespannt herum.

Da hatten wir keine Chance. Wir ließen unser Nichtkönnen unter diesen Prüfungsbedingungen nicht merken. Der Moment jedoch, ihnen zu imponieren, kam dann ein paar Minuten später. Wie unbeabsichtigt nahm ich mein Repetiergewehr wieder an mich.

Ohne daß sie es sehen konnten, machte ich die Waffe schußfertig. Und dann ging es blitzschnell. Das hatten wir trainiert.

Auf ein Zeichen hin rief Hinrich etwas und deutete auf den Fluß. Alle rissen die Köpfe herum und schauten gebannt in die gewiesene Richtung. In genau demselben Moment, noch hatten sie gar nicht ganz erfaßt, wohin er exakt deutete, da krachte mein Schuß.

Hochreißen, zielen und abdrücken waren eins. Karl May kannte das. Nur daß ich auf nichts Besonderes zielte. Ich schoß einfach in die Richtung.

Aber die Wirkung war jedesmal verblüffend. Die Leute fuhren zusammen, warfen sich manchmal hin, schrien und sahen die Wirkung des Dum-Dum-Geschosses auf der spitzwinklig angeschossenen Wasseroberfläche. Es gab einen unheimlichen, vor allem unerwarteten Knall, und dann sahen sie deutlich die Superfontäne.

Hinrich bekräftigte im Augenblick noch einmal »Anze, anze!« – »Krokodile, Krokodile!« Und keiner zweifelte, daß ich es getroffen hatte. Das hatte der Spritzer bewiesen.

Dann waren wir die kleinen Könige. Manchmal braucht man diese kleinen Tricks, um David und Goliath zu spielen.

Aber wie gesagt. Irgendwann rücken sie einem zu nahe auf den Pelz, und dann beginnt das Befummeln der Ausrüstung. Nachdem wir einmal einen Mann erwischten, der unseren Piz Buin-Sonnenbrandschutz an den Hals setzte, wurde es uns zu bunt. Ihm übrigens auch. Denn er kotzte augenblicklich wie ein Reiher.

Ich schalt ihn laut und deutlich einen Shiffta, einen Räuber, und forderte in deutscher Sprache den Opa eindringlich auf, für Disziplin zu sorgen. Man braucht dafür kein Amharisch. Im Zorn versteht man sich auch so. Man weiß ja, um was es geht, und daß man den anderen einen Lumpen, einen Schweinehund nennt, kann sich jeder in seiner Sprache denken.

Hier, mit dem Ausruf »Shiffta«, erweckte ich nur Heiterkeit.

Und so wandten wir unser letztes Mittel an, um unser Lebensgut zu sichern. Wir baten den Opa, vorm Zelt Platz zu nehmen. Das ehrte ihn. Wir ließen ihn auch hineinsehen. Und er erzählte den Umstehenden, was er verstand von dem, was er da sah. Mehr wollten sie im Moment gar nicht. Dann machten wir ihm klar, daß es uns in ihrer Mitte zu eng wurde. Wir nahmen unser orangefarbenes Ankerseil, schnitten ein Stück davon ab, banden es ihm wie eine Kette um den Hals und schenkten es ihm als Schmuck.

Für Farben, zumal solche leuchtenden, sind die Leute immer zu haben. Liebevoll und neugierig, da aus ihm unbekanntem Material gefertigt, ließ er es durch die Finger gleiten.

Uns ging es aber nicht um das Präsent, sondern darum, das Seil zum Zelt zu bekommen. Dann legten wir einen 10 m Kreis um unser Camp. Ganz einfach das Orangen-Seil auf den Kies, in den Sand, unter den Büschen hindurch. Höflich baten wir die im Wege Sitzenden, ein wenig zurückzurutschen – und im Handumdrehen hatten wir eine Bannzone abgesteckt. Unbewußt rührten wir an etwas Tiefes, an Priester – Zauberer – Könige – Tabus.

Und immer wurde das ohne Protest hingenommen.

Der gute Tip stammte übrigens von einem Entwicklungshelfer, den wir im Hotel International getroffen hatten.

Er war es auch, der uns riet, um Himmels willen nie einen Dosendeckel einfach wegzuwerfen. Alles muß man vertauschen, und wenn man einen Gegenwert erhält, den man hinterher wegschmeißt. Denn hier in der Wildnis wird alles zur Kostbarkeit. Ein Dosendeckel! Das ist ein Spiegel! Das ist eine Waffe, das ist Werkzeug. Das bedeutet ganz einfach, daß sein Besitzer soeben auf der Sozialleiter etwas höher geklettert ist.

Um die nun aus der Loge verdrängten Nachbarn nicht zu verstimmen, gaben wir ihnen Arbeit.

Was waren sie stolz, wenn wir sie morgens beim Abbruch des Camps baten, sich in Reih und Glied zu setzen, und wenn wir dann einen nach dem anderen aufforderten, ein Teil zum Boot zu tragen und sich dann am alten Platz wieder zu setzen! Da viel mehr Träger als Lasten vorhanden waren, ließen wir sie den ganzen Klimbim noch einmal zurück- und wieder hintragen.

Gerechtigkeit muß sein!

Ich glaube, den Spaß haben sie gar nicht bemerkt. Sie taten ihre Arbeit so gewissenhaft und hatten danach so viel zu beschnacken, daß ich annehme, sie unterhalten sich heute noch darüber.

Auf diese Weise konnte der eine von uns das Zelt im Auge behalten und der andere unsere Sachen am Boot. Der dritte überwachte den manchmal 50 m langen Weg.

Zu guter Letzt fiel uns der Abschied fast schwer. Man winkte, ließ einen von ihnen als Ehrengast und Höhepunkt der Show noch ein Stück mitfahren, und niemand ahnte, daß er uns gegen Beschuß von hinten sichern sollte.

Wir hatten zuviel schlechte Erfahrungen gemacht. Dennoch darf man die Faustregel gelten lassen:

Gefährlich sind Einzelgänger und kleine Männer-Gruppen. Geringer ist die Gefahr, wenn Kleinkinder dabei sind. Noch geringer ist sie, wenn Frauen dabei sind.

Bewährt ist ferner die Regel vom Vertrauen, das gut ist und dem Mißtrauen, das besser ist. Oder die Vorsicht, die nicht Feigheit ist. Endlich waren die Winkenden in der Ferne zu sehen. Die Ruhe war angenehm. Ein Tag war wieder gut überstanden. Wir führen unsere Messungen durch: Luft, Wasser. Wir schreiben das Tagebuch. »War heute irgendwas Besonderes los?«

»Nicht, daß ich's wüßte. Das Übliche. Ein Tag wie jeder andere: interessant, schön, gefährlich, lehrreich.«

El Hakim
Camp 3

Der Schrei kam von ganz oben. Er wehte dünn und verloren zu uns herab. Nichts Aggressives haftete ihm an, keine Drohung, keine Forderung – nein, so schrie nur ein Mensch in Not, der Hilfe suchte.

Behende wie eine Gemse stieg der Mann die schmalen Serpentinen herab. Halsbrecherisch und gefährlich sah das aus. Die nackten Füße schienen an den Felsen zu kleben. Zentimeter nur neben dem Mann klaffte der Abgrund, trotzdem gebrauchte der Mann seine Hände nicht. Er trug zwei Bündel; sorgfältig achtete er darauf, daß er mit ihnen nicht gegen den Stein stieß.

Wir hatten unser Lager unterhalb der zweiten Portugiesenbrücke am Fuße eines mächtigen Berges aufgeschlagen. Eigentlich war es gar kein richtiger Berg, mehr ein riesiger, zerklüfteter Fels, der neben dem Fluß wie eine steinerne Wand stand.

Hinrich hatte den Mann zuerst bemerkt und auf ihn aufmerksam gemacht. »Da, schaut mal. Ob der zu uns will?« – Neugierig beobachteten wir, wie er abstieg. Sicher, als würde er auf einer Treppe gehen. Was schrie er denn nur ständig?

Jetzt konnte man ihn deutlich hören:

»Hakima!« – »Hakima!« – Immer wieder: »Hakima!«

»Ach, du lieber Gott, der hält uns für Ärzte«, stöhnte Hinrich. »Der wird doch nicht wollen, daß wir mit ihm gehen, um einen Krankenbesuch zu machen?«

Weiße Männer, das hatte man uns in Addis Abeba schon gesagt, weiße Männer sind in den Augen der Äthiopier im Landesinneren meist auch Ärzte. Große, mächtige Zauberer, die die schlimmsten Krankheiten heilen können, die schmerzende Zähne herausholen, Knochen zusammenwachsen lassen können, Wunden zunähen, ja, manche flüsterten sogar, sie könnten Blinde wieder sehen lassen.

Die letzten paar Meter noch. Gewandt sprang der Mann herab, landete federnd und stürzte auf uns zu, einen Schwall unverständlicher Worte ausstoßend. Es war ein älterer Mann. Das schmale Gesicht wirkte krank und elend, die Augen lagen tief in den Höhlen, er trug ein zerfleddertes, ausgebleichtes Hemd und eine Hose, deren linkes Bein nur noch bis zum Knie reichte.

Als er herankam, erkannten wir erst, wie erschöpft er war. Seine Augenlider flatterten nervös, seine Knie zitterten, auf dem Hemd zeichneten sich große Schweißflecken ab. Vorsichtig stellte er die beiden Bündel neben sich ab. Dann fiel er plötzlich auf die Knie, rutschte heran und wollte uns die Füße küssen. Dabei immer wieder dieses unverständliche Kauderwelsch, aus dem wir ab und zu nur das Wort »Hakima« heraushörten. Michael faßte ihn sanft an und zog ihn an der Schulter hoch. Was wollte der Mann nur von uns? Wie sollten wir uns mit ihm verständigen? Ratlos sahen wir ihn an.

Da machte er ein paar Schritte zu seinem Gepäck, bückte sich und band das größere der beiden Bündel auf.

Wir fuhren entsetzt zurück. Ein Kind lag vor uns, ein Baby, vielleicht ein halbes Jahr alt. Große, dunkle Augen sahen uns an, aber diese Augen saßen in einem Körper, der nur noch ein blutender, schwärender Klumpen Fleisch war. Herr im Himmel, da wuchs Furunkel neben Furunkel, aus vielen floß dicker, mit Blut vermischter Eiter heraus. Und immer wieder fuhren die Hände des Kindes hoch und kratzten neue Wunden auf.

Der Mann hatte das zweite Bündel aufgemacht. Sechs Hühnereier lagen darin. Er zeigte auf die Eier und dann auf das Kind. Unaufhörlich sprach er dabei auf uns ein.

»Aha, jetzt verstehe ich«, meinte Hinrich. »Wir sollen ihm sein Kind wieder gesund machen, er will uns dafür die sechs Eier geben. Wahrscheinlich sind sie sein einziger Besitz.«

»Aber wir können ihm doch gar nicht helfen.« Michaels Stimme klang belegt. Er wagte kaum, das Kind anzugucken. »Da muß man ja kein Arzt sein, um zu sehen, daß hier nicht mehr zu helfen ist.«

»Wir können wenigstens so tun.« Hinrich hatte den Schock offensichtlich als erster überwunden. »Manchmal kann ein bißchen Hoffnung schon eine große Hilfe sein.«

Er überlegte eine Weile. »Antibiotica. Ich glaube, wir können nur Antibiotica geben.«

Aber wie? Eine Spritze? Nein, das wagten wir nicht. Ein Baby – wenn es sich herumwarf, die Spritze vielleicht abbrach. Nein.

Aber eine Tablette würde es auch nicht schlucken.

Hinrich – Hinrich der Praktiker. Schon kramte er seinen Becher heraus, goß einen Schluck Wasser rein und löste Antibiotika-Tabletten auf mit etwas Zucker. Dann tauchte er ein sauberes Läppchen in den Saft und steckte es dem Baby wie einen Schnuller in den Mund.

Wahrhaftig, es lutschte daran.

Wieder den Lappen eingetaucht, in den Mund gesteckt. Hinrich als

Babysitter. Beinahe konnte man vergessen, daß es sich hier um ein todgeweihtes Kind handelte. Höchstens etwas Linderung konnten wir geben, mehr nicht.

Der Mann schaute ängstlich – gespannt. Hinrich nahm eine große Packung mit Tabletten, zeigte auf die Sonne, zeigte auf eine Tablette und hob unterstreichend noch einen Finger hoch. Dann wieder der Hinweis auf die Sonne, auf die nächste Tablette. Schließlich drückte er ihm die Schachtel in die Hand.

»Hoffentlich hat er wenigstens verstanden, daß er jeden Tag nur eine Tablette geben soll«, meinte er skeptisch.

Erneut macht der Mann Anstalten, auf die Knie zu fallen. Ich hielt ihn zurück. »Bahardar«, sagte ich betont deutlich zum ihm. »Bahardar.« »Hospital.«

Und deutete auf das Baby.

Er nickte eifrig. Bahardar war der nächste größere Ort. Dort gab es ein Krankenhaus, das unter deutscher Leitung stand. Hingehen würde der Mann nie. Es wäre wohl auch viel zu spät gewesen.

Der Mann schnürte sein Bündel wieder zusammen. Ich hörte, wie Michael tief aufatmete. Wir gaben ihm auch die sechs Eier zurück. Er nahm sie erst nach langem Widerstand. Ein paar Minuten später sahen wir ihn hoch oben am Felsen herumturnen.

Hinrich sagte: »Von mir aus braucht ihr heute kein Abendbrot zu machen. Ich esse keinen Happen mehr.«

Wir aßen an diesem Abend alle nichts.

Nachts im Zelt fragte Hinrich plötzlich: »Woher mag der wohl nur von uns gewußt haben? Hier gibt es doch kein Dorf in der Nähe, nichts. Der ist doch sicherlich von weither gekommen.«

Michael warf sich in seinem Schlafsack herum. »Wahrscheinlich denken wir oft, daß wir hier allein sind«, antwortete er. »Nur Wasser um uns, Felsen, Wald oder Feld. Und dabei werden wir vielleicht oft gerade dann von zehn oder zwanzig Augen beobachtet, wenn wir uns ganz einsam fühlen.«

Camp 28

Jedenfalls mußten wir uns daran gewöhnen, daß die Nachricht von den weißen Hakims uns auf dem Fluß vorauseilte. Und auch an die Kinder mit den schwärenden Wunden gewöhnten wir uns. Da war diese Frau zum Beispiel, deren Säugling so gräßlich zugerichtet war. Michael gab ihr eine Packung Polyvitamintabletten. Das Hindeuten auf die Sonne und auf eine Tablette war uns nun schon zur vertrauten Geste geworden.

In diesem Augenblick trat aus dem Kreis der Umherstehenden ein finster blickender Mann, Ketten aus unzähligen Zähnen hingen um seinen Hals. Der Zauberer, der Medizinmann des Dorfes.

Wütend riß er der verängstigten Frau das Päckchen mit den Tabletten aus der Hand und fuchtelte aufgeregt damit in der Luft herum. Ein Schwall zorniger Worte prasselte auf uns nieder.

Was wollte er denn? Hatten wir ein Tabu verletzt?

Endlich ging uns ein Licht auf: Wir hätten natürlich ihm die Tabletten in Verwahrung geben müssen. Er wollte der Frau jeden Tag eine für den Säugling überreichen. Wahrscheinlich begleitet von geheimnisvollen Beschwörungsformeln. Schließlich war er der Zauberer im Dorf, er hatte zu kurieren und Wunder zu vollbringen und kein anderer. Wenn sich da nun jeder selbst gesund machen wollte! Wo bliebe denn sein Ruf?«

Wie schnell und wie oft übertreten wir im Eifer des Geschehens und aus Unwissenheit ein Tabu. Wie schnell kann solch ein Fehler böse Folgen haben.

Abends, als wir am Feuer saßen, sinnierte Hinrich: »Diesen Gegensatz, den bringe ich niemals zusammen. Erinnert ihr euch noch an Addis Abeba? Da haben sie eine prachtvolle Bank gebaut, eine Kulturhalle, einen richtigen europäischen Boulevard, ein Postamt, das auch in westlichen Hauptstädten stehen könnte. Und kaum kommst du raus aus der Stadt, dann bist du ein paar Jahrhunderte zurückversetzt. Da haben die Menschen nicht lesen und schreiben gelernt, sie werden oft nicht einmal satt, und wenn sie satt werden, dann von Getreide, Hirse oder Mais oder Tef. Fleisch, Obst und Gemüse gehören zu den Raritäten. Und das in einem Gebiet, das so fruchtbar ist. Ist doch kein Wunder, daß sie bei solch einseitiger Ernährung krank werden. Doch wenn sie krank sind, dann gibt es keine Ärzte, dann ist das nächste Krankenhaus viele Tagmärsche entfernt, und das Heilen wird dem Zauberer überlassen. Aber in der Hauptstadt haben sie eine Kulturhalle!«

Hinrich machte eine wegwerfende Handbewegung und kroch in das Zelt. Wir antworteten nicht.

Was sollte man darauf auch schon antworten?

Eines Tages aber beschlossen wir, die magischen Kräfte des Zauberers und Hakims auch für uns zu nutzen. Einfach aus Selbsterhaltungstrieb. Michael hatte einen jungen Mann behandelt, der offensichtlich unter starken Zahnschmerzen litt. Er gab ihm zwei Schmerztabletten, eine halbe Stunde später kam der Patient freudestrahlend wieder, deutete auf seinen Mund und warf jubelnd die Arme in die Luft.

»Na, siehst du«, knurrte Michael. Und dann leise: »Hoffentlich hält die Wirkung so lange an, bis wir wieder weg sind. Sonst kann es böse werden.«

Doch schien sich da auch etwas zu tun. Michael beobachtete, wie der junge Mann mit den Zahnschmerzen und ein Rudel seiner Altersgenossen in einiger Entfernung tuschelnd zusammenstanden. Dabei blickten sie immer wieder begehrlich auf die Tasche, in der Michael die Medikamente aufbewahrte. Aha! Die Geheimnistuerei war ziemlich leicht zu durchschauen. Wollten sie die Medikamente stehlen? Wenn das so einfach war, Schmerzen wegzuzaubern, nur einen kleinen Caramella [1] lutschen – das würden sie schließlich auch können. Hätten sie nur diese geheimnisvollen Caramellas.

Wir beobachteten die Burschen unauffällig. Tatsächlich. Immer wieder werfen sie heimliche Blicke auf die Medikamententasche. Michael nahm sie demonstrativ mit in das Zelt. Enttäuschung malte sich in den Gesichtern. Dann erneut großes Palaver. Schließlich verschwanden sie im Gebüsch. Ohne den sonst üblichen Gruß, ohne ein »Igse Rßtilinj« [2], ohne ein freundliches Winken.

»Die kommen heute nacht bestimmt wieder«, stellte Michael trocken fest. »Sie werden versuchen, die Tasche zu stehlen, und wenn ihnen das nicht gelingt, dann bringen sie uns um.«

Michael hatte nur allzu recht. In Afrika werden Menschen wegen viel wertloserer Dinge umgebracht.

Wir bauten unser Lager wieder ab. Ein Glück, daß der Fluß uns hier nicht mit Katarakten und Stromschnellen den Weg verlegte. Die halbe Nacht fuhren wir weiter, bis wir an einer großen flachen Sandbank anlegten.

»Hier werden sie uns bestimmt nicht mehr suchen«, meinte Hinrich. »Wir sind auch schon viel zu weit weg.«

1 Caramella = Bonbon. Gebräuchliches Wort, stammt aus der Zeit der Besetzung Äthiopiens durch die Italiener.
2 Ingse Rßtilinj = danke; Gott möge es lohnen (amharisch).

Trotzdem stellten wir eine Wache auf.

Als wir am nächsten Tag wieder auf dem Fluß waren, schlug ich vor: »Ich glaube, wir sollten in Zukunft anders verfahren. Wenn wir jetzt mal wieder den Hakima spielen müssen, dann sollten wir nicht einfach die Tabletten verteilen oder eine Spritze geben. Das merken die natürlich bald, daß sie das auch könnten. Wir müßten vielmehr Hokuspokus machen. Die Leute müssen den Eindruck bekommen, daß nicht das Medikament die Hauptsache ist, sondern irgendwelche geheimnisvollen Beschwörungsformeln. Und die kennen nur wir.«

Von Stunde an waren wir nicht mehr gewöhnliche weiße Hakims, sondern große Zauberer. Wenn Michael eine Tablette verabreichte, dann verneigte er sich vorher mehrmals zur Sonne hin, murmelte mit geschlossenen Augen etwas vor sich hin, und bei ganz schwierigen Fällen zog er sogar seinen Belichtungsmesser zur Hilfe heran. Ehrfürchtiges Staunen der Zuschauer, wenn er mit dem Apparat auf den Körper des Patienten zeigte, so als wolle er die Krankheit suchen, und der Zeiger unterschiedlich ausschlug.

Hinrich aber hatte seine größten medizinischen Erfolge mit einem winzigen Langenscheidt-Wörterbuch, aus dem er geheimnisvolle Formeln zitierte.

Und wir lernten noch mehr. Daß nämlich Hilfe nicht umsonst gegeben werden durfte. Ganz einfache äthiopische Logik: Preis und Heilwirkung stehen in direkter Wechselbeziehung.

Alles, was man ohne Gegengabe bekam, konnte in den Augen der Landeskinder nichts taugen. Sie waren es seit Generationen gewohnt, nichts geschenkt zu bekommen. Keinem Zauberer würde es einfallen, ohne Bezahlung in Aktion zu treten. Und da kamen so merkwürdige Fremde den Fluß herunter und wollten einem etwas schenken?

Nein, das mußte Betrug sein. Oder es taugte nicht mehr als eine Handvoll Flußsand.

Michael zum Beispiel konnte prächtig massieren. Doch so richtige Anerkennung fand seine Behandlung erst, als er nicht mehr als »Billiger Jakob« auftrat. Eine Kopfmassage kostete jetzt einen Messingreifen. Manchmal standen die Äthiopier Schlange, um ihre Schädel von ihm bearbeiten zu lassen.

Denn das ist das Merkwürdige: Während bei uns in Deutschland kaum einer gern zum Arzt geht und auch niemand gern Medikamente einnimmt, war es für die Äthiopier beinahe ein Festtag, wenn sie sich medizinisch behandeln lassen konnten. Tabletten und andere Medikamente – sie schluckten alles, verdrehten entzückt die Augen, und man mußte schon höllisch aufpassen, daß sie nicht zuviel des Guten taten.

Gipfelpunkt der Therapie aber war eine Spritze. Tabletten – schön; irgendwelche Säfte – prima; Spritze – nein, nichts ging über eine Spritze.

Am Uanca war es, einem kleinen Nebenfluß, der von Westen in den Blauen Nil mündet. Zu dieser Jahreszeit verstellte er sich als müde dahinplätscherndes Flüßchen, ein paar Wochen später, in der Regenzeit, ist er wieder ein reißender Strom.

Wir hatten eine Reihe von Überfällen hinter uns, Schießereien, Steinbombardements, Verfolgungen. Schon als unsere Expedition erst wenige Tage unterwegs war, begannen unsere Nerven verrückt zu spielen. Gereizte Stimmung herrschte, keiner sagte ein Wort zuviel, Augen und Ohren konzentrierten sich mißtrauisch auf die Umgebung.

Knackte es da eben nicht verdächtig im Gebüsch?

Schon hatten wir die Paddel weggeschmissen und die Gewehre im Anschlag.

Schlichen da nicht leise Füße um unser Lager? Was war das denn eben? Dieser merkwürdige Schrei – habt ihr ihn nicht gehört?

Wir waren Gehetzte, fühlten uns von tausend Augen beobachtet, warteten jede Sekunde auf einen neuen Angriff.

Und das ging nun schon Tage so. Sollte es immer so weitergehen?

Gerade waren wir dabei, unser Zelt aufzubauen, als plötzlich zwei Männer hinter uns standen. Nichts hatten wir gehört, keinen Ast knacken, keinen Zweig, der zurückgebogen wurde, keinen schleichenden Schritt.

Michael tastete nach der Pistole. Aber offensichtlich waren die beiden nicht in böser Absicht gekommen. Sie lächelten, zeigten ihre nach vorn gedrehten Handflächen und entboten uns das traditionelle »Teñaßtilinj« [1].

»Teñaßtilinj«, antworteten wir, und ich hörte, wie Hinrich tief ausatmete.

Viel mehr Worte wechselten wir nicht. Die beiden Äthiopier hockten eine Weile bei uns am Feuer, sie betasteten, bestaunten alles, wir beobachteten sie verstohlen.

---

[1] Teñaßtilinj = amhar. Gruß: »Möge er Gesundheit geben.«

Was wollten sie wirklich? Der eine hustete hin und wieder leicht.

Hinrich kramte im Zelt herum und kam mit einer Flasche wieder. Hustensaft. Dicker, brauner Hustensaft.

Er füllt einen Löffel und reichte ihn dem Äthiopier. Der zögerte erst, dann schluckte er den Saft. Einen Moment schmeckte er nach, dann verzog sich sein Gesicht zu einem breiten Lachen.

»Gosch. Gosch [1].« – Er schlug sich mit der flachen Hand klatschend auf den Bauch.

Ein paar Minuten später verschwanden die beiden.

»Die waren mir trotzdem nicht ganz geheuer«, sagte ich. »Am besten ist es, wenn wir morgen schon um sechs Uhr weiterfahren.«

Hinrich holte mich aus tiefem Schlaf. »Du, da kommen welche«, flüsterte er.

Ein Blick auf die Armbanduhr. Fünf. Mensch, wären wir doch bloß gestern gleich abgehauen.

Michael hockte vor dem Sehschlitz. »Eine ganze Meute«, meldete er. »Die kann man gar nicht alle zählen.«

Ich rutschte nach vorn. Tatsächlich. In der Sternenhelle sah man ihre Shammas ganz deutlich. Geschlossen wie eine weiße Mauer rückten sie vorsichtig näher.

Überfall? – Gegen diese Menge wäre jeder Widerstand sinnlos gewesen.

Aber merkwürdig. Das sah so gar nicht nach einem Überfall aus. Sie hatten jetzt einen dichten Kreis um unser Zelt geschlossen, hockten sich nieder und flüsterten miteinander.

Was sollten wir tun? Drinbleiben? Hatte wohl keinen Sinn. Also raus. Keine Gewehre, ganz friedfertig, freundliches »Teñaßtilinj«.

»Teñaßtilinj« ertönte es uns im Chor entgegen. Ein paar klatschten sogar in die Hände. Na also.

Doch plötzlich erhob sich um uns ein mächtiges krächzendes Gehuste. Es hörte überhaupt nicht mehr auf. Die Männer bogen ihre Köpfe nach hinten, husteten, was das Zeug hielt, einige beugten sich nach vorn, schlugen sich beim Husten mit schmerzverzerrtem Gesicht die flache Hand gegen die Brust, andere husteten, daß ihnen die Tränen in die Augen traten.

Husten! Ein gewaltiger, hundertstimmiger Hustenchor.

1 Gosch = amharisch: Danke, bravo.

Und viele erwartungsvolle Augen starrten uns an.

»Ach, du Schiete«, stöhnte ich verzweifelt, »wißt ihr, was die wollen? Die wollen Hustensaft. Dem hat gestern abend die Medizin so gut geschmeckt, daß über Nacht das ganze Dorf Husten bekam.«

Ich kann es nicht erklären, warum wir in Hamburg zehn große Flaschen Hustensaft eingepackt hatten. Vielleicht gibt es doch so etwas wie Vorahnungen. Jedenfalls wurden hier sieben Flaschen mit einem Schlag geleert, die achte angebrochen.

Gut zweieinhalb Flaschen verblieben uns noch. Wir hüteten uns, sie noch einmal anzurühren.

Aber auch ohne Hustensaft waren wir ganz erfolgreiche Hakimas.

Die Jäger
Zwischen Camp 23 und 24

»Da schwimmt eine Antilope«, sagte Hinrich und deutete mit dem Paddel voraus. Er sagte es ganz ruhig, so, als sei Antilope nicht gleichzusetzen mit herrlichem Braten.

Aufgeregt starrten wir nach vorn. Das Wasser war kabbelig, die Strömung ziemlich scharf. Auf den Kämmen der kurzen Wellen zeigten sich Schaumkronen. Der Fluß war an dieser Stelle recht breit.

Da, da vorn! Deutlich sahen wir jetzt den kurzen, etwas gedrungenen Kopf, die großen, hochstehenden Ohren, davor das kurze Gehörn.

Ein Klippspringer.

Wir paddelten, als ginge es um unser Leben. Schießen? Nein, schießen hatte wenig Sinn. Bei dem unruhigen Wasser war ein gezielter Schuß kaum möglich.

Wir kamen näher und näher. Die Antilope mußte wohl spüren, daß sie gejagt wurde. Mit verzweifelten Schwimmbewegungen strebte sie, vor uns das Ufer zu erreichen.

Wir waren schneller. Drei hungrige Männer, jeder mit einem breiten Paddel ausgerüstet – der Klippspringer hatte keine Chance. Hinrich beugte sich schon weit aus dem Boot heraus, packte die kräftigen Hinterbeine, zog aus Leibeskräften.

Michael stand mit dem Messer bereit. Ein kurzer Stoß in die Halsschlagader, das Blut schoß heraus. Der Widerstand des Tieres erlahmte schnell.

Wir zogen es an Bord.

Hinrich sah es als erster. Der rechte Hinterlauf des Tieres war zerfetzt. Blut, die Sehnen hingen heraus, der Knochen war völlig zerschmettert.

Eine Schußwunde.

Wir wußten, was das bedeutete. Der Klippspringer mußte von Jägern angeschossen worden sein. Er hatte sich mit letzter Kraft in den Fluß flüchten können. Jetzt lag er bei uns im Boot. In der Wildnis gibt es kaum etwas Schlimmeres, als einem Mann die Jagdbeute wegzunehmen.

Vorsichtig sahen wir uns um. Hatte man uns beobachtet?

Bloß nicht wieder Feinde machen!

Sie standen am anderen Ufer, vielleicht einhundertfünfzig Meter entfernt. Zwei hochgewachsene, sehnige Amharen. Milchkaffeebraune Haut, feine Gesichtszüge, scharfe Nasen. Unbewegt starrten sie zu uns herüber; die Gewehre auf der Schulter verschränkt, die Hemden über den Hosen flatterten leicht im Winde.

»Wenn wir jetzt verschwinden, haben wir sie auf dem Hals«. Michaels Befürchtung war berechtigt. Schon wieder eine Verfolgung? Nur das nicht.

»Kommt, wir paddeln rüber und geben ihnen das Tier zurück«, schlug Michael vor. »Amharen sind sehr gastfreundliche Leute, vielleicht geben sie uns sogar einen Schenkel ab.«

Wir paddelten zum andern Ufer. Gegen den Strom war das eine verteufelte harte Arbeit. Die Amharen beobachteten uns, ohne daß sich in ihren bronzenen Gesichtern eine Miene verzog. Sie sprachen kein Wort miteinander.

Hinrich sprang als erster aus dem Boot. Zusammen mit Michael packte er die Antilope, sie schleppten sie ein paar Meter an Land und legten sie nieder. Dann zogen sie sich zum Boot zurück.

Ich war an Bord geblieben. Die Pistolentasche zwar geöffnet, meine Hand lag wie zufällig auf dem Gürtel.

Wie würden sie reagieren?

Langsam änderte sich ihre Haltung. Sie waren nicht mehr unnahbar stolz, ich glaubte vielmehr, zögernde Unsicherheit zu bemerken. Sie wechselten einen Blick, dann kam der eine langsam näher. Bei dem Klippspringer blieb er stehen. Der andere folgte vorsichtig.

Lange, spannende Sekunden.

Die beiden sprachen flüsternd miteinander. Jetzt sagte der eine ein kurzes, scharfes Wort, packte das Tier mit der einen Hand am Ohr und schlug mit der anderen flachen Hand gegen den Kopf. So, als würde er mit einem Beil das Tier halbieren.

Auffordernd sah er dann zu uns hin.

»Sie wollen teilen«, flüsterte Hinrich. »Kommt, laßt uns hingehen.«

Wir standen ein wenig verlegen herum. Die Amharen schleppten Holz heran, schichteten es auf, sie nahmen den Bock aus, spießten ihn auf – uns blieb überhaupt nichts zu tun. Gesprochen wurde kaum. Der eine Jäger deutete auf das Fleisch, deutete auf seinen Mund, dann hockten sie sich um das Feuer und forderten uns mit Gesten auf, es ihnen nachzutun.

Es wurde ein merkwürdiges Essen. Die beiden warfen uns von Zeit zu Zeit einen schnellen, prüfenden Blick zu, lächelten leicht, manchmal gab es ein Wort, einen kurzen Satz, mehr nicht.

Auch wir unterhielten uns nur flüsternd.

Unsere beiden Gastgeber langten mächtig zu. Sie schnitten sich lange Streifen aus dem Fleisch, flammten es nur wenige Sekunden über dem Feuer an, würzten es dann reichlich mit einem paprikaähnlichen Gewürz und stopften es beinahe roh in den Mund. Fasziniert sahen wir zu. Ich hätte nie geglaubt, daß Menschen auf einen Schlag so viel essen können.

Hinrich bot Zigaretten an. Sie rauchten schweigend. Die Dämmerung war hereingebrochen, es herrschte ein eigenartiges Halblicht. Der Schein der Flammen fuhr manchmal über die gleichmütigen Gesichter der Jäger, die dann wieder im Dunkeln lagen, nur die Glut der Zigaretten leuchtete von Zeit zu Zeit auf.

Eine Viertelstunde vielleicht noch. Plötzlich erhoben sie sich, schulterten ihre Gewehre. Ein kurzes, ernstes »Teñaßtilinj«, dann wandten sie sich zum Gehen.

»Euer Fleisch«, rief Michael und deutete auf das Wildbret. Es war noch eine Menge Fleisch übriggeblieben.

Keine Antwort, sie gingen und sahen sich nicht einmal mehr um.

Der Gouverneur
Camp 3

Zweite Portugiesenbrücke.

Er mußte ein sehr wichtiger Mann sein. Die Eingeborenen, die schnatternd um unser Lager herumstanden, schwiegen plötzlich und machten ihm ehrfürchtig Platz.

Er kam von der Shoa-Seite und schritt stolz auf uns zu, einige Boys in seinem Gefolge, die ihm die Waffen trugen. Drei Schritte vor unserem Zelt hielt er an, sah mir eine Weile scharf in die Augen und sagte dann in recht gutem Englisch:

»Ich bin der Gouverneur dieses Distrikts hier. Ich möchte Sie fragen, was Sie auf meinem Gebiet machen?«

Der Gouverneur trug trotz der Hitze einen langen, braunen Militärmantel. Auf dem Kopf hatte er einen weichen, karierten Hut, an den Füßen Sandalen.

»Ich bitte Sie vielmals um Entschuldigung, daß wir uns bei Ihnen nicht angemeldet haben«, antwortete ich in demütigem Ton. Verflucht, der Kerl konnte uns Schwierigkeiten machen. »Wir sind drei Deutsche. Und wir wollen versuchen, mit unserem Boot den Abbai hinunterzufahren. Ich möchte mich noch einmal bei Ihnen sehr höflich entschuldigen.«

Seine Miene wurde freundlicher. »Aha, eine Expedition. Ich werde euch helfen. Ich habe schon vielen Expeditionen geholfen.« Er kramte unter seinem Mantel, holte einen Lederbeutel hervor, den er um den Hals trug, und entnahm ihm einen abgegriffenen Brief.

»Da«, sagte er. »Ich kann gut englisch sprechen. Aber ich kann nicht lesen.«

Der Brief bestand aus wenigen Zeilen: »Dieser Gouverneur hier hat uns bei unserer Expedition sehr geholfen. Wir können ihm nur unsere besten Empfehlungen und unseren Dank aussprechen.«

Eine englische Briefmarke. Unterschrift: British Abbai Expedition 1968.

Ich gab den Brief mit einer Verbeugung wieder zurück. Er sah mich fragend an. Offensichtlich wartete er auf eine Reaktion.

»Das ist ein sehr, sehr guter Brief«, sagte ich.

Er strahlte. Und dann erteilte er an die Umstehenden eine Reihe schneller Befehle. Die stoben auseinander.

»Ich werde Läufer ausschicken«, erklärte er uns. »Die sollen euch überall ankündigen. Dann wird euch nichts geschehen. Ihr steht hier unter meinem Schutz. Ich bin der Gouverneur.«

Nach dieser stolzen Feststellung holte er aus seiner Manteltasche eine kleine Flasche hervor und bot sie uns an. Wir wagten nicht abzuschlagen. Hinrich traute sich als erster. Vorsichtiges Nippen. Seine Miene verriet höchstes Erstaunen:

»Whisky«, stöhnte er, »richtiger schottischer Whisky. Nun verrat mir nur einer, wie der Knabe hier in der Wildnis an echten Whisky kommt.«

»Er ist eben der Gouverneur«, stellte Michael achselzuckend fest und wischte sich genießerisch den Mund ab. Dann reichte er mir die Flasche weiter.

Handel

Die Währung des Landes ist der äthiopische Dollar. Ein gutes Zahlungsmittel auf dem Lande ist auch der Mariatheresientaler. Am begehrtesten jedoch sind weder Geld noch Gold, sondern Munition und Waffen. Ein Gewehr ist im Landesinneren das Wertvollste, was ein Mann besitzen kann. Für eine Patrone zahlt er mit einem Huhn und mehr.

Wir hatten in einem Dorf zwei Hühner gekauft und mit zwei Patronen bezahlt. Der Mann holte sein Gewehr und versuchte, die Patronen einzupassen. Das Kaliber war zu groß, eine Kleinigkeit zu groß. Hinrich machte ihm klar, daß er die Hühner zurücknehmen sollte. Schließlich wollten wir ihn ja nicht betrügen. Er schüttelte entschieden den Kopf.

Eine Patrone zurückgeben? Freiwillig gibt doch keiner eine Patrone zurück!

Er holte einen scharfen, an der Innenfläche sehr rauhen Stein hervor und begann, an den Patronen herumzufeilen. Wir machten schnell, daß wir Distanz gewannen. Knallte es noch nicht? Nein, nichts geschah. Wir sahen uns um. Die Patrone war jetzt wohl in dem Lauf, der Mann schlug mit dem Stein noch ein paarmal zu, dann ließ er das Schloß einrasten.

Er winkte uns freundlich nach.

Feinde
zwischen Camp 4 und 9

Kam der Schrei zuerst oder der Steinhagel? Nein, es war wohl der Steinhagel.

Hinrich hatte am frühen Vormittag eine dieser farbenprächtigen Nilgänse geschossen. Der Schuß war über das Wasser gerollt und hatte sich dann in den Bergen hundertfach gebrochen, die zu beiden Ufern des Flusses steil aufragen.

»Wenn man hier schießt, dann löst man jedesmal ein kleines Gewitter aus«, sagte ich.

»Auf jeden Fall ist es ein paar Kilometer weit zu hören«, konstatierte Hinrich trocken.

Eine phantastische, sagenhafte Landschaft. Gelbe, manchmal ins Braune übergehende Sandsteinwände, die wie abgeschnitten zum Fluß hin abfielen.

Ein Cañon. Wir hatten eben erst unser Camp am Uanca verlassen. Einsam kam man sich vor, einsam und gefangen. Nach vorn rückten die Sandsteinwände so eng zusammen, daß man meinte, sie müßten einen erdrücken. Nirgendwo eine Landemöglichkeit, aber für die Augen eine Wonne.

Und die steingewordene Landschaft kämpfte noch immer mit dem Fluß ihren Millionen Jahre alten Kampf. Mitten in den schäumenden Wassern ragten noch riesige Felsen, manchmal geduckt und gedrungen, manchmal wie eine Bastion.

Wir mußten ständig lavieren, um nicht gegen eine der Felsbarrieren geworfen zu werden. Bald glaubten wir, unsere Hände seien schutz- und hautlos, so brannte das rohe Fleisch und als Beigabe die drükkende Hitze und dünne Luft. Unser aller Atem ging immer kürzer.

Mittags konnte ich nicht mehr. »Laßt uns anhalten«, bat ich. »Pause machen.«

Mein Wunsch mußte den beiden anderen wohl aus der Seele sprechen. Keiner widersprach. Eifrig suchten wir nach einem guten Ruheplatz.

»Da, dieser kleine Einschnitt«, Hinrich deutete nach vorn. Dort trat der Fels ein wenig zurück und ließ an seinem Fuße Platz für einen schmalen Uferstreifen.

Wir steuerten unser Boot darauf zu. Noch bevor wir anlegten, rupfte Michael schon die Gans.

Ich warf mich in den Felsschatten und sammelte neue Kräfte. Hinrich, dieser verflixte Kerl, war einfach nicht totzukriegen. Keine Minute Pause gönnt er sich. Er suchte schon wieder Feuerholz.

Und auch Michael hatte mit der Gans genug zu tun.

Gab es sonst überhaupt noch Menschen auf der Welt? Vögel zwitscherten, Affen kreischten, neben uns sang der Fluß sein Lied. Nein, wir waren im Paradies, außer uns gab es hier keine Menschen.

Es schepperte dumpf und häßlich. Ein zweites Mal. Da, schon wieder. Müde öffnete ich die Augen einen Spalt. Hinrich hatte sich aufgerichtet, Michael die Gans zur Seite gelegt. Beide spähten mißtrauisch umher.

Auf dem Bootsdeck rollte ein faustgroßer Stein. Wo kam er her? Verdrossen richtete ich mich auf. In diesem Augenblick knallten wieder drei Steine herunter, zwei gegen das Boot, einer haarscharf neben Michael.

Hinrich, was war plötzlich bloß mit Hinrich? In schnellen Sätzen raste er auf das Boot zu. Schrie: »Kommt doch, kommt doch schon. Die schmeißen uns sonst noch tot!«

Michael hatte immerhin noch so viel Geistesgegenwart, sich die Gans zu schnappen, bevor er an Bord sprang. Ich stieß das Boot ins Fahrwasser, schwang mich hinein.

Ein Hagel von Steinen prasselte auf uns nieder. Ich wurde von einem Brocken an der Schulter getroffen, die sofort blutete. Michael schrie gellend, als ihn ein Stein ins Kreuz traf. Wutentbrannt riß er seine Pistole heraus und feuerte ein paar Schüsse in die Luft.

Von dem Felsen antwortete ein vielstimmiger Wutschrei.

Wieder klatschten Steine neben uns. Wir zogen die Köpfe ein und rissen die Paddel durch das Wasser.

Nichts mehr. Nur noch wütende Schreie.

Ich drehte mich um. Da oben standen sie. Sieben, acht Mann. Fäuste wurden gegen uns geschüttelt, ein paar machten Anstalten, herunterzuklettern. Ob sie uns verfolgen wollten?

»Was war denn eigentlich los?« stieß ich hervor.

»Keine Ahnung«, keuchte Hinrich. »Ich habe nur zufällig nach oben gesehen, und da entdeckte ich sie, wie sie sich gerade aus der Deckung erhoben, um wieder mit diesen Steinen zu schmeißen.«

»Aber warum denn nur? Wir haben ihnen doch gar nichts getan!«

»Warum, warum!« äffte Michael mich nach. »Frag doch Radio Eriwan. Laßt uns lieber sehen, daß wir Land gewinnen.«

Von dieser Stunde an hörten wir den Schrei. Zuerst lauschten wir nur kurz, dann wurden wir unruhig, später nervös, und schließlich bekamen wir Angst. Wir hörten den Schrei tagsüber, nachts wurden wir von ihm aus dem Schlaf gerissen; mal ertönte er dicht über uns, dann wieder ganz schwach in weiter Entfernung; er flatterte uns vorweg wie ein Vogel, der unsere Ankunft meldete, er tönte hinter uns her, enttäuscht und drohend zugleich.

Dieser Schrei! Er stieg aus tiefer Kehle auf, schwang sich empor zu einem häßlichen, hohen Kreischen, verharrte so eine Weile und brach dann urplötzlich, übergangslos ab. Jedesmal, wenn er ertönte, platzte unser Gespräch, nackte Furcht schlich heran und jagte uns weiter.

Wir wurden verfolgt. Seit Tagen schon. Der durch Mark und Bein gehende Schrei kündigte uns an von Berg zu Berg. Ganz offensichtlich war er ein Verständigungsmittel. Ich mußte an die Schilderungen von Kämpfen mit Indianern denken, an die Angst, die die Verfolgten überfiel, wenn sie die dumpfen Trommeln hörten, oder die Rauchsignale irgendwo in den Bergen aufsteigen sahen.

Plötzlich verstand ich diese Angst, ich erlebte sie.

Wenn die Steine dann auf uns herabflogen, dann war das beinahe eine Erlösung. Endlich Aktion, endlich geschah etwas. Wir sahen die Gegner, wir konnten fliehen, uns verstecken, unsere Gewehre schußfertig machen.

Wir konnten etwas tun.

Aber dieser Schrei. Da blieb nur die Furcht. Du konntest sie spüren, wie sie wuchs, das Herz in ihren kalten Griff nahm und es langsam, langsam zusammenpreßte.

Nachts war es am schlimmsten. Ein Feuer wagten wir schon lange nicht mehr anzumachen. Wer Wache hatte, war noch am besten dran, der konnte wenigstens die Augen in die Dunkelheit bohren. Aber im Zelt? Da lag man und sollte schlafen, denn am nächsten Tag wurden die Kräfte wieder gebraucht. Doch der Schlaf – wo blieb er? Vielleicht in Addis Abeba, vielleicht in Hamburg? Auf die Steine, auf den Schrei – man konnte nur warten, lag da und wartete.

Hinrich und Michael ging es ebenso. Nervenbündel – das ist so ein Wort, zu Hause gebraucht man es oft, man sagt es einfach so dahin: »Mensch, bist du ein Nervenbündel.«

Wir wußten jetzt erst, was ein Nervenbündel ist.

Manchmal machte der Fluß einen plötzlichen Knick, beinahe im rechten Winkel. Was hinter der felsigen Ecke lag, konnte man nur ah-

nen. Wir hatten gerade den Baschillo passiert, einen weiteren Nebenfluß. Eine Bergkulisse, wie sie am Colorado oder in Arizona nicht
großartiger ist. Sie kennen sie vom Western-Film. Plötzlich stand ein
Mann mit einem halbwüchsigen Jungen am Ufer. Betont freundlich
riefen wir unser »Teñaßtilinj« hinüber und beobachteten gespannt,
wie die beiden reagieren würden.

Sie waren von uns genauso überrascht worden, wie wir von ihnen.
Zögernd antwortete der Mann. Auf einmal aber warf er sich hinter
einen Felsen, zog den Jungen neben sich, und schon gellte dieser
furchtbare Schrei wieder über den Fluß.

»Der will Verstärkung heranholen«, rief Hinrich. »Los, Tempo!«
Unsere Paddel peitschten das Wasser. Doch wir kamen nicht sehr
weit. Einen halben Kilometer vielleicht noch, dann machte der Abbai
wieder eine scharfe Biegung, und dahinter warteten sie schon auf
uns.

Vier Männer. Drei trugen ein Gewehr. Sie standen in dem flachen,
mit Kieselsteinen übersäten Wasser und winkten. Ein Schwall scharf
klingender Befehle ertönte. Ihre Bedeutung war klar: Wir sollten an-
legen.

»Was machen wir?« zischte Michael. »Sollen wir ranfahren? Aber
dann sind wir ihnen auf Gnade und Gedeih ausgeliefert. Wenn wir
versuchen vorbeizufahren, schaffen wir es vielleicht.«

»Versuchen wir es.« Hinrich ließ überhaupt keinen Zweifel auf-
kommen.

Wir taten so, als würden wir nicht verstehen, was die vier von uns
wollten. Immer wieder riefen wir »Teñaßtilinj« und »Hakima« – auf
Ärzte schießt man nicht – winkten freundlich, gleichzeitig aber ver-
schärften wir unsere Paddelschläge. Das Boot machte sofort bessere
Fahrt.

Wir waren schon ziemlich auf gleicher Höhe, als der eine Äthiopier, der ohne Gewehr, ins Wasser sprang und in unsere Richtung
schwamm. Sein Gesicht verzerrte sich vor Anstrengung, trotzdem
sah er nicht so aus, als wollte er uns angreifen. Er schwamm hervorra-
gend. Seine muskulösen Arme fuhren in schnellem Takt durch das
unruhige Wasser und zogen ihn schnell vorwärts.

»Was der wohl von uns will?« In Hinrichs Stimme schwang Ratlosigkeit. »Der kann uns doch nicht allein und ohne Waffen zwingen,
ans Ufer zu fahren.«

Wir beiden anderen waren uns über die Absichten des Schwimmers genauso wenig im klaren. »Was machen denn die anderen?« warf mir Michael über die Schulter zu.

Die drei standen am Ufer, zwei auf ihre Gewehre gestützt, der dritte redete eifrig auf sie ein. Er zeigte immer wieder aufgeregt zu uns hin.

Ich wandte mich wieder dem Schwimmer zu. Ein paar kurze, kräftige Schläge noch, dann war er heran. Seine Hände griffen nach den Halteseilen, klammerten sich fest. Er lächelte – tatsächlich, er lächelte.

Mir fiel ein Stein vom Herzen. Der sieht doch ganz freundlich aus, dachte ich. Wer uns anlächelt, so wie der da, der kann doch keine bösen Absichten gegen uns hegen.

Michael und Hinrich mußten wohl ähnlich denken. Wir freuten uns alle drei mit dem Mann, der sich gelassen vom Boot mitziehen ließ. Michael beugte sich heraus, schlug ihm auf die Schultern und machte Anstalten, ihm an Deck zu helfen. Doch er schüttelte nur grinsend den Kopf.

»Na, dann laß ihn«, brummte Hinrich. »Weiß der Kuckuck, warum der hergekommen ist.«

In diesem Augenblick ertönte vom Ufer ein gellender Ruf. Sofort ließ der Mann das Halteseil los und begann zurückzukraulen. Hatte der denn überhaupt keine Angst vor Krokodilen?

»Die wären wir los«, meinte ich leichthin. »Wahrscheinlich wollten sie nur wissen, was wir für komische Leute sind.«

»Wissen sie es denn jetzt?« Hinrich war schon wieder voller Mißtrauen. »Laß uns lieber sehen, daß wir weiterkommen.«

Wir tauchten die Paddel ein. Drei, fünf, zehn Schläge. Das Boot tanzte auf dem kabbeligen Wasser. Als dem letzten Mann gehörte es zu meinen Pflichten, nach hinten zu sichern. Gewohnheitsgemäß drehte ich mich um. Mal sehen, was unsere Vier da machten.

Es traf mich wie ein Schlag. Zwei der Männer hatten sich hinter einen Felsen gekniet, die Gewehre aufgelegt und zielten auf uns. Der dritte rannte am Ufer mit uns mit. Jeden Augenblick mußten die Schüsse fallen.

»Achtung!« schrie ich, »die schießen!« Wir reagierten sofort. Hinrich warf sich in der nächsten Zehntelsekunde über Bord, tauchte neben dem Boot unter, mit der rechten Hand hielt er sich fest. Michael und ich – wir hatten uns so klein wie möglich gemacht, Michael fingerte gleichzeitig an der Gewehrumhüllung herum.

Patsch! Patsch! Links von unserem Boot, vielleicht drei Meter entfernt, wurde das Wasser zerrissen. So, als würde man kleine Steine ins Wasser schmeißen. Der scharfe, peitschende Knall der Abschüsse pfiff erst Bruchteile von Sekunden später heran.

Die Pistole, dachte ich. Quatsch, was sollte die Pistole. Die beiden waren sicher hundertzwanzig Meter entfernt. Da hätte ich genausogut Grimassen schneiden können, die wären ebenso wirksam gewesen.

Erneut zwei Einschläge neben uns. Hinrich hatte sich wieder an Bord gezogen. Flach lag er an Deck. »Diese Mistbande«, schrie er. »Diese elende Mistbande.« Seine Stimme kippte vor Wut über.

In uns brannte der Zorn. Warum jagten sie uns so? Warum waren sie hinter uns her? Wir hatten ihnen nichts getan, überhaupt nichts. Wir fuhren nur mit unserem Boot hier auf diesem verfluchten Fluß. Warum, zum Teufel, wollten sie uns töten?

Wo war übrigens der vierte Mann, der Schwimmer? Da sah ich seinen schwarzen Kopf auftauchen, nahe am Ufer schon.

Michael schob mir das Gewehr zu. Merkwürdig, wie doch so eine Waffe in der Hand beruhigt. Meine Nerven flatterten nicht mehr so heftig. Hinter mir ratterte plötzlich Hinrichs halbautomatisches Kleinkaliber los. Fünfzehn Schuß pro Magazin. »Haltet ein bißchen drüber«, befahl er. »Wenn wir einen von ihnen töten, haben wir den ganzen Stamm auf dem Hals.«

Ich schoß hoch in die Luft. Nur Krach machen. Zeigen, daß man nicht wehrlos war. Schon waren keine Männer mehr zu sehen. Sie mußten sich tief hinter die Felsen geduckt haben. Auch der andere, der am Ufer mitgelaufen war, hatte ein sicheres Versteck gefunden. »Schnell weiterfahren!« Hinrich vertauschte schon wieder das Gewehr mit dem Paddel. Verzweifelt versuchten wir, so rasch wie möglich vorwärts zu kommen. »Paß du hinten auf!« schrie Michael.

Noch war nichts zu sehen. Das Ufer lag still und verlassen da. Schnell ein paar Paddelschläge. Sollten wir sie endgültig los sein?

Plötzlich sah ich, wie sie den Berghang entlanghasteten. Jeden Stein benutzten sie als Deckung. Aha, die wollen uns den Weg abschneiden, fuhr es mir durch den Kopf. Der Fluß verlief hier in vielen Windungen. Da hinten schien er auch schmaler zu werden. Wenn es ihnen gelang, vor uns dorthin zu kommen, uns irgendwo an einer Ecke zu erwarten, dann ... Lieber nicht dran denken. Sie mußten unbedingt aufgehalten werden.

Ich zog das Gewehr mit dem Zielfernrohr. Ganz fest einziehen in die Schulter, ruhig durchatmen. Wenn bloß das Boot ruhiger läge.

Wo waren sie?

Da! Zwei sprangen gerade wieder hinter einem Stein hervor, riefen sich etwas zu und rannten los. Durch das Fernrohr waren sie gut zu erkennen.

Ich hielt zwei, drei Schritte vor dem ersten Mann. Druckpunkt, durchziehen. Deutlich sah ich den Schuß in den Boden fahren, die kleine Staubwolke. Dann hörte ich auf einmal einen Schrei, sah den Mann zusammenbrechen. Der andere warf sich sofort hin.

Mir brach der Schweiß aus. Um Gottes willen! Hatte ich einen Mann getötet? Herr, hilf mir, laß es nicht wahr sein. Ich wollte doch nicht treffen, ich wollte doch nur einen Warnschuß abgeben.

»Was ist los?« schrie Hinrich.

»Ich glaube, ich habe einen getroffen.« Meine Stimme klang merkwürdig stockend.

Hinrich und Michael sagten gar nichts. Sie paddelten nur noch verzweifelter. Die Gedanken überschlugen sich. Da war die eine Stimme, sie sagte: »Jetzt hast du einen Menschen getötet. Du, Rüdiger Nehberg, du hast einen Menschen getötet. Mörder!« – Und da antwortete die andere Stimme: »Warum schießen sie auch auf uns. Haben wir vielleicht angegriffen? Sollten wir uns abknallen lassen? Jeder Mensch hat doch das Recht, sich zu wehren, wenn er angegriffen wird.«

Und da war die Angst. Gab es hier nicht noch so etwas wie Blutrache? Wir hatten gehört, daß die Bergstämme jeden töten würden, der einen aus ihrer Mitte getötet hatte.

Ich sah wieder nach hinten. Und plötzlich – konnte das denn sein? Ich rieb mir die Augen. Das Bild blieb. Es waren wieder vier Männer, die da standen, aufgeregt miteinander sprachen, dann am Ufer entlangrannten. Wirklich, alle vier. Der eine hinkte ein ganz klein wenig. Manchmal hielt er einen Moment an, rieb sich das Knie und lief dann weiter.

Ich hätte jubeln und tanzen mögen. Also doch nicht getroffen! Keiner war tot, keiner verwundet! Keine Blutrache!

Wahrscheinlich war der Mann von einem Steinsplitter verletzt worden, den mein Schuß ausgelöst hatte. Denn hätte ihn meine Kugel auch nur gestreift, so hätte sie ihn zerfetzt, weil ich sogenannte Teilmantelmunition verwendete. Sie wirkt wie Dum-Dum-Kugeln und ist gedacht und ideal für die Jagd, weil jeder noch so kleine Streif-schuß tödliche Wunden reißt und das Tier auf der Stelle fällt.

Und noch etwas: Die ein, zwei Minuten hatten uns einen entschei-denden Vorsprung verschafft. Wir waren mit unserem Boot zuerst an der Biegung. Vor uns lag jetzt eine längere, ziemlich gerade Strecke. Die Verfolger hatten keine Chance mehr, uns einzuholen.

Wir paddelten wie besessen. Die Köpfe schräg nach hinten ver-renkt, die Herzen hämmernd im Hals oder in der Hose, die Hände voller Blasen.

Keiner gönnte sich eine Sekunde Ruhe. Nur kurze Kommandos, die uns helfen sollten, hier und dort einen Meter zu sparen.

»Links dran vorbei!«

»Vorsicht vor dir!«

»Steuerbord stärker.«

»Innenkurve.«

»Die Strömung geht nach rechts. Den Schaumblasen nach.«

Man muß pinkeln und macht in die Hose. Vom Wasser ist sie so-wieso naß. Beim Bad heute abend wäscht sich das raus.

Heute abend? Werden wir das erleben?

Hinrich wagt den ersten Witz. »Was gibt's heute abend?«

Michael schreit: »Halt die Schnauze! Gib mir lieber mein Über-stundenbuch.«

Hatten wir uns das nicht im stillen immer gewünscht?

Na klar. Aber gleich so?

Hatten wir.

Nachts hielten wir mit unserm Boot unter einem Strauch, dessen Zweige im Wasser hingen. Keiner von uns schlief. Gespannte Sinne nach draußen. Waren wir die Verfolger endgültig los?

Wir wagten kein Feuer zu machen; wir aßen rohe Haferflocken, und ich sagte stockend: »Ich weiß nicht, wie ich das geschafft hätte, wenn der wirklich tot gewesen wäre. Ihr könnt euch gar nicht vor-stellen, wie froh ich war, als der Mann weiterlief. Obwohl ich doch genau wußte, daß er mich töten würde, wenn er könnte.«

Am Mittag des nächsten Tages peitschten wieder ein paar Schüsse ne-ben uns ins Wasser. Sie mußten von einer Bergkuppe abgegeben worden sein. Wir sahen niemanden. Michael knallte ein paarmal in die Luft, dann herrschte Ruhe.

Aber unsere Nerven flatterten.

Zwei Tage nichts. Hin und wieder hatten wir in weiter Entfernung Schreie gehört, das war alles. Keine Schüsse, keine Steinwürfe, keine Menschen.

Waren wir sie jetzt los?

Wir hatten die beiden Kinder gar nicht gesehen, die am Ufer hinter einem Gebüsch standen. Erst als sie losrannten und immer wieder »Shiffta! Shiffta!« brüllten, wurden wir aufmerksam.

Verflucht, jetzt ging das schon wieder los!

Zwei, drei Minuten, in denen wir schnell Abstand gewinnen wollten. Plötzlich tauchten vor uns wieder die Kinder auf. In ihrer Begleitung befanden sich jetzt ein älterer und ein jüngerer Mann. Gott sei Dank, sie waren unbewaffnet.

Was war bloß mit dem Älteren los? Er sprang ein paar Schritte ins Wasser, überschüttete uns mit einer Flut wilder Worte, schüttelte die Fäuste, spuckte in unsere Richtung, stieß mit dem Fuß. Er gebärdete sich wie ein Wilder. Auf einmal drehte er sich um, sammelte große Steine am Ufer auf und begann, uns zu bombardieren.

Erbitterung und kalter Zorn machten sich bei uns breit. »Dieser Idiot«, platzte ich, »dieser alte Narr. Ich möchte raus und möchte ihm in die Fresse schlagen. Was tobt der hier rum, als hätten wir ihm seine Scheiß-Hütte angesteckt. Los, Hinrich, ran ans Ufer. Den werde ich mir schnappen.«

Die ganze Anspannung der letzten Tage verlangte nach einem Ausbruch. Zu lange hatten sie uns gehetzt, waren wir geflohen, mußten uns verstecken. Der Mensch hält das, glaube ich, nur eine Zeitlang aus, dann sucht er selbst den Angriff.

Wir waren noch nicht am Ufer, als ich schon aus dem Boot sprang und auf den Alten zurannte. Die Kinder und der junge Mann waren nicht mehr zu sehen. Jetzt aber kletterte auch der Alte wie eine Bergziege den Felsen hoch. Hilflos vor Wut starrte ich ihm nach. Auch nicht halb so schnell hätte ich den Stein erklimmen können.

Kaum aber saß ich wieder im Boot, war auch der Alte wieder heran. Tobte, schrie, schmiß Steine, der Schaum stand ihm auf den Lippen.

Zweimal versuchte ich noch, ihn zu kriegen. Zweimal war er doppelt so schnell wie ich, verhöhnte mich aus sicherer Höhe, raste mir nach, sobald ich wieder umkehrte.

Dann gaben wir es auf. Wir duckten uns, um den Steinen zu entkommen, und hielten ihn dann mit Warnschüssen außer Wurfweite, ließen unsere aufgestaute Wut an dem Fluß aus. Wir fuhren auch kaum noch zusammen, als plötzlich der Schrei ertönte.

Der Schrei, der uns seit Tagen begleitete.

Der Alte hatte ihn ausgestoßen. Und offensichtlich galt er dem Mann, der da hundert Meter über uns auf der Bergkuppe stand. Unbeweglich, das Gewehr quer über die Schultern, beide Arme darübergehängt.

Hundert Meter nur. Er würde uns abknallen können wie auf einem Schießstand. Wir hatten auch nicht die geringste Deckung. Wir hatten keine Chance.

Der Mann aber nahm überhaupt keine Notiz von uns. Er würdigte uns nicht eines Blickes, als wir betont freundlich zu ihm raufwinkten. Den Schrei des Alten ließ er an sich abprallen, und er stand immer noch als dunkle, unbewegliche Silhouette gegen den Himmel, als wir schon weit, weit vorbei waren und uns immer noch ängstlich nach ihm umdrehten.

Wieder wurde es Abend. Wir fuhren noch immer. Bis ein Katarakt vor uns toste und brüllte:

»Bis hierher und nicht weiter.«

Die Dunkelheit tut ihr übriges. Man kann plötzlich nicht mehr. »Laßt uns hier den Morgen abwarten.«

Ich weiß nicht, wer es sagte. Aber man ist erleichtert und fügt sich nur zu gern.

So wie wir sind, naß und fertig, werfen wir uns ins Geröll neben dem Wasser. Taschenlampe und Gewehre bei Fuß. Die Beine wund von den vielen Patronen in der Tasche. Vor uns das Murmeln des Wassers. Hinter uns die Grillen. Ein paar Frösche. Keine Mücken.

Um 5 Uhr beginnen die ersten Vögel zu zwitschern. Eben ist man erst eingedöst.

Ein Schluck Wasser. Die Boxen wagt man nicht zu öffnen, weil die Eingeborenen in diesem Moment kommen könnten. Vielleicht sind wir ja heute raus aus dem Gebiet des wilden Bergstammes!?

Komisch. Denart war hier überfallen worden, als er mit seinem Freund Krieghk 1965 als erster diesen Flußteil zwischen den Tississatfällen und der Gojjambrücke per »Sarg« befuhr. Die britischen Soldaten waren 1968 zweimal beschossen worden. Und nun wir. Das mußte an den Eingeborenen und nicht an den Schiffern liegen.

Man meint, es dämmert. Der junge Tag verleiht ungeahnte Energie, so wie die Dunkelheit einen ängstlich stimmt.

Wir lösen uns gerade lautlos aus den Steinen, als genau gegenüber in der senkrechten Wand ein Hund bellt.

Ein eingeborener Wächter mit seinem Hund! Hat er uns doch aufgespürt trotz Dunkelheit!

Die Hoffnung erlischt jäh. Es ist nicht zu fassen. Keiner von uns sagt einen Ton. Michael faßt mich an. Seine Finger graben sich in mein Fleisch. Das ist nicht Angst. Es gibt einem Sicherheit.

Wie nun, wenn man plötzlich allein dasteht? So wie wir es theoretisch immer durchgespielt hatten? Einer verwundet? Man selbst auch. Boot weg. Zu Fuß nach Addis?

Von hier? Da haben nur sehr starke Charaktere eine Chance. Uns zählen wir nicht dazu. Man mag gar nicht daran denken.

Oder wenn wir versprengt würden? Würde es klappen mit unserer Treffpunkt-Vereinbarung?

»Innenkurve der dritten Kurve flußabwärts.«

Aber was ist Kurve und was nicht?

Für diesen Fall haben wir uns geeinigt, Flußbiegungen von $1-135°$ als solche zu betrachten. Und um festzustellen, ob es sich um Winkel über oder unter $135°$ handelt, braucht man keinen Winkelmesser. Einen rechten Winkel kennt jeder. $90°$. Einen halben rechten dazu sind $135°$. Ganz simpel also.

Aber bloß das nicht!

Allein hätte der Kerl da drüben uns nie aufgestöbert. Das ist der Köter. Den knallen wir ab.

Aber es ist zu dunkel. Das Zielfernrohr schlägt nicht an. Einfach zu dunkel.

Wir zittern. Dabei ist es gar nicht kalt.

Da bellt es wieder. Und da erkennen wir es. Hinrich sagt es, sichtbar erleichtert »Ein Pavian.«

Aber der Schreck wirkt nach. Wenn wir heute wieder den ganzen Tag ohne Pause paddeln sollen, sind wir fertig.

Wir entschließen uns deshalb, um halb acht nach eineinhalb Stunden Fahrt, im Schilf unterzutauchen.

Der Schilfgürtel ist hier nur vier Meter breit. Wir tarnen die Einfahrtsschneide und können von den Bergen nicht eingesehen werden. Dennoch belegen wir auch das Bootsdeck mit Gräsern und holen Schlaf nach.

Unsere einzige Sorge ist, was passiert, wenn man uns hat einfahren sehen? Werden sie sich organisieren und uns planmäßig einkesseln?

Für alle Fälle haben wir unser gesamtes Waffenarsenal bereitgelegt. Unsere Taschen sind patronenschwer und oft hinderlich. Aber wir sind auf Belagerung eingestellt und wollen gewappnet sein, falls wir nicht mehr an die Boxen unter Deck können.

Und da rauscht es auch schon nach einer Stunde. Ich glaube, jeder von uns erstarrte zur Salzsäule. Aber es war nur eine Nilgans, die im Schilf gelandet war.

So kamen wir nach und nach zu unserem Nickerchen. Richtig entschlummern konnten wir nicht. Wir waren zu nervös. Dazu kamen die Tse-Tse-Fliegen. Sie kommen wie Sturzkampfbomber angeschossen, beißen sich augenblicklich und mit solcher Dreistigkeit fest, daß man sie ohne Hast erschlagen kann. Aber es fliegen immer neue an. Und so kommt man um seinen Schlaf.

Gegen Nachmittag meldete sich der Hunger. Sollen wir nicht doch die Deckel öffnen und jeder einen Löffel Kakao mit Zucker naschen? Jeder möchte es gleich gern. Doch die Vernunft siegt. Wenn sie gerade jetzt kommen? Dann fahren wir mit offenen Deckeln und verlieren beim nächsten Kentern die Ausrüstung. Und Sicherheit war unser oberstes Gebot. Ich war sehr stolz auf meine Crew, weil keiner durchdreht. Gefahr schmiedet zusammen. Und wir saßen ja im wahrsten Sinne des Wortes in einem Boot.

Der einzige Luxus, den wir uns gönnten, war ein Becher voll grüner Algen, die es in Mengen um uns herum gab. Schon seit Tagen tranken wir das Wasser ungekocht aus dem Fluß. Einfach, weil es gut schmeckte und wir uns sagten, es ist ja ein Gebirgsfluß und das Wasser hat Gelegenheit genug, sich zu regenerieren.

Hier im Schilf kommen uns jedoch Bedenken. Sind hier nicht die Brutstätten der Bilharzien?

Feuer können wir unmöglich machen. So opfert Hinrich eine Schraubkappe seines Wasserentkeimers Certisil. Den rühren wir unter den grünen Schlamm und lutschen ihn dann scheinbar genüßlich hinunter.

Certisil und Wasserentgiftungstabletten hatten wir mit, falls wir auf irgendeinem Rückmarsch von Schlamm- und Sumpfwasser leben müßten. Sie haben den Vorteil, daß man auf diese Weise zu Flüssigkeit kommt, aber sie sollen den Nachteil haben, daß sie neben der schädlichen auch die gesunde Flora und Fauna abtöten, so daß man diese Methoden immer nur kurzfristig anwenden soll.

Ehrlich gesagt: geschmeckt hat diese Naturkost niemandem. Es bleibt lediglich das Gefühl, daß der Magen mal wieder was zu tun hat. Wir haben ihn ja weiß Gott nicht verwöhnt in den letzten Tagen. Schlimm ist noch die Mittagshitze. Wir haben 34 Grad Celsius im Schatten und spüren keinen erfrischenden Luftzug.

Erst gegen 17 Uhr kommt eine leichte Brise, wie allabendlich, den Strom herauf und belebt uns. Der Wind hat's gut, denken wir. Der kommt von der Gojjambrücke herauf, wo wir noch hinwollen. Keiner hält ihn auf. Keiner sieht ihn und kann ihn greifen.

»Ich glaube, wir sollten jetzt los. Nach sechs wird es gleich wieder dunkel. Wer weiß, wie lange wir in die Dunkelheit hineinfahren können. Wenn wir Pech haben, stehen wir schon um halb sieben vor einem Katarakt, den man nur bei Tageslicht durchqueren kann.«

Michael hat das Paddel unruhig in der Hand. Wir sichern noch einmal nach allen Seiten. Niemand zu sehen. Also ab durch die Mitte! Die Gewehre schußbereit.

Das war in der Gegend des Yasum. Wir sahen keine Menschenseele. Wir hatten die Region der wilden Stämme hinter uns, die nicht einmal von der Regierung unter Kontrolle zu bringen sind, weil ihre Heimat zerklüftet ist. Keine noch so einfache Straße führt zu ihnen. Nur der Fluß.

Goldwäscher
Camp 23

Zum ersten Mal sahen wir sie in der Nähe des Tinkotscha-Flusses. Während der letzten 14 Tage hatten wir keinen Menschen zu Gesicht bekommen.

Gab es oberhalb der Schlucht nur Amharen, freundliche und aggressive, so sahen wir von jetzt an nur noch Neger. Zu unserer großen Erleichterung waren sie sehr freundlich. Natürlich verleitete uns das nicht zu Fahrlässigkeiten. Denn immerhin hatten sie am Dabus 1965 zwei von fünf Teilnehmern einer schweizerisch-französischen Expedition nachts im Schlafsack erschossen.

Aber wir waren ja auch freundlich und hielten grundsätzlich überall an. Ein kurzes Händeschütteln nebst Verbeugung und einem Lächeln können Wunder wirken.

Sie hockten am Ufer, hatten große, flache Holzschalen vor sich, die sie mit Sand gefüllt hatten und im flachen Wasser langsam ausspülten. Es waren Shankilas. Recht hübsche Menschen negroider Rasse.

»Goldwäscher!« stieß Michael hervor. »Aber nur Frauen«, ergänzte er fachkundig. Ihre Brüste und Rücken waren mit hübschen Schmucknarben-Ornamenten verschönert, in den Nasenflügeln saßen kokett kleine Stäbchen aus Holz, Knochen, Gräten. Einige trugen einen bleistiftstarken Stab quer durch die Nase.

Sie sahen kaum auf, als wir neben ihnen anlegten. Ihre Holzpfannen bewegten sich beinahe im gleichen Takt. Um den Hals oder im Gewand hatten sie kleine, glatt auspolierte Flaschenkürbisse und feine, angespitzte Holzstäbchen. Wir beobachteten, wie sie mit diesen Stäbchen manchmal ein winziges Körnchen aufpickten und in die Flasche senkten.

Und wir sahen noch eins beim Nähertreten. Die Frauen hatten Lepra. Wahrscheinlich würden Gesunde um diese Jahreszeit gar nicht mehr waschen, weil es einfach nicht mehr lohnte. Sie hätten sich auch anders verhalten: Weglaufen, Dorf alarmieren, neugierig zurückkommen.

Fünf bis sechs Pfannen im Durchschnitt brachten ein Körnchen Gold. Die Hauptsaison ist im September. Wenn der Fluß nach dem Regen zu fallen beginnt.

»Hundearbeit«, meinte Michael. »Wollen wir auch mal versuchen?« Fragend sah er uns an.

Warum eigentlich nicht? Da standen ein paar unbenutzte Holzpfannen herum. Wir nahmen jeder eine, hockten uns hin und begannen ebenfalls. Nach zwei Stunden hatten wir tatsächlich ein paar armselige Krümelchen Gold. »Kommt, laßt uns weiter«, stöhnte Hinrich. »Mir tut jeder einzelne Knochen weh.«

Uns ging es nicht anders. Dieses Hocken, die schweren Holzpfannen, das ermüdende Rotieren – nein, nichts für uns.

Wir erhoben uns, wollten zum Boot. Aber da standen plötzlich eine Menge Männer hinter uns. Ein drohender, fester Halbkreis, kein Durchkommen. »Was wollen die denn von uns?« flüsterte ich.

»Ich glaube, die wollen den Goldstaub haben, den wir gefunden haben«, flüsterte Michael zurück.

»Na, sollen sie doch.« Ich nahm den kleinen Lederlappen, in den wir die armseligen Körnchen zusammengebunden hatten, und reichte ihn einem der Männer. Er nahm ihn schweigend. Der Halbkreis aber löste sich noch nicht auf.

»Alles«, sagte ich auf amharisch. »Alles«, und wir zeigten unsere leeren Hände vor.

Ein Hagel von Sätzen prasselte auf uns nieder. Immer wieder deuteten die Männer auf Michael. Was hatten sie denn bloß?

Ich versuchte es auf arabisch. Tatsächlich, einer, ein riesiger Neger mit flachem Gesicht und ausdruckslosen Augen, verstand mich. Er antwortete ebenfalls arabisch.

Eine halbe Minute später wußte ich Bescheid: Michael – sie glaubten, daß Michael Gold im Mund versteckt hatte. Einem der Männer waren Michaels Goldkronen aufgefallen.

»Nicht versteckt«, sagte ich dem Neger. »Zähne, Zähne aus Gold gemacht.«

Er grinst nur ungläubig.

Zwei Mann traten auf Michael zu, hielten ihn an den Armen fest. Ein dritter riß ihm den Mund auf, fuhrwerkte mit den Fingern in den Zähnen herum, rüttelte daran.

Michael versuchte, sich loszureißen. Doch seine Arme saßen wie in Schraubstöcken.

Auf Hinrich und mich achtete niemand mehr.

»Los, komm, wir müssen versuchen, sie abzulenken«, zischte ich Hinrich zu. Wir hasteten zum Boot. Mir war plötzlich ein Gedanke gekommen. Michaels Kamera. Vielleicht war das die Rettung.

Wir rissen die schwere Kamera aus dem wasserdichten Beutel und rannten zurück. »Hier, ich werde euch großen Zauber zeigen«, flüsterte ich dem Neger zu.

»Zauber? Wie?« Seine Augen funkelten über der Kamera. Ein paar Worte zu den anderen. Michael wurde plötzlich freigelassen. Die ganze Aufmerksamkeit galt jetzt diesem merkwürdigen, schwarzen Apparat.

»Das ist ein Zauberauge«, erklärte ich. »Wenn du da durchguckst, dann kommen die Gegenstände, die du siehst, auf dich zu, wenn ich es will.«

Hoffentlich klappte es, betete ich insgeheim. Der Neger schaute ungläubig.

»Da, du mußt hier durchsehen.« Ich hielt ihm die Kamera vor das Gesicht. »Siehst du dahinten den Strauch?«

»Ja«, stieß er gebannt hervor.

»Ich werde jetzt zaubern, daß der Strauch auf dich zukommt«, sagte ich und drehte an der Gummilinse. Entsetzt sprang der Neger zurück. Seine Augen rollten wild. Durch das vergrößernde Objektiv mußte er wirklich den Eindruck bekommen haben, daß der Strauch auf ihn zukam.

Der schwarze Riese hatte sich wieder gefangen. Verlegen lachte er. Dann guckte er noch einmal durch die Kamera. Die anderen drängten heran. Jeder wollte das Zauberauge ausprobieren. Ich ließ die Sträucher und Bäume, den Fluß und die Felsen kleiner und größer werden, ich war ein großer, weißer Medizinmann.

Kein Mensch dachte mehr an Michaels Goldplomben. Schon gar nicht, als Hinrich das Tonbandgerät holte und die Stimmen der Männer einfing. Als Michael dann sogar noch den Elektronenblitz aufflammen ließ und ich erklärte, daß wir Gewitter ohne Donner und Regen machen könnten, wurden wir den Goldwäschern wohl unheimlich. Einer nach dem anderen machte sich davon.

Der riesige Neger war der letzte.

Aber wie schnell kann es Mißverständnisse geben. Ohne böse Absicht. Dann gilt das Gesetz der Wildnis. Hart und einfach. Und vieltausendmal bewährt.

»Herrenschneider«
Camp 27

Ich mußte immer wieder zu dem Mann hinsehen, der da an seiner Hütte lehnte und versonnen in das Feuer starrte. Die Mädchen mit den großen Schmucknarben auf den Rücken tanzten um die Flammen. Eine Art Fruchtbarkeitstanz, dachte ich. Sie hatten sich lange Stöcke zwischen die Schenkel geklemmt und ihre Bewegungen strahlten etwas ungemein Aufreizendes, Provozierendes aus.

Unser erstes Camp hinter Mabil. Ein richtiges, großes Dorf. 30 Hütten. Ein Idyll.

Aber dieser Mann da – der gehörte doch nicht in dieses Dorf, in dem nur »Shankilas« wohnten, wie die Amharen die Neger abschätzig nannten. Shankilas – Farbige. Der Mann war kein Amhare, auch wenn der Gesichtsschnitt dem der Amharen glich. Aber er hatte eine höhere, hagere Figur, quer über den Schultern ein uraltes Gewehr, die Arme von hinten lässig darüber gehängt. Vor allen Dingen aber trug er diesen typischen, leichtgeschwungenen Dolch direkt vor dem

Bauch. Diesen Dolch und die Art, ihn so zu tragen – das gab es doch nur bei den Danakils.

Wie kam ein Danakil[1] hierher? Sicherlich war er keiner und es schien uns nur so. Aber ich mußte unwillkürlich an die Expedition des Amerikaners Macmillan, 1902, denken. Sein Partner wurde von den Danakils kastriert, als er auf dem Wege zum Nil war.

Meine Gedanken wanderten zurück:

Ich hatte in der Zeitung inseriert: »Suche jemanden, der mir bei Erstellung einer amharischen Sprachliste helfen kann.« Tags darauf klingelte das Telefon: »Mein Name ist Paproth. Klaus Paproth. Sie suchen jemanden, der amharisch spricht? Ich war mit meiner Frau lange in Äthiopien. Wir sprechen amharisch. Kommen Sie doch mal vorbei.«

Sie wohnten in Blankenese, Hamburgs Renommierviertel. Nette, entgegenkommende Leute. Wir stellten eine Liste der wichtigsten Wörter zusammen, und plötzlich fiel so ganz beiläufig der Name »Herrenschneider«.

»Herrenschneider?« horchte ich auf. »Was meinen Sie denn damit?«

»Ooch, die werden in der deutschen Kolonie in Äthiopien so genannt«, erzählte Klaus Paproth. »Das sind, glaube ich, Angehörige einiger Danakil- und Gallastämme. Wenn bei denen ein junger Mann heiraten will, dann muß er dem Schwiegervater den Hautfetzen eines besiegten Gegners überreichen. Er zieht die Haut in einem etwa fünf Zentimeter breiten Streifen ab, der an der Unterlippe ansetzt, über den ganzen Körper verläuft und unterhalb von Penis und Hoden endet.«

»Und so etwas soll es heute noch geben?« fragte ich ungläubig.

»Ja, das gibt es immer noch.«

Spinner, dachte ich auf der Heimfahrt. Wollten sich vielleicht nur interessant machen. Hautfetzen – Penis – Hoden! Zwanzigstes Jahrhundert, Leute, wir fliegen zum Mond!

Dann aber erzählte mir Elke Leichtweiss in Addis Abeba auch davon. Und von Rainer Kappler, einem in Äthiopien arbeitenden Vertreter der Firma Hoechst, erfuhr ich, daß erst vor einem Jahr im »Ras Desta Hospital« ein Amhare und ein Italiener lagen. Beide waren

---

1 Danakil: Äthiopischer Stamm im Norden Äthiopiens am Blauen Nil in der Danakilwüste. Moslems. Kuschitische Sprache.

Danakils in die Hände gefallen. Dr. Bekirow, ein jetzt in den Staaten lebender bulgarischer Chirurg, konnte durch eine schnelle Operation den Amharen retten.

Der Italiener starb.

Es bedurfte nicht mehr viel. Es bedurfte nur noch einer deutschen Entwicklungshelferin, Cordula Göbel, die mir beim Frühstück im Hotel erzählte, sie habe mal in Kombolcha, bei der Provinzhauptstadt Dessie [1], eine Galla-Hochzeit mitgemacht.

»Und Sie erzählen mir wirklich keine Märchen?«

»Nein, wirklich nicht«, versichert sie. »Ich habe selbst gesehen, wie die grausige Trophäe an der Hütte des jungen Paares befestigt wurde.«

Das alles war noch bei unserer ersten Expedition gewesen, bei der gescheiterten. Für Hinrich und mich gab es überhaupt kein Halten mehr. Herrenschneider – das durften wir uns doch nicht entgehen lassen.

Flug nach Dessie, ruppelnder, schaukelnder Landrovertrip nach Kombolcha. Ein paar elende Hütten, verdreckte Straßen, sonst nichts. Keine Herrenschneider-Trophäe. Hatte Cordula uns belogen? Sie hatte uns den Standort der Hütte doch genau beschrieben.

Abends kamen wir mit zwei Italienern ins Gespräch, die der abessinische Krieg dort zurückgelassen hatte. »Ja, diese Sitte gibt es hier noch vereinzelt«, berichteten sie. »Ihr müßt mal zur Missionsstation raus. Nach Kamisi. Eine Gehstunde östlich von der Straße liegt dann Gheraniya. Der Missionar dort, Mr. Gordon, kann euch bestimmt mehr darüber berichten.«

Am nächsten Mittag waren wir an der Station. Die Sonne brannte wie ein glühender Backofen über uns. Dornen hatten die Hemden zerrissen, die Hände und das Gesicht aufgeschrammt. Wir waren ziemlich geschafft.

Stacheldraht rings um die Station. Ein Schäferhund knurrte uns böse an. Endlich der Missionar, ein Mormone. Er lebte hier mit Frau und Kind schon seit mehreren Jahren.

Wir wurden freundlich willkommen geheißen. Zwei Weiße zu Besuch – das war ein Feiertag. Die Amerikaner erzählten von ihrem Leben. Schule für die Kinder zum Beispiel. Manchmal kommen sie, manchmal bleiben sie wochenlang weg. Der Missionar hat sich einen

---

1 Dessie = Hauptstadt der Provinz Wollo.

wirkungsvollen Trick einfallen lassen: Wer zur Schule kommt, der erhält von seiner Frau einen Schokoladenpudding (wir auch).

Das half etwas.

Einmal in der Woche wurde Markt abgehalten. Alte, meist gespendete Kleidung hing über Wäscheleinen, die Eingeborenen kamen von weither, befühlten, betasteten, handelten. Bunte, leere Konservendosen standen am höchsten im Kurs. 5 Cent das Stück. 7 1/2 Pfennig.

Und in allen Räumen hingen Gewehre. »Wir haben hier allein im letzten Jahr dreiunddreißig solcher Tötungen gehabt«, erklärte der Missionar. »Da muß man schon für alles gewappnet sein.«

»Aber ist denn diese Sitte nicht verboten?« fragte ich ein wenig naiv.

»Natürlich ist sie verboten.« Der Missionar sah mich lächelnd an. »Es steht sogar die Todesstrafe drauf. Aber die Hauptstadt ist weit, wissen Sie.«

»Und woraus entstand dieser Brauch?« wollte Hinrich wissen.

»Das ist im Grunde ein soziales Problem. Die Lebensbedingungen hier in der kargen Gegend sind armselig. So armselig, daß man sich kaum einen Bevölkerungszuwachs erlauben kann. Da einer Ehe aber nun mal gewöhnlich Kinder entspringen, mußte der Eheanwärter eben vorher einen anderen Mann zeugungsunfähig machen. Das war wohl der eigentliche Ursprung dieses Brauchs. Daß dabei die Menschen meist starben, liegt wohl auf der Hand.«

Am nächsten Morgen brachen wir schon früh auf. Wir wollten uns ein paar Dörfer in der Umgebung ansehen, erklärten wir dem Missionar. Etwas fotografieren und so. Daß wir in Wahrheit nur eine solche Herrenschneider-Trophäe sehen wollten, sagten wir nicht. Der Missionar hätte sicher versucht, uns davon abzuhalten. So aber gab er uns sogar noch einen Dolmetscher mit. Hussein.

Und außerdem eine Handvoll Centstücke und die Taschen voller Bonbons. »Immer eine Kleinigkeit geben, wenn Sie fotografieren«, ermahnte er uns. »Sonst werden die Leute böse.«

Ein mehrstündiger, anstrengender Fußmarsch. Im ersten Dorf nichts. Kaum Männer waren zu sehen, nur Kinder und alte Frauen. »Caramella, Caramella« schrien die Kinder und umringten uns. Wir warfen ein paar Bonbons in den Kreis, sie stürzten sich balgend und streitend darauf.

»Was sollen wir hier bloß fotografieren?« meckerte Hinrich. »Hier gibt es doch nichts als Dreck. Laß uns bloß wieder zurückgehen.«

»Komm, noch ein Dorf«, bat ich. »Jetzt sind wir einmal hier. Vielleicht haben wir doch noch Glück.«

Hinrich knurrte nur verbissen.

Das nächste Dorf. Was war denn eigentlich anders? Nichts. Die gleichen Hütten, die gleichen Kinder, die gleichen alten Frauen.

Doch da! Ich stieß Hinrich an. »Du, guck mal, diese Hütte dort links. Ja, da über der Tür. Siehst du, das könnte so eine Trophäe sein. Lenk doch die Kinder mal ein wenig ab.«

Hinrich griff in die Tasche und warf eine Handvoll Bonbons weit in die andere Richtung. »Caramella«, schrie die Horde und sauste begeistert davon.

Ich hatte mich inzwischen wie beiläufig näher an die Hütte herangeschoben. Dieses graue, unansehnliche Etwas, das da an dem Pfosten neben dem Eingang hing? Tatsächlich, das schien eine menschliche Haut zu sein. Von der Sonne gegerbt und zusammengeschrumpft. Aber deutlich sah man den Penis, den langen Lappen des Hodensackes.

Mein Herz hämmerte. Solche Bilder! Die würde man uns aus den Händen reißen.

Ich machte den Fotoapparat klar. Fotografierte. Schlechtes Licht, verdammt. Der Eingang lag im Schatten. Hoffentlich würde sich das Grau der Haut überhaupt von der Farbe des Pfostens abheben.

Warum nimmst du es nicht einfach ab, dachte ich mir. Nimm es doch da runter und hänge den Bauchfetzen in die Sonne. Irgendwo, wo er sich besser abzeichnet.

»Hinrich. Noch mehr Bonbon!« rief ich. Der schaltete sofort. Eine sich überschlagende, johlende Meute. Keiner achtete auf mich. Ein paar schnelle Schritte zur Hütte, die Trophäe abgerissen. Prima, geht ja ganz leicht. Schnell dahinten auf den Stein legen. Das ist ein guter Kontrast. Schön ausbreiten, 50 cm zurück, knipsen, knipsen.

Und schon wieder diese Gedanken: Ob wir das Ding einfach einstecken? So als Souvenir mit nach Hause bringen? Mensch, die im Völkerkunde-Museum in Hamburg würden bestimmt Mund und Augen aufsperren.

Verlockender Gedanke.

Ich hatte den alten Mann gar nicht gesehen. Er hockte tief im Eingang der Nebenhütte, verschwamm beinahe mit dem Dunkel in der Hütte. Vielleicht war es ein Kranker, vielleicht auch war er nur zu alt, um mit rauszugehen, die Herden zu hüten, die Felder zu bestellen. Denn alle rüstigen Männer und Frauen waren auf dem großen Markt.

Er mußte mich schon eine ganze Weile beobachtet haben. Mißtrauische, glitzernde Blicke trafen mich. Plötzlich schrie er gellend.

Ich riß den Bauchfetzen an mich und hängte ihn wieder an den Türpfosten. Der Alte hörte nicht auf zu schreien. Ich verstand kein Wort. Aber daß das keine Freundlichkeiten waren, ließ sich unschwer erraten.

Hussein kam angerast. »Was haben Sie gemacht?« jammerte er. Seine Augen rollten hin und her. »Der Mann ruft, Sie seien ein Räuber, Sie wollten stehlen.«

»Ich habe nur fotografiert«, verteidigte ich mich lahm.

Der Dolmetscher sagte ein paar schnelle Worte zu dem Alten. Der stutzte einen Moment, schrie dann aber sofort weiter.

»Er bleibt dabei. Sie wollten rauben. Wir müssen hier weg. Gleich werden wir alle Männer auf dem Hals haben.«

Um uns war plötzlich mordlüsterne, feindselige Atmosphäre. Die Kinder, die sich eben noch um unsere Bonbons gebalgt hatten, starrten uns böse an. Aus den Hütten kamen ältere Frauen, schimpften, schrien. Schon flogen Steine.

Wir rannten los. Da war der Dorfeingang. Nur weg. Tappten da nicht Schritte hinter uns?

Der Dolmetscher lief immer weit voraus. Manchmal drehte er sich um, winkte, rief. Wir stolperten über die Steine, keuchten, ich bekam keine Luft mehr. Dieser Scheiß-Fotoapparat – er schlug beim Rennen immer gegen die Hüfte. Sollte ich ihn wegwerfen? Nein, auf keinen Fall.

Da tauchte das erste Dorf wieder vor uns auf. Der Dolmetscher war schon zwischen den Hütten verschwunden. Bildeten wir uns das nur ein, oder liefen wir auch hier durch ein Spalier feindseliger Blicke?

Hinrich griff in die Tasche, holte Cents heraus, warf sie hinter sich. Verfolgte man uns? Würden sie sich nach dem Geld bücken?

Wir wagten nicht, uns umzublicken. Nur weiter, weiter.

Endlich der Stacheldraht der Station. Der Schäferhund bellte. Der Missionar und seine Frau standen auf der Terrasse und sahen uns erstaunt entgegen.

Wir fielen in die Korbstühle. Rasselnder, pfeifender Atem. Ängstliche Blicke nach draußen. Kamen sie hinterher? Kein Mensch kam.

Niemand hatte uns so weit verfolgt. Wir waren vor dem eigenen schlechten Gewissen davongelaufen.

Später beichteten wir. Der Amerikaner sah uns eine ganze Weile schweigend an.

»Das hätte sehr böse für Sie ausgehen können«, meinte er schließlich. »Die Bräuche verletzen, das gilt hier als ein sehr schweres Vergehen. Hoffentlich werden Sie dieses Erlebnis nicht so leicht vergessen. Die Erinnerung daran könnte Ihnen hier im Lande das Leben retten.«

Ich fuhr aus meinen Gedanken hoch. Die Trommeln dröhnten, der Tanz der Frauen war wilder geworden. Wie rasend zuckten die schlanken Leiber, die Schenkel öffneten sich, doch bevor der Stab zu Boden fallen konnte, schlossen sie sich wieder fest. Entrückte Augen, verzerrte Münder. Im dichten Kreis saßen die Männer herum, klatschten rhythmisch in die Hände. Der Schein der Flammen geisterte über die Menschen. Michael schrie etwas und machte aufgeregte Gesten. Er wollte mehr Holz haben, größeres Feuer, er wollte filmen.

Ich sah zu Hinrich. Der hockte drei Schritte neben mir. Ich nickte verstohlen zu dem Mann hin, der da fast im Dunklen mit der Hütte verschmolz.

Hinrich nickte zurück. »Hab' schon gesehen«, flüsterte er. »Der Dolch. Unverkennbar. Mußte gerade an unsere Herrenschneider-Geschichte von vor 2 Jahren denken.«

Der Polizist
zwischen Camp 48 und 49

Auf der Karte war das Dorf als Abatimbo el Gumas verzeichnet. Noch rund hundertsiebzig Kilometer Fußmarsch lagen vor uns. Hundertsiebzig Kilometer bis nach Asosa.

Der Vierzig-Hütten-Scheich hatte uns Attayib als Führer und Gorne und Yizzan als Träger mitgegeben. Fünf Dollar für jeden. Hundertsiebzig Kilometer, dann wieder zurück. Fünf Dollar!

Ein Schandgeld? – Ein fürstlicher Lohn?

Von dem Geld würden Attayib, Gorne und Yizzan dem Vierzig-Hütten-Scheich die Hälfte abzugeben haben.

Die letzten fünfzig Kilometer. Menge, der erste Ort mit festen, gemauerten Häusern, einer Polizeistation.

Der Polizist war ein schmieriger Geselle. Für die Auskunft, wo wir etwas zu essen kaufen könnten, verlangte er drei Zigaretten. Mit Attayib tuschelte er dauernd.

»Er will von meinem Geld etwas haben«, jammerte Attayib. »Er sagt, wenn wir ihm nichts abgeben würden, dann müßte er uns einsperren.«

Ich ging zu dem Polizisten. Er stritt lautstark ab. Michael wollte ein paar Schuhe kaufen. Ob es hier Schuhe gäbe.

»Ja«, sagte der Polizist. »Sie kosten vier Dollar.«

Wir erfuhren später, daß er anderthalb Dollar selbst einsteckte.

Doch die Stunde der Rache kam: Er sah unseren Fotoapparat. »Könnt ihr mich fotografieren?« fragte er.

»Ja«, sagte Michael. »Ein Bild kostet 1 Dollar. Wir schicken es dir zu.«

Er ging tatsächlich darauf ein. 1 Dollar wechselte den Besitzer. Er rannte in seine Station, kam mit Gürtel und Pistole wieder, stellte sich wichtig in Positur. Michael knipste.

»Noch ein Bild«, sagte der Polizist.

»Erst einen Dollar«, antwortete Michael und hielt die Hand auf.

Er zahlte, holte sein Gewehr raus, baute sich wieder auf. Ganz Würde. Michael knipste.

In dem Apparat war nicht einmal ein Film.

Aber in seiner Tasche waren wieder die 8 Dollar. Wir schämten uns nicht.

Achtes Kapitel

Der Fluß

Der schöne Fluß

Später würde mich einer fragen: »Nun sag bitte, Rüdiger, was war denn nun eigentlich so schön an der ganzen Geschichte? Ihr seid überfallen worden, habt Hunger gehabt, wäret beinahe ertrunken, mußtet kämpfen, die Fliegen plagten euch – was war denn nun so schön?«

Und ich würde eine Weile überlegen und sagen: »Weißt du – schön? Man konnte einfach Feuer anmachen, wo man wollte.«

Die Idylle hat eben verschiedenartige Gestalten. Dem einen erscheint sie als grüne Wiese, auf der man sich mit Butterblumen zudecken und die Gedanken in den blauen Himmel schicken kann; andere sehen sie gern als schroffe Berge mit Schneemützen oder als verträumtes Dörfchen, zeitlos zwischen den Jahrhunderten eingebettet.

Für mich ist sie Einsamkeit. Einsamkeit in fremder, unbekannter Natur. Vielleicht tagelang keine anderen Menschen zu sehen, keine anderen Gebote und Verbote als die, die man sich selbst auferlegt.

Man kann eben einfach Feuer anmachen, wo man will.

Beschreibe einer mal Schönheit! Zum Beispiel Marilyn Monroe: Blond, ebenmäßige Züge, straffe Brüste, schwellende Hüften, lange, schöne Beine? – Ach du lieber Himmel! Blonde mit ebenmäßigen Zügen, straffen Brüsten, schwellenden Hüften und langen, schönen Beinen gibt es zu Tausenden und aber Tausenden auf der Welt.

Nein, man muß Schönheit wohl sehen, man muß sie erleben, in sich reintrinken, um sie begreifen zu können.

Trotzdem: Da war der Cañon. Der Fluß schoß hindurch wie ein Rennpferd, dem die Zügel freigegeben wurden. Donnernde Hufe, dicke, weiße Schaumfetzen, vorwärts, nur vorwärts. Links und rechts ragten steile Felsen auf, schroffer, abweisender Sandstein, siebzig, achtzig Meter hoch. Und im oberen Viertel dunkle Höhlen, Löcher fast nur, wer-weiß-wann und wer-weiß-wie in den Stein gehauen.

Man hatte uns erzählt, daß Eremiten in den Höhlen wohnen würden. Sie kämen nie mehr heraus, sie empfingen nie Besuch. Die karge Verpflegung würde man ihnen mit langen Seilen herablassen. Im übrigen beteten und meditierten sie.

Ein Leben lang.

Zu sehen war nichts. Nur graubraune abweisende Wände mit finsteren, etwas mehr als mannshohen Löchern.

Michael war fasziniert. »Wenn man seine Phantasie hier spielen läßt – denkt doch mal an die Wolkenkratzerschluchten von Manhattan, an die Betonfassaden am Osdorfer Born in Hamburg oder im Märkischen Viertel von Berlin. Sieht das nicht beinahe so ähnlich aus hier? Nur Stein, kalter, nackter Stein und Löcher drin, hinter denen man Menschen vermutet. Und der Fluß? Denkt euch mal das blaue, reißende Wasser weg, stellt euch vor, hier unten fließt nur ein Strom aus kilometerlangem Autoblech, aus Chrom und blitzenden, surrenden Rädern.«

»Dann wären wir ja genau wieder zu Hause«, entgegnete Hinrich trocken.

Michael guckte verblüfft hoch. »Ja, stimmt, hast recht. Es war wohl nur so ein plötzlicher Eindruck, eine Ähnlichkeit, die man unbewußt registriert.« – – –

Oder wir saßen in der Abenddämmerung irgendwo am Ufer. Die Felswände waren zurückgetreten, der Fluß hatte sich verbreitert, und mit jedem Meter, den er sich nach beiden Seiten hin dehnte, war er sanfter geworden. Leise streichelte er das Ufer, das über und über mit kleinen Kieselsteinen bedeckt war.

Gab es einen Platz, an dem man besser seinen Gedanken nachhängen konnte?

Lautlos war ein Fischreiher-Pärchen herangeschwebt, setzte sich weich und elegant auf den Fluß. Leuchtende blaue Bälle. Von Zeit zu Zeit fuhren die langen, spitzen Schnäbel blitzschnell ins Wasser, tauchten mit einem zappelnden Fisch auf. Ganz oben am blauen Abendhimmel kreiste ein dunkler Punkt. Er wurde größer und größer – ein Adler. Urplötzlich schoß er herab, verschwand für eine Sekunde gänzlich im Wasser, kam wieder hoch. Breite Schwingen klatschten ein-, zweimal gegen den Fluß, fast sah es so aus, als sei er zu schwer, sich wieder in die Luft zu schwingen.

Sekunden später war er wieder ein dunkler Punkt am Himmel.

Wir schwammen in einem Meer von Stimmen. Tausend Vögel sangen gleichzeitig, durch die Bäume tobte eine kreischende Pavianfamilie, ein Rabe krächzte, irgendwo in der Ferne heulten Hyänen, es zirpte und schwirrte und piepste, Falter segelten um unsere Köpfe, drüben am anderen Ufer klatschte ein Krokodil ins Wasser.

Im Westen tauchte der rote Feuerball unter. Für eine kurze Zeit sah es so aus, als würde der Fluß brennen. Dann ermatteten die Flammen, das Wasser funkelte nur noch wie ein breites Armband voller unzähliger Brillanten.

Urplötzlich brach die Nacht herein, übergangslos beinahe. Sterne spiegelten sich im Fluß, ein leichter, kühler Wind fuhr über die Haut und ließ sie leicht frösteln. Wir rückten näher an das Feuer heran.

»Danach habe ich mich immer schon gesehnt«, sagte ich. »Danach und nach nichts anderem. Ich habe es nur nicht gewußt.«

Hinrich stocherte mit einem Zweig im Feuer herum, Michael starrte in die Dunkelheit.

Oder dieses Zeremoniell: In einem Dorf hatten wir ein Pfund Kaffee erworben. Die Bohnen waren noch grün, aber schon ihr Anblick ließ uns das duftende Getränk ahnen.

Wir sind alle drei Kaffeenarren.

Hinrich war der Zeremonienmeister. Mit einem Kochgeschirrdeckel saß er vor dem Feuer und verwandelte grüne Kaffeebohnen in dunkelbraune. Der Geruch, der durch das Lager zog, trieb die Müdigkeit mit Peitschen aus den Knochen.

Hinrich, der Heilige. Unbewegt hockte er da, zog den Weihrauchduft tief in sich rein, als wäre er das Elixier des Lebens. Schließlich suchte er eine Steinmulde und einen Stein, der genau hineinpaßte – pulverfein zerkleinerte Hinrich die Bohnen; selbst das Wasserkochen wollte er keinem anderen überlassen. Von wegen Prise Salz und so.

Dann schlürften wir den Kaffee. Wenn man Kaffee richtig genießen will, muß man ihn schlürfen. Und man muß es an einem Lagerfeuer tun, in der Wildnis, und der Tag vorher muß einen windelweich geprügelt haben, so daß man jeden Knochen spürt, jede Sehne, jeden Muskel.

Wenn man so Kaffee getrunken hat, dann weiß man erst, wie Kaffee wirklich schmeckt.

Oder morgens. Meist war es Hinrich, der uns weckte, da er stets die 1. Wache machte und dann durchschlafen konnte. Auftauchen aus tiefem Schlaf. Wüstes Traumdurcheinander – Maggy, Gazellen, stolze Amharen, tanzende Negerinnen, Kirsten, Krokodile, Konditorei, Schüsse. Es dauerte immer ein paar Sekunden, bevor ich zu mir kam. Ach ja, das Zelt, Michael, Hinrich, der Fluß. Und dann war man aber auch wieder voll da. Ausgeruht, gestärkt. Voller Tatendrang. Man spürte die belebende Wirkung der reinen Luft.

Draußen rauschte der Fluß. Ich steckte den Kopf aus dem Zelt. Es herrschte noch Dämmerlicht.

»Los, raus, Michael«, sagte ich. »Du bist dran, Frühstück machen.«

Dann ging ich zum Fluß, mich waschen. Das Wasser war warm, viel wärmer als die Morgenluft. Hinrich prustete neben mir wie ein Flußpferd. »Herrlich«, stöhnte er, »was Rüdiger? Herrlich.« – – –

Oder einfach nur so dahintreiben lassen. Manchmal war er gnädig, der Fluß. »Ruht euch ein wenig aus«, flüsterte er uns zu, »ich trag' euch schon.« Und wir brauchten nur die Paddel leicht ins Wasser zu stecken, sie als Steuer benutzen, alles andere besorgte er.

»Da, guckt euch das Land an«, sagte der Fluß, »die weiten Baumwollfelder dort, wo die Woll-Schneeflocken aus den unzähligen Blüten herausplatzten. Oder dahinten, diesen mächtigen Basaltstock. Und da, seht ihr die undurchdringliche Dornenhecke. Der Affenbrotbaum drüben, in dem die Geier so gern nisten. Diese kleinen Punkte dahinten, ja, wo der dünne Rauch aufsteigt: ein Dorf mit vielen Rundhütten und vielen Menschen; vielleicht freundlichen Menschen, vielleicht feindlichen.

»Schaut euch das Land an«, sagt der Fluß, wenn er gut gelaunt war.

Es kam manchmal vor und plötzlich schlug er um in einen Teufel. Aber das gehört auch zur Schönheit. Sonst wird sie farblos und langweilig. –

Kentern
zum Beispiel in der Schlucht
zwischen den Camps 17 und 24

Das eine muß man dem Abbai lassen: Er griff uns nie heimlich aus dem Hinterhalt an. Er kündigte seine Attacken stets lange und deutlich an, wir konnten uns vorbereiten, die Muskeln anspannen, alle Kräfte mobilisieren, sogar ausweichen durften wir, wenn uns der Gegner zu gewaltig erschien.

Zuerst lag es wie ein leises, fernes Summen in der Luft, wurde lauter und lauter, schließlich dröhnte es in den Ohren, daß man sich nur noch schreiend verständigen konnte. Wieder mal ein Wasserfall, Stromschnellen, ein Katarakt.

Dieser hier gab noch ein wenig mehr an als seine Vorgänger. Drei gewaltige Felsblöcke hatten sich mitten im Fluß aufgebaut, sie ragten hoch aus dem Wasser und bildeten eineinhalb bis zwei Meter breite Tore, durch die es hindurchfauchte und brodelte. Wo das Wasser auf den Felsen traf, zerplatzten riesige Blasen. Ein feiner, durchsichtiger Schleier lag über allem. Dahinter wieder Felsen. Kreuz und quer. Keine Chance zum Manövrieren.

»Sieht beinahe so aus, als stiegen giftige Dämpfe auf«, stellte Michael mit dem Blick des Kameramannes fest.

Hinrich knurrte nur etwas Unverständliches vor sich hin. »Wollen wir es mal mit einem Ballon versuchen?« fragte er dann.

Wir hatten in Hamburg eine Anzahl Luftballons eingepackt. Wenn wir an eine gefährliche Stelle kamen, dann setzten wir einen Ballon auf das Wasser und beobachteten, wie er trieb. Auf diese Weise konnten wir am besten den genauen Verlauf der Strömung feststellen.

»Ich glaube, es hat wenig Sinn«, meinte ich nach einem prüfenden Blick. »Durch die engen Felstore kommen wir mit unserem Boot nie und nimmer. Und dann dahinter die Felsbrocken! Da knallen wir voll drauf.

Die beiden anderen nickten zustimmend.

Ausladen also. Ans Ufer und ausladen. Verdammter Fluß, warum machst du es uns nur so schwer?!

Ungefähr fünfhundert Meter ging es zu Fuß weiter. Wir brauchten gute zwei Stunden für diese fünfhundert Meter. Es gab keinen Weg, nur glatten, abweisenden Felsen. Mal mußte das Boot hochkant gezogen werden, dann konnten wir es ein paar Schritte tragen, zerrten es über Steinbuckel, ließen es eine steile Wand hinab, die Halteseile schnitten sich tief in die Schultern ein. Immer öfter mußten wir eine Verschnaufpause einlegen.

Wie angenehm waren da die anderen Passagen! Die, bei denen wir nur auszusteigen brauchten und das Boot an langen Seilen durch die Höllenstrecke schießen lassen konnten. Lediglich die Decksladung wurde dann abgebunden und geschleppt.

Verflucht, war das eine Schinderei!

Und die Sonne gab uns den Rest. Mitleidslos brannte sie auf uns nieder. Schweißtropfen? Nein, das waren keine Schweißtropfen mehr, das war ein ganzer Schweißstrom, der an uns abfloß.

Hinrich schimpfte dauernd vor sich hin. Michael sagte kaum etwas, aber sein Atem ging pfeifend, die Anstrengung kerbte sich in tiefen Ringen in sein Gesicht ein. Ich hätte am liebsten mit der Faust immer wieder gegen das Boot geschlagen und im nächsten Augenblick vor ohnmächtiger Wut geheult. Ich konnte verstehen, daß hier in der Schlucht viele unserer »Vorfahren« aufgegeben hatten. Wie einfach und verlockend hatten sich ihre Beschreibungen gelesen. Zu Hause im bequemen Sessel. – Und wie erbarmungslos war die Realität.

Absetzen. Der Katarakt schien nicht mehr ganz so wild zu sein. Von hier konnten wir es versuchen.

Aber so weit war es noch lange nicht. Einen halben Kilometer flußauf lag die Ausrüstung. Denselben Höllenweg noch einmal. Und noch einmal. Zehnmal.

Wir warfen uns an das Ufer. Ausruhen – eine Viertelstunde Luft schöpfen, kein Wort sprechen, nur tief atmen.

Ich hatte eine Felsbadewanne ausfindig gemacht, wie wir es nannten. Große Steine, die ein fast geschlossenes Viereck bildeten. Das Wasser hatte sich zwischen ihnen gesammelt, hier konnte man ungefährdet baden. Phantastisch. Das Wasser war 23°. Konstant Tag und Nacht. Bei Tissisat hatten wir noch 21° gemessen und im Sudan sollten es sogar 26° werden. Es löste die verkrampften Muskeln, zauberte die Erbitterung weg, es gab kein Selbstmitleid mehr.

Wir hatten es ja schließlich so gewollt. Oder?

Hätte uns jetzt jemand angeboten, uns sofort herauszufliegen – keiner von uns hätte akzeptiert.

»Los, wir versuchen es wieder«, sagte ich. Schweigend machten wir uns daran, die Ausrüstung einzuladen, das Boot wieder einzusetzen.

Die Strömung griff mit Gier nach uns.

»Wir müssen sehen, daß wir in die Strommitte kommen«, schrie Hinrich. Wir stemmten uns in die Paddel. Vergeblich. Immer wieder wurden wir zurückgeworfen. Plötzlich faßte ein rasender Strudel das Boot, drehte es in blitzschnellen Wirbeln, wir konnten uns nur noch krampfhaft festhalten. Kein Gedanke mehr, zu paddeln. Nur nicht rausgeschleudert werden.

Ein mächtiger Felsbuckel raste auf uns zu. »Bremsen!« schrie Hinrich, der dem Unglück als Bug-Mann um drei Meter näher war als ich. »Vollbremsung!«

Sein Schrei ging unter im Lärm des 2-Meter-Wasserfalls, der uns mit unbeschreiblicher Gewalt anzog und den wir übersehen hatten. Tatsächlich übersehen, so unglaublich das klingt.

Vollbremsung! Das war trainingsgemäß unser letzter Notruf, letzte Station vor dem Jenseits.

Das letzte Mal hatte er ihn ausgestoßen, als uns die Gewalt der Strömung durch eine Außenkurve peitschte und uns an einer senkrechten Wand entlangtrieb. Diese Passagen nannten wir Sägeblattpassagen, weil die Felszacken uns ihre scharfen Zähne zeigten.

Da entdeckten wir eine gewaltige Höhle am Fuße dieser Wand. Wahrscheinlich vom Grund des Stromes herausgefräst und 50 cm über dem Wasserspiegel ragend. Ein schmaler Schlitz, in den uns der Strom hineinreißen wollte, wohin, in welche Gründe, weiß der Teufel. Man reagierte wie ein Elektronengehirn. »Vollbremsung!« Und schon riß ich als Heckmann und Vollbremser den Notanker aus der Sicherung und katapultierte ihn am 15-Meter-Seil zwischen die Felsen am Ufer. Wir hatten Glück. Die Pfeugen griffen augenblicklich. Es gab einen Ruck, ein geringes Dehnen und Spannen des Seils und dann hingen wir straff unmittelbar vor dem Höllenschlund. Er war gar nicht laut, lockte nur leise saugend wie eine Riesenturbine.

Nach der ersten Straffung zog das Boot automatisch ans Ufer. Der Bug lag vor der senkrechten Wand und dem Höhlenmaul. Unheimliche Sparbüchse, wie Hinrich sie gleich taufte. Damals hatten wir Glück gehabt mit unserem Anker. Und wir waren stolz auf unsere pfiffige Idee.

Viele »Erfindungen« hatten wir für diese Fahrt gemacht: Die Sehschlitze am Zelt, die ein Hinausspähen ermöglichten, aber durch versetzte Anordnungen kein Hineinsehen. So konnten wir ungesehen innen Wache stehen und niemand konnte sich während des sonst üblichen Kontrollgangs ums Zelt herum diagonal anschleichen. Oder der Wellenschliff an unseren Messern: Mit ihm öffneten wir Dosen und fällten Bäume und kratzten uns versonnen, wenn es irgendwo juckte.

Na, gut. Hier bei der Sparbüche hatte es funktioniert. Und weiter?

Zwischen Camp 17 und 23

Hinrich hatte kaum geschrien, ich den Notanker ans Ufer raketiert. Wir erwarteten den Ruck. Aber es blieb bei »Hau . . .« und ». . . ruck« machte es erst, als das Boot mit der Nase die Felsenwand traf. Aber der Anker hielt nicht, die Stelle, die ich getroffen hatte, war sandig. Wäre ein idealer Campingplatz gewesen. Aber was nutzte uns das in dieser Sekunde? Nicht Sand, Grund täte uns not.

Da wurde unser Boot hochgeschoben, etwa zwei Meter, drehte sich ein wenig und sauste dann seitlich in die Tiefe. Ich wurde aus meinem Sitz geschleudert, mit einer Hand bekam ich gerade noch das Halteseil zu fassen.

Festhalten, dachte ich verzweifelt. Festhalten. Das Boot ist die einzige Sicherheit. Läßt du los, bist du verloren.

Das Wasser tobte über mir. Ich wurde wieder und wieder hinuntergedrückt, kam für Sekunden hoch, konnte ein-, zweimal Luft schnappen. Ich schlug wild mit den Beinen, kämpfte gegen die Strudel, die mich umherschleuderten. Für einen winzigen Moment sah ich Hinrich einen Meter vor mir auftauchen. Entsetzte, aufgerissene Augen.

So sieht es also aus, dachte ich. Das ist nun die Endstation. Ertrunken. Maggy würde nie erfahren, was aus uns geworden ist. Weg, keine Spur mehr.

Nein! Nein! Etwas in mir wehrte sich. Das darf noch nicht das Ende sein. Nicht aufgeben! Festhalten. Das Boot, das Boot ist die Rettung! Wo war Michael?

Ich schaffte es, wie weiß ich nicht. Ich lag auf einmal auf dem kieloben treibenden Boot. Vor mir tauchte von Zeit zu Zeit Hinrichs verzweifeltes Gesicht auf. Ich quälte mich Zentimeter um Zentimeter nach vorn, hielt ihm die Hand hin. Abgerutscht. Noch einmal, Hinrich! Hier ist meine Hand. Pack doch schon zu!

Sekunden später lagen wir beide auf dem Boot. Keine Zeit zum Atemschöpfen. Wir mußten die Paddel an den Seilen heranziehen. Wir mußten versuchen, hier herauszukommen. Wo war Michael?

»Paddel doch stärker, du Pflaume!« schrien wir uns gegenseitig an oder zu. Je nachdem. Wer weiß das heute. »Nach links!!!! Was willst du denn immer nach rechts?« – »Ich paddel doch gar nicht nach links. Hast du dein Glasauge verloren«, geiferte der andere in der Hitze des Gefechts zurück.

Und endlich merkten wir, daß wir 15 m hinter dem Wasserfall vor
Anker lagen. Wir hatten den Anker geschleppt und der hatte sich erst
nach dem Sturzflug am Flußgrund verhakt. Nun lagen wir da wie
»auf Reede« und als warteten wir auf die kleinen Boote, die unsere
Ladung löschen kommen würden.

Gemeinsam zogen wir am Ankerseil. Es rührte sich keinen Deut.
Im übrigen hätten wir gar nicht über dem Liegeplatz des Ankers ausruhen können, denn wir kamen weder gegen die gewaltige Strömung
an noch wollten wir uns abermals von den herabstürzenden Wasser-
massen massieren lassen. Mit einer Träne im Auge kappten wir das
wertvolle Seil. Immer denkt man: »Hoffentlich sind das nicht gerade
die 12 Meter, die uns irgendwann fehlen, wenn wir das Boot am
Langseil unbemannt über irgendwelche Strudel ablassen mußten.«

Der Fluß hatte Einsehen mit uns. Wie einen Spielball, des Spiels
plötzlich müde, schleuderte er uns aus der Strömung, jagte uns eine
noch kurze Strecke und schmiß uns dann ans Ufer.

Keuchender, stoßweiser Atem. Ich lag völlig erschöpft auf dem
Bauch, das Gesicht gegen Sand und Steine gepreßt. Sekunden? Minuten? Ich schaute mühsam hoch. Zentimeter vor mir Hinrich, eine
große blutende Wunde auf der Stirn, bleich wie der Tod, geschlossene
Augen.

Sofort arbeiteten die Gedanken wieder. Wo war Michael? Ertrunken? Gegen einen Felsen geschmettert und totgeschlagen worden?
Oder hatten ihn die Kroks erwischt, die oft hinter den Katarakten
auf Beute lauern?

Wir rappelten uns hoch, kletterten, stolperten, hasteten am Ufer
zurück. »Komm schnell, laß ihn uns finden! Jede Sekunde kann
wichtig sein.«

Er hockte auf dem Felsen mitten im Fluß, gegen den unser Boot
geprallt war. Klitschnaß. Um ihn herum tobte die Hölle, wollte ihn
fressen. Aber der Fels war groß. Wenn Michael sich in der Mitte aufhielt, konnte ihm nichts passieren. Hinrich und ich führten am Ufer
einen Freudentanz aus. Michael winkte begeistert zurück. Mit Worten verständigen konnten wir uns nicht. Entfernung nur zwölf Meter,
aber man verstand ja kaum sein eigenes Wort.

Wie konnte er da von dem Felsen herunter? Schwimmen? Unmöglich, die Strömung hätte ihn sofort gepackt und weggerissen. Wir
mußten irgendwie helfen. Hinrich kam schon mit dem langen
Nylonseil angerannt. So könnte es gehen.

Erster Wurf. Das Seil klatschte einen guten Meter von Michael entfernt ins Wasser. Zweiter Wurf. Wieder nichts. Dritter Wurf. Daneben. Beim elften Mal schafften wir es. Michael hatte das Seil aufgefangen, band es sich um die Brust; hoffentlich zog er es fest genug zu.

Er zögerte keine Sekunde. Das Wasser schlug über ihm zusammen, manchmal sahen wir seine Arme, wie sie versuchten, gegen die Strömung anzukämpfen. Wir zogen aus Leibeskräften. Zur Sicherung hatten wir das Ende um einen Felsen geschlungen. Wenn nur das Seil ihn nicht zerschnitt, dachte ich. Nylon ist zwar stabil, aber durch seine Elastizität kann es bei hoher Spannung schneiden wie ein Draht. Kein Bergsteiger würde ein Nylonseil zum Klettern benutzen.

Das Seil hielt. Es schnitt auch nicht. Es hatte nur ein paar Sekunden gedauert, bis Michael aus dem Wasser stieg. Mir schienen sie eine Ewigkeit.

Nach einer Viertelstunde erst konnte er erzählen: »Ich merkte, wie es mich auf einmal aus dem Sitz hob. Das Boot rutschte unter mir weg. Instinktiv griff ich mit beiden Händen zu, bekam ein Stückchen Felskante zu fassen und hielt mich daran fest. Das war eigentlich schon alles. Ich zog, das Wasser schob und so landete ich auf dem glitschigen Felsen. Ich suchte mich zu orientieren. Das Boot und euch sah ich nicht mehr. Nach einer Weile tauchten dann Hinrich und du am Ufer auf. Den Rest kennt ihr selbst.«

Ein nüchterner, sachlicher Bericht. Von der Angst, die ihn auf den Felsen befallen hatte, sprach Michael nicht. Das war auch unnötig, wir kannten die Angst zur Genüge – mit ihren vielen schrecklichen Gesichtern.

Eine halbe Stunde später fuhren wir weiter. An diesem Tag mußten wir noch zweimal aussteigen, das Boot und die Ausrüstung schleppen.

Aber was bedeutete das schon?

Abends im Zelt sagte Hinrich: »Diejenigen, die hier zur Regenzeit fahren, haben gar keine Ahnung, welche Mühe und Gefahren sie sich ersparen. Dann steht der Fluß sechs, sieben Meter höher, und man braucht keinen Gedanken daran zu verschwenden, daß unter einem ganze Felsengebirge stehen, die uns jetzt das Leben so schwer machen.«

Und wie oft war uns Ähnliches passiert! Mal war es Michael, den es erwischte, mal Hinrich, mal ich. Der Nil war gerecht. Jedem stellte er ein Bein, jedem reichte er wieder die Hand.

Wieviel Glück gehörte doch zum Gelingen!

Wenig kann man sich letztlich darauf einbilden, wenn man das Glück hatte, es zu schaffen. Zu jeder Stunde drohte das Unglück, lächelte das Glück. Mehr als einmal am Tage sagten wir »Mensch, haben wir Schwein gehabt.«

»Verdammt, das war aber haarscharf!«

Die Schlucht
zwischen Camp 17 und 23

Auf einmal rückten die Basaltberge wieder canonartig zusammen. 10 km weiter talwärts standen ein paar steinerne Brückenpfeiler. Ein Italiener, Signor Castanio, hatte hier 1903 versucht, einen Übergang über den Fluß zu schlagen. Im Auftrage Kaiser Meneliks. Mehr als diese Sandsteinklötze erinnert nicht mehr daran. Die Eisenteile wurden schon auf ihrem Wege vom Hafen zum Nil von den Danakils geraubt und zu Schwertern verarbeitet.

400 m danach mündet der Guder in den Blauen Nil.

Die Schlucht!

Wir hatten schon in Addis Abeba von ihr gehört. Leute, die den Blauen Nil ein wenig kannten, erzählten, die Schlucht berge vielleicht die größte aller Gefahren, die auf uns lauerten.

»Warum?« wollte ich wissen.

»Weil sie einen psychisch kaputtmacht«, lautete die Antwort. »Sie gibt das Gefühl, man sei lebendig in ein Grab eingeschlossen.«

Und dann erzählte man uns die Geschichte von dem Kunstmaler Matzner, einem Österreicher, der schon einige Zeit in Addis Abeba lebte. Eines Tages brach er mit einer selbstgezimmerten Hühnerleiter (anders konnte man seinen Untersatz kaum bezeichnen) auf, er wollte in die Schlucht fahren, sich von den düsteren Farben inspirieren lassen, malen.

Nach drei Wochen etwa war er wieder in der Hauptstadt. Ein gebrochener, geschlagener Mann. Er berichtete, daß sein Floß von Krokodilen angegriffen und vernichtet wurde. Deshalb habe er umkehren und sich zu Fuß durchschlagen müssen. Später wurde sein Floß am Blauen Nil gefunden, unversehrt, kein Zeichen einer Krokodilattacke.

Den Österreicher hatte die Schlucht zur Umkehr gezwungen. Ihre Stimmung, die sich auf das Gemüt legt, Depressionen auslöst, die einen Menschen fertigmachen, ohne daß er physisch angegriffen wird.

Am Ende der Schlucht, dort wo der Tinkotscha sein Wasser dem Nil schenkt, muß es auch gewesen sein, wo Steuben 1959 von 3 Amharen gespeert wurde. Nur sein Gewehr bewahrte ihn vor dem Tod. Fast bewußtlos ließ er sich vom Strom weitertreiben. Andere Amharen pflegten ihn gesund und brachten ihn in Nachtmärschen nach Debra Marcos, weil viele Stämme miteinander in Fehde liegen.

Warum hatte Steuben die 3 Eingeborenen an sich herangelassen? Er war allein unterwegs. Ein echter Einzelgänger. Unerschrocken. Aber die Wochen des Alleinseins in der düsteren Schlucht hatten ihn mürbe gemacht. Endlich Menschen. Endlich Leben! Und da stachen sie ihn nieder.

Die Schlucht ist einhundertvierzig Kilometer lang.

Wir waren jetzt den zweiten Tag drin. Blauschwarzer Basalt düsterte zu beiden Seiten. Zwei- bis dreihundert Meter hoch türmte er sich glatt und steil auf. Der Fluß wurde enger, an manchen Stellen war er kaum zehn Meter breit. Man hatte das Gefühl, durch eine riesige, schmale Kanüle zu fahren. Manchmal schrie ein Vogel, und der Ruf brach sich an den engen Wänden, echote zurück, zerfiel. Das Gebrüll der Katarakte und Schnellen hallte hohl wie ein Echo im leeren Raum. Keine Spur eines Menschen ließ sich entdecken.

Und Pflanzen, Bäume, ein wenig Grün? Nicht ein Grashalm erfreute das Auge. Grün war hier verboten. Jedenfalls bis zu 10 m über dem Wasserspiegel. Bis dort hatte die Regenzeit-Flut alles glattrasiert. Und was darüberstand, war jetzt, im Februar, gelb und fahl. Das Wasser spiegelte kalten, schwarzen Grabstein-Marmor.

Eine bedrückte Stimmung herrschte. Wir erwischten uns dabei, daß wir während der Gespräche unwillkürlich die Stimmen dämpften. Am seltsamsten aber war es kurz vor dem Morgengrauen. So gegen vier Uhr verstummte wie auf Kommando jeder Laut in der Schlucht. Kein Vogel rief, kein Falter flatterte, nichts regte sich.

Nur der Fluß rauscht.

Da vorn bohrte sich der Abbai in einer doppelten S-Kurve durch die Felswände. Ziemlich heftiges Wildwasser, aber nicht so heftig, daß wir meinten, mal wieder aussteigen zu müssen.

»Wie wäre es denn, wenn Michael hier mal voranginge und uns so richtig in stürmischer Reißwasserfahrt filmte?« schlug Hinrich vor.

Na, Michael brauchte man nur leise zu sagen, daß er etwas filmen sollte, schon hatte er die Kamera in der Hand und sauste los. Erstaunlich eigentlich, wo er die Kräfte hernahm. Wie oft hatte er sich mühsam am Ufer entlangquetschen müssen, wenn wir bequem im Boot saßen.

Und dann immer die schwere Kamera um den Hals. Die Bleiakkus auf dem Rücken. Das Gewehr über der Schulter. Dazwischen 1000 Kabel, die wir nie anfassen durften. Wie hatte er sich sorgfältig auf alles vorbereitet: -zig Reservekabel, Isolierband, die Kontakte mit Zaponlack versiegelt.

Eines Tages, als wir beide allein waren, sagte ich zu Hinrich: »Du, weißt du noch, wie der in Hamburg zu uns gekommen ist? Da waren wir uns doch so ziemlich einig über ihn: werden ihn eben mit durchschleppen müssen. Na, was meinst du jetzt. Von Durchschleppen gibt's da nicht viel, heute habe ich eher den Eindruck, der könnte, wenn's drauf ankommt, uns mit durchschleppen.«

Hinrich nickte nur zustimmend.

Michael verschwand schon um den Felsen. Eine schmale drahtige Gestalt. Er würde sich jetzt da vorn einen günstigen Standplatz suchen, seine Kamera aufbauen und auf uns warten. Ein Fanatiker seiner Arbeit.

Zehn Minuten gaben wir ihm. Dann schwang sich Hinrich in seinen Sitz, ich stieß das Boot ab, jumpte nach, ab ging's.

Die Strömung faßte uns, trieb das Boot. Im Nu wirbelte sie uns durch die Flußmitte auf die andere Flußseite. Jetzt waren wir in der Hauptströmung, jetzt hieß es aufpassen, damit uns das Boot nicht durchging.

Wir pressen unser Paddel gegen das reißende Wasser. Schon ist die erste Kurve da. Durch. Ein schneller Blick nach oben. Ja, da stand Michael, die Kamera schwenkte uns nach. Prima, das werden sicher tolle Aufnahmen werden.

Plötzlich gab es einen gewaltigen Ruck. Ich flog beinahe wieder aus dem Sitz. Das Boot war blockiert, der Fluß rauschte vorbei. Hinrich sah sich mehr verblüfft als erschrocken um.

Camp 18

Was war passiert?

Die beiden Felsblöcke, die vom Strom überspült eng zusammenlagen, hatten wir nicht sehen können. Unser Boot war mit enormer Kraft in sie hineingepreßt worden und seine Spitze lag fest wie in den Backen einer Flachzange. Keinen Millimeter rührte sie sich. Von hinten schoß das Wasser über das Bootsheck, drückte es mit Urgewalt nieder.

Hinrich sah mich wortlos an. Ich wußte, was er jetzt dachte; an unsere erste Expedition, als der mächtige Baum im Wasser unser Boot in seinem Wurzelwerk gefangenhielt, es nicht wieder freigab und uns zur Rückkehr zwang.

Sollte das hier die Wiederholung sein? Sollte der Blaue Nil wieder stärker sein als wir?

Das Ufer lag kaum vier Meter entfernt. Hinrich ließ sich ins Wasser gleiten. »Grund«, sagte er, »man kann bequem stehen.«

Wir legten uns die starken Nylonseile um die Brust und staksten an Land. Zunächst mußten wir das Boot festmachen. Weiß der Kukkuck, sonst spülte dieser verrückte Fluß es plötzlich wieder frei und trieb es davon.

Michael stand am anderen Ufer und filmte. Von Zeit zu Zeit winkte er uns fröhlich zu. Der hatte den Ernst der Situation noch gar nicht erfaßt, wahrscheinlich dachte er: Mensch, besser können ja die Szenen gar nicht sein. Ist ja beinahe wie gestellt.

Hinter mir fluchte Hinrich: »Mist, verdammter! Wie soll der überhaupt wieder zu uns rüber kommen?« Ach, du grüne Neune! Daran hatte ich ja noch gar nicht gedacht.

Aber erst einmal die Ausrüstung bergen. Stück für Stück schleppten wir an Land. Das Zelt, die Waffen, die Fotosäcke, die Verpflegung. Zwei Stunden bis zur Brust im Wasser, mit einer Hand immer am Seil, sonst riß einen die Strömung weg.

Das Boot war entleert. Hinrich und ich wuchteten mit den Schultern dagegen, versuchten es hochzudrücken. Wir fluchten und schwitzten, obwohl uns das Wasser förmlich zudeckte – nichts. Keinen Zentimeter rührte sich das Aas.

Die Sonne stand schon ziemlich tief über den Felsen. »Ich werde erst mal zu Michael gucken«, rief ich Hinrich zu. »Vielleicht kann ich ihn wieder mit dem Seil rüberholen.«

Hinrich nickte nur und kämpfte weiter mit dem Strom um das Boot.

Mit dem Reserveseil kletterte ich am Ufer entlang, bis auf Michaels Höhe. Nein, hier ging es mit dem Seil nicht, der Fluß war zu breit. Ich deutete Michael an, ein Stück weiter nach vorn zu klettern, dort schien die Schlucht etwas enger zu werden.

Die Dunkelheit löschte schon die Sonnenschatten. Ich versuchte ein paarmal, das Seil ans andere Ufer zu werfen, obwohl ich am Erfolg zweifelte. Es war viel zu schwer, patschte weit vor Michael ins Wasser und wurde von der Strömung fortgerissen.

Drüben schrie Michael etwas. Ich sah seinen weit aufgerissenen Mund, seine aufgeregten Gesten, aber ich hörte nichts. Der Fluß übertönte jedes andere Geräusch.

Schlagartig war es dunkel. Michael verschmolz mit der Nacht, ich sah ihn nicht mehr. Um Himmels willen, er war doch nicht in einen Felsspalt gestürzt? Oder in den Fluß?

Heiß fielen mir die Ermahnungen seiner Eltern ein. »Sie sind der Älteste der Gruppe«, hatte mir Michaels Vater gesagt. »Passen Sie ein wenig mehr auf als die anderen.«

Hinrich war mir entgegengekommen. »Nichts?« fragte er knapp.

»Nichts«, antwortete ich. Und nach einer Weile fragend: »Das Boot?«

Hinrich winkte müde ab.

Wir kletterten zum Zelt zurück. Hinrich briet etwas Eipulver in der Pfanne auf, lustlos schlangen wir das Essen runter. Unsere Gedanken waren bei Michael. Hoffentlich war ihm nichts passiert. Und hoffentlich hatte er nicht die Nerven verloren. Allein dort in der Nacht – das konnte auch einen Stärkeren umwerfen.

Plötzlich riß die Dunkelheit drüben auf. Ein Feuer – wir sahen uns erlöst an. Das konnte nur Michael sein. Gott sei Dank!

Ich mußte an Holger Gleitsmann denken, an seine ständigen Ermahnungen: »Macht, was ihr wollt, aber legt niemals den Survival-Gürtel ab, hört ihr. Niemals.«

Danke, Holger . . .

Michael saß allein in der Nacht. Er hatte nur eine kurze Hose an und ein Hemd. Seine Sachen waren klatschnaß, er fror. Ein Glück, daß ich wenigstens diese Felsspalte in der Dunkelheit gefunden habe und genug Holz für ein Feuer, dachte er. Ob sie es morgen schaffen werden, mich zu holen?

Er rückte näher an das Feuer heran. Jetzt erst spürte er seinen Magen revoltieren. Seit Stunden hatte er nichts gegessen. Da drüben, ein paar lächerliche Meter nur entfernt, gab es genug. Aber dazwischen lag die Nacht und der Fluß.

Der Mond war aufgegangen. Sein bleiches Gesicht spiegelte sich verzerrt im Wasser. In der Ferne heulten Hyänen. Michael mußte an zu Hause denken, an den Brief, den er seinem Bruder zur Verwahrung gegeben hatte. Laß ihn bloß nicht Mutter sehen, nur für den Fall, daß mir etwas zustoßen sollte, gibst du ihn weiter.

Es war ein kurzer Brief: »Liebe Eltern, lieber Andreas. Es war vierundzwanzig Jahre sehr, sehr schön bei Euch. Behaltet mich ein bißchen in guter Erinnerung. Euer Michael.«

Damals hatte er das mehr als einen interessanten Spaß betrachtet. Spannend, mal daran zu denken, daß man nicht mehr zurückkommen könnte. Wer glaubt schon im Ernst daran?!

Seine Gedanken wanderten weiter. Gabrielle. Blonder Wuschelkopf in der Schweiz. »Ich möchte auch dabeisein«, hatte Gabrielle ihm zuletzt geschrieben. »Ich bewundere Dich und Deinen Mut. Ich habe viel Angst um Dich. Bitte, bitte, sei vorsichtig. Ich wäre sehr traurig, wenn Du nicht mehr zurückkämst . . .« – Kleine Gabrielle.

Sein Kopf sank tiefer und tiefer. Gedanken und Träume flossen ineinander. Das Feuer glimmt nur noch. Michael fuhr hoch, warf schnell ein paar Knüppel nach. Prasselnd schlugen die Flammen hoch, und wohlige Wärme hüllte ihn ein.

Morgen, dachte Michael. Vielleicht klappt's morgen . . .

Ich war in der Nacht dreimal aus dem Zelt gekrochen. Hin zum Fluß. Ja, das Boot lag noch fest wie es am Abend landete. Am anderen Ufer Feuer. Michael.

Der Morgen kündigte sich, wie jeder andere Morgen vor ihm, an. Ein blaßblauer Streifen am Horizont, der schnell heller wurde, die Sterne verblichen, plötzlich stieg der große rote Ball am Himmel auf und ließ die Nacht vergessen.

Hinrich kochte Tee. Drüben erschien Michael. Wir winkten uns zu, deuteten mit Gesten an, daß wir erst einmal versuchen wollten, das Boot flottzumachen. Mit dem Boot wäre alles viel leichter, wir könnten versuchen, durch die Hauptströmung ans andere Ufer zu kommen. Michael gab zurück: Okay.

Stundenlange Schufterei. Unsere Hoffnung sank mit jedem Versuch. Hinrich war über die Felsen geklettert, mit ein paar jungen

Baumstämmen kam er wieder. Vielleicht ging es, wenn wir die als Hebel ansetzten?

Aussichtslos. Die Bäume bogen sich und brachen weg. Das Boot rührte sich nicht.

Weinen und Fluchen – was nützt es schon? Aber jetzt mußten wir uns erst einmal wieder um Michael kümmern. Wie denn? Wie denn nur? Das Seil. Um keinen Deut waren wir erfolgreicher als gestern abend. Ob er einfach ins Wasser springen sollte, dachte ich, und schwimmend unser Ufer zu erreichen versuchte? Wir könnten ja in den Fluß schießen, um Krokodile abzulenken.

Ich warf einen Blick in das tosende Wasser. Ob ich mich ohne Seil reinwagen würde? Schon bei dem Gedanken schauderte ich.

Wir beobachteten, wie Michael Schwemmholz zusammentrug. Was wollte er denn damit? Oh, clever der Junge, der wollte sich ein provisorisches Floß bauen. Mit Draht aus dem Survival-Gürtel band er das Holz zusammen. Wir sahen gespannt zu. Das wirkte ja ganz vielversprechend. Ob es klappte?

Michael suchte sich eine etwas ruhigere Stelle, schob den Holzhaufen ins Wasser, warf sich mit dem Bauch darauf und begann sofort mit den Händen zu paddeln. Doch nach wenigen Zügen schon sank das »Floß« wie ein Stein. Das Holz war ausgetrocknet und porös wie ein Schwamm, es saugte sich im Nu voll Wasser und ging unter.

Die zweite Nacht. Wieder der kleine rote Punkt am anderen Ufer.

»Morgen früh kümmern wir uns gar nicht erst um das Boot«, sagte ich. »Das hat wohl doch keinen Zweck mehr. Wir müssen auf jeden Fall erst sehen, wie wir Michael rüberholen. Sonst dreht er durch.«

Hinrich grübelte angestrengt. »Ob wir zuerst mal die Angel-Nylonschnur werfen?« fragte er. »Einen Stein dran, wie eine Steinschleuder und dann später das schwere Seil nachziehen?«

»Versuchen können wir's ja«, antwortete ich. Viel Hoffnung hatte ich nicht.

Der Morgen war noch ganz jung, als Hinrich zum ersten Mal warf. Mist, die steife Schnur verheddderte sich, klatschte ins Wasser. Wieder und immer wieder warfen wir, mal Hinrich, mal ich. Die Muskeln taten uns weh, die Würfe wurden immer kürzer.

»So geht's nicht«, keuchte Hinrich. »Jetzt eine kleine Pause, dann wirst du werfen und ich werde mir die Schnur mal so um die Arme legen, wie man früher immer die Wolle hielt, wenn Oma sie aufräufelte. Vielleicht kann sie dann besser abrollen.«

Donnerwetter, das ging ja gleich viel besser. Da – zum ersten Mal prallte der Stein mit der Schnur am anderen Ufer auf. Michael sprang hinzu – zu spät, schon war der Stein wieder ins Wasser geglitten.

»Los, noch mal«, schrie Hinrich. »Besser zielen.«

Wieder knallte der Stein auf das gegenüberliegende Ufer. Wie ein Panther stürzte Michael heran, erwischte die Schnur mit dem Fuß, warf sich in voller Länge über sie. Noch im Liegen schlang er sie sich um den Körper. Dann erst stand er auf.

Wir schrien und rissen vor Begeisterung die Arme hoch. Jetzt das schwere Seil anbinden. Zieh, Michael, zieh!

Das war nun nur noch Routinesache. Aber Michael kam immer noch nicht. Was war denn das für ein schwarzer Beutel, den er sich so sorgsam um den Hals band. Ach ja, die Kamera, Mensch, wir hatten ja ganz vergessen, daß wir einen Kameramann am anderen Ufer hatten.

Michael stieg ins Wasser und dachte: Hoffentlich geht das gut, hoffentlich geht das gut. Ob es hier Krokodile gibt? Lieber nicht dran denken. Rüdiger und Hinrich müssen nur schnell ziehen, ganz schnell.

Das Wasser schlug über ihm zusammen. Der Fluß bedrängte seine Beine, seinen Körper, seinen Kopf. Luft, dachte er, bekomme ich denn keine Luft mehr? Wenn bloß die Kamera nicht gegen einen Felsen stößt.

Dann lag er auf dem Trockenen. Zwei Verrückte stürzten sich auf ihn, drückten ihn, küßten ihn ab, rissen ihn hoch, schleppten ihn zum Zelt.

Ich hab' vielleicht Kohldampf, sagte er. Mann Gottes, was habe ich für einen Hunger.

Ich rührte schon im Kochgeschirr. Haferflocken und Schokoladenpulver – Michaels Lieblingsspeise. Er riß sie mir aus der Hand, schlang, strahlte und schlang.

Vom Feuer her lockte verführerischer Duft. Wildschweinkeule. Ein kleines Stück hatte Hinrich noch gerettet.

»Dauert es noch lange«, fragte Michael. »Mensch, ich könnte das Fleisch roh essen.«

Eine Stunde später war der Sonntag wieder zum Alltag geworden, zum grauen, sorgenbeladenen Alltag. Das Boot, verflucht, das Boot.

Jetzt stemmten wir alle Mann dagegen. Eine Kraft mehr. Würde der Felsen es nun nicht endlich freigeben? Nein, die Zange hielt.

Wir schufteten bis in die späte Nacht. Müde und zerschlagen lagen wir dann im Zelt. Keiner hatte noch ein Fünkchen Hoffnung.

Am nächsten Mittag gaben wir auf. Hinrich ließ müde die Arme sinken, wankte ans Ufer und warf sich hin. »Es hat ja doch alles keinen Sinn mehr«, schluchzte er. »Wir haben verloren.«

Nur nicht von Stimmungen überwältigen lassen, dachte ich. Es kann kaum etwas Gefährlicheres geben, als sich selbst aufzugeben. Ich schob allen Pessimismus beiseite, holte Karte und Kompaß heraus und fing an zu rechnen.

»Was soll das?« fragte Michael.

»Wir müssen zuerst einmal möglichst genau feststellen, wo wir sind«, erklärte ich ihm. »Denn wahrscheinlich werden wir zu Fuß weiter müssen.«

Wir schätzten, daß wir etwa zehn Kilometer hinter dem Guder sein mußten. Der nächste sichere Ort wäre demnach Debre Marcos gewesen – rund hundert Kilometer entfernt.

Unsere Hoffnungen sanken auf den Nullpunkt.

»Das schaffen wir nie und nimmer«, stieß Hinrich hervor. »Hundert Kilometer über Fels und Stein, bei dieser Hitze. Vielleicht ginge es, wenn wir genügend zu trinken hätten. Aber so? Wir können ja nur einen kleinen Vorrat mitnehmen.«

»Trotzdem«, widersprach ich. »Es gibt keinen anderen Ausweg. Willst du denn einfach hierbleiben und warten, bis vielleicht mal eine andere Expedition den Blauen Nil runterkommt?«

»Aber hier haben wir wenigstens zu trinken. Und Fische fangen wir immer.«

Hinrich zuckte hilflos die Schultern.

In der Nacht fand ich kaum Schlaf. Fieberhaft wälzte ich Pläne. Hatte nicht ein Mann größere Chancen durchzukommen als drei? Der Gedanke setzte sich fest.

Warum aber sollte denn einer größere Chancen haben?

Weil er keine Rücksicht auf andere nehmen muß, antwortete ich mir selbst. Ein Mann kann sich leichter verbergen als drei. Andererseits aber können sich drei besser verteidigen, sagte die andere Stimme.

Ich schob sie beiseite. Einer hat größere Chancen! Der Gedanke ließ mich nicht mehr los.

Aber wer?

Es gab überhaupt nur eine Antwort darauf: Ich.

Ganz logische Überlegung: Ich besaß von uns die größte Erfahrung. Mit dem Fahrrad war ich bis Marokko gefahren, per Landrover durch die Sahara, die Wüste Nefud, zu Fuß hatte ich große Teile in Kenia und Uganda bewältigt und war per Autostop ums Mittelmeer gereist. Und was hatten Hinrich und Michael dem entgegenzusetzen? Nichts.

Noch wichtiger aber war vielleicht das zweite Argument: Wir hingen zwar alle drei sehr an dieser Expedition, wir wünschten uns von ganzem Herzen, daß sie gelingen möge, aber bei mir war die Antriebskraft wahrscheinlich doch noch stärker als bei den beiden anderen. Diese Expedition – das war meine Idee gewesen, mein Traum. Ich hatte die Pläne ausgearbeitet, ich hatte mich zweifellos am meisten engagiert.

Du lieber Gott, ich mochte gar nicht an die Gesichter denken, wenn wir wieder erfolglos zurückkommen würden. Allein die hämischen Mienen in der Botschaft in Addis Abeba. Mindenoh etwa, der Botschaftsrat. Oder auch Fritz von Randow. »Habe ich Ihnen das nicht schon vor ein paar Jahren geschrieben«, würde er sagen.

Ja, verflucht, er hatte es geschrieben. Mußte er deshalb auch Recht behalten?

Und dann erst die Schadenfreude zu Hause! Na ja, nun ist er zum zweiten Mal umgekehrt. Hoffentlich hat er jetzt die Nase voll. Konditor, bleibe bei deinem Kuchen.

Vielleicht dachten die Leute auch gar nicht so, vielleicht bildete ich mir das alles nur ein. Aber die leise Möglichkeit, es könnte so sein, genügte mir schon.

Es gab keine Frage: mich würde der Wille, es unbedingt schaffen zu müssen, stärker vorwärtstreiben als Hinrich oder Michael.

Und vielleicht hatte ich ja auch Glück und stieß schon viel früher auf ein Dorf, auf Menschen, die uns helfen könnten.

Ein unruhiger Schlaf fing mich ein.

Bedrückte Gesichter beim Frühstück. Betont gleichgültig. So, als würde ich sagen: »Gebt mir doch noch mal die Haferflocken rüber«, warf ich den beiden den Brocken hin:

»Ich habe es mir heute nacht genau überlegt. Ihr beide werdet hierbleiben. Ich versuche allein durchzukommen.« Schnell einen Schluck Tee. Hinrich und Michael sahen mich entgeistert an. Hinrich fing sich zuerst: »Was hast du da eben gesagt? Du willst allein weg? Bei dir ist wohl eine Schraube locker, ja?«

Und Michael kniff sich ein gequältes Lächeln ab: »Der spinnt, Hinrich. Laß man, der kommt schon wieder zu sich.«

Ich setzte den beiden meine Überlegungen auseinander. Mit der Zeit wurde ihr Widerstand schwächer. Michael schien am ehesten meine Logik einzusehen.

»Wie lange sollen wir denn hier warten?« fragte er schon halb überzeugt.

»Ich werde morgen abmarschieren«, erläuterte ich. »Dann wartet ihr noch zehn Tage. Wenn ich in Debre Marcos bin, versuche ich entweder Träger zu mieten, die mit mir zurückkommen und uns helfen, das Boot freizumachen, oder aber ich fahre mit einem Lastwagen nach Addis Abeba zurück. Ihr wißt doch, daß unsere Freunde vom »Geophysikalischen Institut« einen Hubschrauber haben. Wenn ich denen unsere Situation schildere, dann helfen sie bestimmt. Na und mit einem Helikopter haben wir das Boot in ein paar Sekunden wieder los.«

Es klang alles so leicht wie ein Kinderspiel. Als würde ich einen Sonntagnachmittags-Ausflug planen.

»Und wenn du in zehn Tagen nicht zurück bist?«

»Dann versucht ihr es allein.«

Ich merkte Hinrich an, daß er seinen Widerstand noch nicht aufgegeben hatte. Aber er sagte nichts mehr, er brütete nur finster vor sich hin.

Am Nachmittag stellte ich mein Gepäck zusammen. Gewehr, eine Dose mit Haferflocken; ich kochte fünf Liter Tee, den ich stark mit Zitrone und etwas Salz und Süßstoff versetzte. Mehr konnte ich nicht mitnehmen. Trinken ist wichtiger als Essen. Ich mußte beweglich sein.

Der Nachmittag rückte heran. Je näher die Stunde meines Aufbruchs kam, um so seltsamer wurde mir. Das spricht sich so leicht dahin: »Ich gehe allein los.« Doch wenn es dann wirklich soweit ist, dann bläht sich die Angst auf. Allein in der Wildnis! Hinter jedem Baum oder Strauch konnte ein Mörder lauern, der mich nur deshalb umbrachte, weil er mein Gewehr haben wollte. Oder ein Tier nahm mich an, verwundete mich. In Gedanken sah ich mich hilflos irgendwo liegen, kein Wasser mehr, nichts mehr zu essen.

Ob ich nicht doch lieber hierbliebe?

Weg mit solchen Gedanken. Ich kroch in das Zelt, riß eine Seite aus dem Tagebuch heraus und fing an zu schreiben:

»Meine liebe Maggy!

Wenn Du diesen Brief jemals bekommen solltest, dann mußt Du
sehr tapfer sein. Mit großer Sicherheit lebe ich dann nicht mehr. Es
sollte eben nicht sein. Mein Traum, den Blauen Nil als erster von
oben bis unten zu befahren, ist ein Traum geblieben. Bitte, nimm es
nicht allzu schwer, Du weißt, daß diese Expedition mein größter
Wunsch gewesen ist. Denke jetzt in erster Linie nur an Dich und an
Kirsten, denke daran, was wir für den Fall besprochen haben, der nun
eingetreten ist. Nur das ist wichtig, sonst nichts.

Wir sind wieder mit unserem Boot steckengeblieben. Ich bin allein
losgegangen, um Hilfe zu holen. Ich hoffe nur, daß Hinrich und
Michael wieder nach Hause gekommen sind.

In Gedanken grüße und küsse ich Euch noch einmal. Die Erinnerung an Euch macht mir hier vieles leichter.

Ich habe Euch sehr geliebt.   Euer Rüdiger.«

Ich las den Brief noch einmal durch. Dann faltete ich das Blatt zusammen und verließ das Zelt.

»Da, Hinrich, nimm das bitte.« Ich gab ihm den Zettel. Er sah mich
fragend an.

»Wenn mir etwas zustoßen sollte, wenn ich nicht zurückkomme,
dann gib das Maggy.«

Mir wurde die Kehle trocken. Hinrich steckte den Brief schweigend in die Brusttasche seines Khaki-Hemdes.

Ich zog mich wieder in das Zelt zurück. Draußen tuschelten Hinrich und Michael miteinander. Wortfetzen drangen an mein Ohr, ich
achtete kaum darauf. Meine Gedanken isolierten mich völlig.

Michael hatte sich vor Beginn der Fahrt einmal aus Spaß aus der
Hand lesen lassen. »Ihr werdet gesund und heil nach Hause kommen.« Die Stimme der alten Frau war tief und klang beruhigend. »Ihr
werdet zurückkommen. Nur müßt ihr sehr vorsichtig sein. Ihr dürft
nicht in Leichtsinn fallen.«

So hatte sie gesagt. Waren wir leichtsinnig gewesen? Nein. Ob die
Frau vielleicht doch die Wahrheit gesagt hatte? Wie man sich an einen
Strohhalm klammern kann! Dabei hatte sie nur mathematische Logik
verkündet. Solche Ratschläge könnte ich mir selbst geben.

Ich merkte plötzlich, daß ich nur noch ein Bündel Angst war.
Meine Hände fingen an zu zittern. Laß es bloß nicht Hinrich und
Michael merken, dachte ich. Diese Hitze. Der Durst. Das waren die

größten Hindernisse. Also nur von 16–9 Uhr marschieren. Tagsüber in den Schatten verkriechen. Und nachts irgendwo eine Rast, wenn der Weg zu dunkel sein sollte. Um 16 Uhr wollte ich los. Die Sonne hatte dann ihre Kraft verloren. Lieber in der Abenddämmerung noch weiter und dann wieder am nächsten Morgen, lange bevor die Sonne aufging.

Ich hoffte, 10–30 Kilometer am Tag schaffen zu können. In der Hitze des Zeltes nickte ich ein.

Wecken. 16 Uhr. Hinrich und Michael saßen schon vor dem Zelt, machten Kaffee.

Na, dann wollen wir mal. Ich gab mir einen Ruck.

»Wir haben eben noch mal über alles gesprochen«, fing Michael an. »Weißt du, Rüdiger, dein Plan mag noch so logisch sein. Trotzdem glauben wir, daß es besser wäre, wenn wir uns nicht trennen würden. Wir gehen alle zusammen los.«

»Und darüber brauchen wir jetzt gar nicht mehr zu diskutieren«, setzte Hinrich trocken hinzu. »Wir haben es beschlossen und dabei bleiben wir. Da wird nichts mehr geändert.«

Himmel, ich wollte ja auch gar nichts ändern. Mir fielen auf einmal tausend Steine vom Herzen. Du mußt nicht allein los, jubelte es in mir, wir trennen uns nicht, deine Kumpel lassen dich nicht im Stich.

Die Sonne schien plötzlich noch mal so hell. Ich wagte nicht einmal zum Schein einen Widerspruch. Ich war jämmerlich genug, sofort zuzustimmen.

Neue Beratung. »Wißt ihr, wir vergraben alles, was wir nicht unbedingt mitnehmen müssen«, schlug ich vor. »Vielleicht kommen wir doch noch mal wieder zurück.«

»Und meine Filme«, fragte Michael aggressiv. »Na, wolltest du die etwa mitschleppen?« fragte ich erstaunt. Daran hatte ich mit keinem Gedanken gedacht.

»Sicher«, antwortete Michael kurz.

Ich sah seinem Gesicht an, daß jeder Überredungsversuch Zeitverschwendung gewesen wäre.

Eine ganze Weile später sagte er: »Ihr müßt das verstehen. An diesen Filmen hängt für mich alles. Ich würde es mir nie verzeihen können, wenn ich sie hierließe.«

Ach, wie gut ich ihn verstand.

Wir wollten also alles vergraben und am nächsten Nachmittag aufbrechen. Michael schlug vor, doch noch einmal so zu tun, als ob wir versuchen würden, das Boot freizubekommen. Er wollte die Szene filmen.

Uns war schon alles egal. »Wenn schon, dann tun wir nicht nur so, dann versuchen wir es wirklich«, brummte Hinrich.

Er verschwand noch einmal und schleppte Baumstämme heran. Kräftigere diesmal. Wir hatten Mühe, sie in dem reißenden Wasser zu halten.

»Los, tief ansetzen«, keuchte Hinrich. »Und dann mit der Schulter drunter.«

Michael stand am Ufer und filmte.

Was war denn das? Das konnte doch nicht wahr sein? Hatte sich nicht das Boot eben wirklich um ein paar Millimeter bewegt? Nein, das mußte eine Täuschung gewesen sein.

Wir stemmten uns wieder gegen den Stamm. Tatsächlich, diesmal war es ganz deutlich zu spüren. Ein winziger Ruck.

»Michael«, schrie Hinrich. »Leg die Kamera hin, komm helfen. Vielleicht schaffen wir es doch.«

Seine Stimme zitterte.

Michael stürmte heran. Die jähe Hoffnung verlieh uns Riesenkräfte. Hinrich gab die Kommandos: »Hau ruck! Hau ruck! Hau ruck!«

Zentimeter um Zentimeter bewegte sich das Boot. Und auf einmal war es kinderleicht. Das Heck lag plötzlich nicht mehr nach unten, jetzt preßte die Strömung den Kiel nach oben und wurde unser wichtigster Helfer. Ein ganz leichtes, scharrendes Geräusch. Stein gegen Kunststoff. Dann war unser Boot frei, tanzte auf dem Wasser.

Wir sahen uns ungläubig an. Ich sah, wie Hinrich sich in das Bein kniff. Michael faßte sich als erster. »Bleibt noch einen Augenblick so«, rief er und stürzte ans Ufer. »Ich muß das unbedingt filmen.«

»Hinrich«, schrie ich nach vorn. »Hinrich, gib mir doch den Zettel zurück.«

Hinrich nestelte in seiner Brusttasche und reichte mir den Brief an Maggy. Ich riß ihn in kleine Schnipsel und ließ sie in den Blauen Nil flattern.

Heute sind wir wieder mal glücklich davongekommen, morgen fahren wir weiter.

Die Alten stellten sich das Glück als Frau vor, mächtig und launisch: Fortuna.

Glücklich ist man im Leben immer nur für Augenblicke.

Die Vergiftung
Camp 15

Der Mensch ist unersättlich. Da hat man Wels, da hat man Gazelle, Tee; Hinrich sein Pfeifchen, Michael und ich eine Tasse Götterspeise und doch, man will noch mehr.

»Ich hätte einen richtigen Appetit auf Salat mit Zitrone und Zucker«, gab Michael eines Abends von sich.

»Hast du eigentlich diese Pflänzchen nie wiedergesehen, die Hinrich und du damals nach eurem Unglück 1970 als Salat verspeist hattet?« wollte er von mir wissen.

Damals hatten wir irgendwelche zarten Keime gefunden, die vorzüglich schmeckten.

Aber so was hatte sich noch nicht wieder geboten.

Nun wollte der Herr also Salat zum Souper.

Soll er. Als geschulter Survival-Mensch hat man da so seinen Ehrgeiz. Ich zockelte in den Busch und machte meine Tests. Dort wuchs schon etwas. Optisch gefällig. Test 1: demnach okay. Abbrechen und riechen. In Ordnung. Kein milchiger Saft? Nein. Wiederum gut. Zerreiben. Riechen. Einwandfrei!

Nun ein Stückchen essen. Gut durchkauen und fein mit der Zunge nach Bitterstoffen abtesten. Aber auch jetzt nichts Unangenehmes. Im Gegenteil, die Pflänzchen schmeckten sehr lecker.

Das änderte sich auch nicht, als ich nach und nach größere Proben schluckte, und endlich konnte ich, stolz wie Oskar, mit dem Haufen Vitamine ins Lager zurückkehren.

Michael lief das Wasser im Munde zusammen.

Er wusch die Blätter, ich löste Zitronensäure-Kristalle auf. Diesen Saft und etwas Zucker mischten wir dann liebevoll und kunstfertig unter das Chlorophyllgewebe.

»Guten Appetit«, verkündete ich stolz.

Hinrich rutschte heran, schnupperte, probierte und meinte nur: »Den Mist freßt man selber!«

»Der will ja nur noch ein Pfeifchen schmöken. Möge er an Lungenkrebs verrecken«, konterte Michael und ließ sich die vergrößerte Portion schmecken. Ich auch. Ganz ordentlich für die Wildnis. Natürlich schmecken Kopfsalatherzen etwas besser. Aber viel nicht. Nur etwas.

Dann war er alle.

»Klasse!« log Michael.

»Na ja!« bescheidete ich mich.

5 Minuten vergingen. Da kreuzten sich Michaels und meine Blicke. Unsere Kehlköpfe hüpften so komisch rauf und runter.

»Sag mal, kitzelt das bei dir auch so eigenartig im Rachen?«

Ja, ehrlich gesagt, bei mir auch.

Aus dem Kitzeln wurde ein Würgen, als zöge sich der Schlund zusammen. Dabei war uns plötzlich komisch zumute. Und als dann gar aus allen Drüsen Speichel in unseren Mund strömte und wir eigenartig rülpsen mußten, waren wir uns einig: Schnell zum Fluß, Stock in den Hals und raus mit dem Mist!

»Tja, die einen sterben an Lungenkrebs, die anderen an Natursalat«, griente Hinrich und schmauchte gemütlich sein Pfeifchen.

Hinrich
Camp 26 – über die Hälfte ist geschafft

Etwas stimmte nicht mehr. Hinrich, ausgerechnet Hinrich schien mit den Nerven am Ende zu sein. Vor allen Dingen zwischen ihm und Michael gab es jetzt dauernd Spannungen. Ein gereiztes Wort löste das Widerwort aus.

Ich beobachtete Hinrich aufmerksam. Er verfiel zusehends. Nicht so sehr körperlich – aber seelisch schien ihn etwas zu bedrücken. Die tagelangen Verfolgungen, die düstere Schlucht, der unberechenbare Fluß – hatten sie Hinrich geschafft?

»Kommt, laßt uns abbrechen«, sagte er eines Abends. Ich sah ihn nur groß an. Abbrechen? Der Vorschlag ausgerechnet von Hinrich. Ich konnte es nicht fassen.

Sicher, wir hatten uns schon in der Schlucht darüber unterhalten, ob wir nicht nur bis zum nächsten Dorf weiterfahren sollten. Wir hatten schon viel Zeit verloren und die Schlucht hatte uns alle ziemlich zermürbt. Die Grundnahrungsmittel gingen zur Neige und Michael befürchtete, daß seine Filme naß oder durch die Hitze zerstört würden. Alles Gründe, die für ein Abbrechen der Fahrt sprachen. Aber jetzt, wo sich das Tal endlich etwas weitete, wo Felder und Sand die Ufer säumten, da war doch wieder Hoffnung.

Wenn ich hier von Feldern spreche, so übertreibe ich. Diese Felder waren weiter nichts als »Pflanzungen auf gut Glück« im Schwemmsand der Regenzeit. Schattenspendende Bäume hatte man in Brusthöhe einfach abgehackt. Das Wasser floß tonnenweise vorbei, und doch verstand man es nicht, die Felder zu bewässern. So beschränkte man sich auf Mais, Hirse, Baumwolle. Es gab auch Maniok, die süße Kartoffel, ein paar Tabakpflanzen, ein paar Erdnüsse, aber sonst nichts. Kein Obst. Kein Gemüse. Was wissen sie von Düngung? Gar nichts. Mit dem nächsten Hochwasser wird neuer Sand kommen und sie werden alles neu pflanzen. Wozu brauchen sie Dünger!

Sicher. Was brauchen sie Dünger? Aber man macht sich als mittels Kunstdung genährter Europäer doch seine Gedanken. Sind die vielen Krankheiten, die wir sahen, nicht auch eine Folge der einseitigen Ernährung? Wein, Beerenobst, Citrusfrüchte, Bananen, Gemüse . . . es müßte hier vieles zweimal und öfter zu ernten sein. Aber sie kennen es nicht. Ihre Väter machten es schon so, und so wird es auch richtig sein. Mit dem Ast wird ein Loch gestoßen, mit der Astgabel eine Furche gerissen; kein Spaten. Primitive Speere, Pfeil und Bogen. Dasselbe mit der Viehzucht. Da leben sie mit zwei oder drei armseligen degenerierten Hühnern in ihren Hütten, vielleicht auch mit einer Ziege. Aber täglich ein Ei? Oder einmal wöchentlich Fleisch? Maispapp und damit hat sich's? Eine Köchin kocht den Klitsch gleich für das ganze Dorf. Aber jedes zweite Kind läuft mit dem dicken Blähbauch herum, der den Mangel an tierischem Eiweiß signalisiert, wenn es nicht gerade Würmer hat. Und das, wo vor ihrer Haustür die dicken Welse herumschwimmen. Sie könnten Hühner en masse haben, die in den endlosen, menschenleeren, aber krautvollen Bergen Futter in Hülle und Fülle fänden. Sie könnten Ziegen, oder besser noch Schafe züchten, hätten Fleisch, Milch und Käse. Ziegen reißen die Pflanzen mit der Wurzel heraus und leisten der Erosion Vorschub.

Einmal, es war am Allalla, sahen wir eine Frau mit einem Korb voller Kirschen. Süße, runde, dicke, rote Knubberkirschen. Seit Wochen endlich wieder Obst! Jetzt merkten wir erst, wie uns danach gelüstete. Schnell waren wir uns handelseinig. Und als wir sie in den Mund steckten, waren es Tomaten! So klein wie Kirschen. Weil man weder von Düngung noch Bewässerung etwas weiß.

Es muß geradezu eine Traumaufgabe für einen Landwirt sein, sich hier niederzulassen und diese Menschen zu lehren, mit Hacke und Spaten umzugehen. Neue Gemüsesorten ansiedeln, neues Obst, und über die Kinder müßte man den Geschmack auch den Alten antragen können.

Eine ebenso dankbare Aufgabe fände ein Arzt, ein Lehrer. Als Entschädigung für die Entbehrungen hätten sie die Schönheiten der Natur, vielleicht die Jagd in Verbindung mit einer vernünftigen Hege.

Man kann die Initiative nicht vom Kaiser erwarten. Sein Handeln ist primär amharenbezogen und da wieder speziell auf die Provinz Shoa. Man merkt es daran, daß manche Asphaltstraßen abrupt aufhören, wenn sie Shoa verlassen.

»Wir müssen beide sprechen, Hinrich. Mit dir stimmt doch etwas nicht. Willst du es mir nicht sagen?«

Er sah verlegen zu Boden, versuchte dann Ausflüchte. »Ach, Rüdiger, du siehst doch selbst, daß wir nicht recht vorwärts kommen. Es hat keinen Zweck, glaube mir. Und dann habe ich mich auch für das Studium angemeldet. Das beginnt im März. Wie soll ich denn das schaffen.«

»Erzähle mir bitte keine Märchen, Hinrich«, fuhr ich ihn unwirsch an. »Du willst mir doch nicht weismachen, daß du wegen des Studiums abbrechen willst. Das hattest du doch vorher gewußt.«

»Na ja, aber doch nicht, daß wir so lange unterwegs sein würden, und – da ist noch etwas.« Ich merkte, wie er sich einen Ruck gab. Dann sah er mir gerade in die Augen und begann: »Rüdiger, wir kennen uns jetzt so lange schon. Du weißt, daß ich kein Feigling bin. Aber ich habe durch meine Heirat eine Verpflichtung übernommen – Susanne gegenüber. Und daran muß ich in erster Linie denken. Ich kann nur dann eine gute Ehe führen, wenn ich mein Versprechen einhalte. Und das lautete, daß ich mein Studium rechtzeitig beginne.

Ich habe durch meine Heirat erst ein richtiges Ziel gefunden. Vorher habe ich nur so herumgegammelt, weißt du, mal hier gearbeitet, mal dort. Aber jetzt, jetzt ist das doch etwas ganz anderes.«

Er schwieg eine Weile. Dann deutete er mit der Hand gegen den Fluß. »Weißt du, Rüdiger, früher habe ich mich nach dem da gesehnt. Ich wollte ihn genauso gern bezwingen wie du. Aber jetzt fehlt der Zwang. Ich habe einfach nicht mehr den unbedingten Willen, es durchzustehen.«

Ich sagte nichts.

Was sollte man da auch schon antworten? Auf der einen Seite stand dieser elende, verfluchte Fluß, auf der anderen Seite Hinrichs Argumente. Er mußte ganz allein entscheiden.

»Komm, wollen wir abbrechen?« fragte er leise.

Ich schüttelte den Kopf.

Zwei Tage später stieg Hinrich aus. Wir waren in unmittelbarer Nähe des Dorfes Mabil. Hinrich erinnerte sich der Worte Jegigas, unseres Führers. Er hatte hier oben hinterm Berg gewohnt und uns so viel über die Gegend erzählt, daß Hinrich alles zu kennen meinte. Eingeborene Frauen standen am Ufer und wuschen Berge von Wäsche.

»Willst du es dir nicht doch noch einmal überlegen«, fragte ich. Er verneinte.

»Bleib du hier beim Boot«, sagte ich zu Michael. »Ich bringe Hinrich ins Dorf und versuche dabei, noch etwas Maismehl und Salz zu erhandeln.«

Wir luden die Filmspulen aus. Hinrich hatte sich bereiterklärt, sämtliche abgedrehten Filme mitzunehmen. Wenn wir später aus irgendeinem Grund die Ausrüstung verlieren sollten, dann waren wenigstens diese Filme gerettet.

Schweigend marschierten wir den steilen Weg nach Mabil. Für zwölf KK-Patronen fanden sich zwei Träger und zwei Esel. Hinrich versprach, ihnen später einen Teil seiner Ausrüstung zu schenken. Alle 5 Minuten mußten wir verschnaufen. Nach 1 1/2 Stunden waren wir oben. 10 armselige Hütten. Mabil. Jegigas Paradies.

»Ich will auch mein Gewehr los sein«, sagte er. »Wollt ihr es noch haben?«

Ich sagte nein. Wir hatten genug Waffen.

»Sieh doch zu, ob du es hier verkaufen kannst«, schlug ich vor.

Ein Händler fand sich schnell. »Was will er denn geben?« fragte ich Hinrich.

»Zweihundert Dollar.«

»Bist du verrückt? Das ist doch weit unter dem Preis. Der will dich übers Ohr hauen. Die Knarre ist doch mindestens ihre fünfhundert wert.«

»Mir ist es egal«, antwortete Hinrich. »Soll ich mich denn neben der Ladung Filme auch noch mit dem Gewehr belasten? Mir ist völlig egal, was er dafür gibt.«

Der Händler kam und sagte, er könne das Geld nur in Fünf-Cent-Stücken auftreiben. Er gab Hinrich einen Sack mit viertausend Münzen. Jedenfalls behauptete er es. Am Gewicht gemessen brachte der Tausch einen beachtlichen Gewinn: Das Gewehr war viel leichter.

Wir standen noch eine Weile verlegen herum. Abschied. Sagte Hinrich: »Schreib mir doch bitte einen kleinen Zettel, Rüdiger. Daß ihr gelebt habt, als ich euch verlassen habe.«

Ich schrieb ihm den Zettel. Ich war froh, daß ich etwas tun konnte. Hinrich steckte ihn achtlos weg. Wir drückten uns lange die Hände.

»Macht's gut, Rüdiger.« Hinrichs Stimme klang brüchig. »Ich wünsche nichts sehnlicher, als daß ihr es schafft.«

Dann drehte er sich um und ging hinter den Trägern her. Kein Blick mehr zurück.

In drei Tagen würde er in Burie sein. Von Burie ging eine direkte Verbindung nach Addis Abeba.

»Komm gut nach Hause, Hinrich!« schrie ich ihm nach. »Komm gut nach Hamburg!«

Ich kehrte zum Boot zurück. Ein dicker Kloß saß mir in der Kehle.

Haßte ich nicht auch schon heimlich diesen Fluß?

Man wußte es selbst nie. Oft änderte es sich mit jeder neuen Flußkurve.

Gewonnen

»Das da hinten könnte der Berg sein.« Michael deutete mit der Hand nach vorn. Im flirrenden Dunst der Nachmittagssonne erhob sich in der Ferne ein blaßblauer Kegel. Er beherrschte die weite Ebene. Fast eine Idylle: Meerkatzen und Perlhühner tummelten sich am Ufer, den Fluß bevölkerten Enten, die sich überhaupt nicht um die faul im Schlamm liegenden Krokodile kümmerten. In der Ferne ästen Gazellen, ein paar Affenbrotbäume lockerten die Landschaft auf. Paviane tobten in ihnen herum.

»Wenn jetzt bald ein Nebenfluß kommt, dann hast du recht«, antwortete ich.

Wir hatten uns auf der Karte das Ziel unserer Fahrt genau markiert. Linker Hand lag ein etwa tausend Meter hoher Berg, so an die zehn Kilometer entfernt. Von dort stieß dann auch der Nebenfluß Dabus in den Blauen Nil. Am Treffpunkt der beiden Flüsse aber lag Abatimbo el Gumas, ein kleines Dorf, das Ende unserer Reise auf dem Blauen Nil.

Die Spannung im Boot war beinahe körperlich zu spüren. Sollten wir es tatsächlich geschafft haben? Noch wagten wir es nicht zu glauben. Nur nicht zu früh jubeln, dachte ich. Sonst kommt noch im letzten Augenblick etwas dazwischen.

Seit Hinrich sich von uns getrennt hatte, waren wir gut vorwärtsgekommen. Jetzt schien es, als hätte es der Fluß nur auf Hinrich abgesehen gehabt. Quatsch natürlich. Man geheimnist manchmal zuviel in einen Vorfall hinein.

»Laß uns noch eine Nacht Pause machen«, schlug Michael vor. »Die Dunkelheit bricht sowieso bald herein. Vielleicht ist es besser, wenn wir am Tage ankommen.«

Wir bauten das Zelt auf. Es gab Haferflocken und danach eine Fischreiher-Suppe. Schlafen konnten wir beide in dieser Nacht nicht. Wir saßen lange am Feuer, starrten in die Flammen und hingen unseren Gedanken nach.

Am Ziel – wirklich am Ziel?

Mit Sonnenaufgang fuhren wir weiter. Eine halbe Stunde nur, plötzlich schrie Michael auf: »Da! Da vorn! Wir sind da!«

Ein langer, flacher Schilfgürtel verdeckte das Ufer. Dahinter stieß in stumpfem Winkel ein breiter, wasserreicher Nebenfluß auf den Blauen Nil. Der Dabus. Das konnte nur der Dabus sein. Und hinter dem Schilf sahen wir plötzlich auch die Dächer mehrerer Hütten. Abatimbo el Gumas.

Hurrah, wir waren wirklich am Ziel!

Michael steuerte das Boot langsam durch das Schilf ans Ufer. Wenn wir jetzt da aus dem Grün heraustreten, dachte ich, wie werden die Leute uns empfangen? Ob sie uns glauben, daß wir direkt vom Tana-See kommen? Oder ob sie uns für große, weiße Lügner halten?

Leise knirschend rieb sich der Ufersand am Kiel. Raus, das Boot festmachen. Eigenartig – warum war es denn bloß so still hier? Warum ließ sich denn keine Menschenseele blicken?

Riesenenttäuschung. Die Hütten waren unbewohnt, Legionen von Ratten und Mäusen über die Wege huschend, das einzig Lebendige.

»Aber wir können doch gar nicht verkehrt sein«, meinte Michael. »Es stimmt doch alles: der Berg, der Nebenfluß, die Ansiedlung. Nur die Menschen fehlen. Wo sind die Menschen?«

»Jetzt könnte ich einen Tee gebrauchen, einen guten starken Tee«, stöhnte Michael. »Zum Marschieren wird es ohnehin langsam zu heiß. Vielleicht kommen die Leute von allein. Ich werde jetzt ein paar Schüsse abfeuern und du kochst einen Tee. Okay?« Und dann überlegen wir ganz logisch, was wir weiter unternehmen werden.«

Okay. Aber wo war unser Teekessel? »Hast du den Taschai-Pott auf dem Markt verschachert?« fragte ich ihn.

»Nein, den habe ich hinten angebaumelt heute morgen.« Tja, der Kessel war weg. Abgerissen. Gott sei Dank erst heute am letzten Tag. Dennoch schade, denn dagegen hätte man sicher irgend etwas Gutes eintauschen können.

Im Topf schlabberte noch Gazellenbrühe von vor ein paar Tagen. Mit richtigen Fettaugen, Fett, das wir beim Zerlegen von den Därmen abgestreift hatten.

Also nichts mit Tee heute. Doch im selben Moment kam mir die rettende Idee. Man denkt immer, ohne Topf geht es nicht. Und wie haben es unsere Vorfahren gemacht?

Ich schickte Michael unter dem Vorwand, oben am Uferhügel den Ausguck zu besetzen, fort.

Er war froh, sich ein ruhiges, schattiges Plätzchen suchen zu können.

Ich grub eine kleine tiefe Mulde im Ufersand. Parallel dazu knisterte schon ein gewaltiges Feuer. Ich verfeuerte die Balken einer der alten Feldhütten. Als das Holz zur Glut heruntergebrannt war, legte ich 10 kindskopfgroße Kieselsteine hinein. Währenddessen kleidete ich die Mulde schlüssig mit unserem frischen Gazellenfell aus, die Haarseite nach unten. Dann füllte ich die Mulde mit 5 Liter Wasser und wartete eine Viertelstunde, bis ich meinte, die Steine seien »glühend«. Jetzt streute ich Teeblätter aufs Wasser und bugsierte mit frischen Astgabeln die erhitzten Steine ins Wasser. Es zischte. Wasserdampf stieg auf, der Stein kühlte ab. Ich holte ihn raus und stellte fest, daß das Wasser schon so heiß war, daß ich kaum noch die Hand hineinhalten konnte. Die nächsten Steine brachten das Wasser zum Sieden. Dann rief ich Michael zum Tee.

»Bist du wahnsinnig, die herrliche Brühe für einen lumpigen Tee wegzuschütten«, motzte er mich gleich an und hielt mir vor, wie lebenswichtig die herrlichen Fettaugen auf der Brühe für uns gewesen seien.

Wir gingen zu unserem Boot zurück. Ratlos. »Wollen wir mal die Gegend ein wenig beschnuppern?« schlug Michael vor. Ich nickte betreten.

Zwei Stunden irrten wir umher. Plötzlich stieß ich auf einen schmalen, ausgetretenen Pfad. Ein Stück aufwärts und am anderen Ufer des Nebenflusses führt er durch das Ufergestrüpp und über abgeerntete Maisfelder direkt ins Innere. Wir folgten ihm vorsichtig. Das Boot lag getarnt in einem Versteck. Dann stoppten wir vor einem sanften Hügel. Dahinter ringelten dünne Rauchfahnen. Wir keuchten durch die Maisstauden und fanden vor uns eine kleine Ansiedlung. Vierzig Rundhütten. Kinder stürmten uns lärmend entgegen, struppige Köter umkläfften uns, vor einer Hütte stand ein gutaussehender, schlanker Mann und sah uns entgegen. Er hatte die Arme über der Brust verschränkt und trug eine weiße Kappe. Ein Moslem also, dazu ein Mekka-Pilger.

»Salaam alaykum! Marhaba! Bayti Boythum.« Friede sei mit euch! Willkommen; mein Haus sei euer Haus, redete er uns arabisch an. Er streckte die Hände vor, küßte uns auf die Wangen und bot uns einen schattigen Platz an. Dann brachten Kinder Wasser und Erdnüsse.

Der Scheich.

Wir fragten ihn nach Abatimbo el Gumas. »Abatimbo el Gumas, so hieß unser Dorf einmal«, antwortete er. »Wir haben die alten Hütten verlassen und uns hier neue gebaut. Die Felder drüben brachten nur noch karge Ernten. Jetzt nennen wir unseren Ort Dabus. So wie der Fluß, in dessen Nähe es liegt.«

Geschafft! Geschafft! Geschafft!

Wir erzählten dem Scheich unsere Geschichte. Er versprach, uns Träger und Esel für den Marsch nach Asosa zu stellen. Wir wollten ihm dafür unser Boot überlassen. Und einen Teil der Ausrüstung.

Munition. Vor allen Dingen Munition.

Nach dem Mittag gingen wir noch einmal zum Boot. Wir hatten es weit auf das Land gezogen, nur das Heck wurde noch leicht vom Blauen Nil umspielt. Die Sonne lag breit und träge auf dem Fluß, das Wasser war ganz ruhig.

Ich hockte mich ans Ufer und ließ mich von den Gedanken forttragen.

Da lag er und tat so harmlos. So als wisse er nichts von Katarakten, in denen wir fast ertrunken wären, als gäbe es keine Wasserfälle, die uns zu langen Umwegen zwangen, als lauerten nicht Krokodile in ihm und feindselige Eingeborene an seinen Ufern, als gäbe es keine schwarze Schlucht.

Der Empfangschef im Hotel »International« grinste breit über das dunkle Gesicht. »Hallo, Mister«, sagte er, »ich denke, Sie wollten zum Blauen Nil. Im Zimmer steht Ihr Paddel noch herum.«

»Danke«, antworteten wir, »vielen Dank. Können wir das Zimmer wieder haben? Und Blauer Nil – nein, im Augenblick wollen wir nicht mehr dorthin. Sicher später noch mal.«

Wir waren wieder in Addis Abeba. Übermorgen würde unser Flugzeug nach Khartoum starten. Wir sollten dort nur eine Stunde Aufenthalt haben, dann flog die Anschlußmaschine nach Berlin.

Noch zwei Tage Äthiopien.

Der Einhundertsiebzig-Kilometer-Marsch nach Asosa hatte keine großen Schwierigkeiten gebracht. Zunächst ging es am Blauen Nil abwärts, hinweg über umgeknickte, pulververtrocknete Maisstauden, die in der Regenzeit aufweichen und den Boden düngen. Jetzt sprangen einige Ziegen darüber hinweg und stöberten nach etwas Naschbarem.

Wir erreichten den Dabus, der 1 km oberhalb seiner Einmündung in den Nil durchwatbar ist. Wegen der Hitze legten wir häufig Rast ein.

Am anderen Ufer des Dabus ging es auf verschlungenen Pfaden parallel zum Nil durch Buschwald. Wir waren einen halben Tag unterwegs, da stießen wir auf die Zeltforschungsstation Schogali mit amharischen Hydrologen und Ingenieuren. Riesenbegrüßung. Es gab Kartoffelsalat, Toastbrot, Kuchen – Schwalben der Zivilisation.

Es gab auch eine Enttäuschung. Über ihr Funkgerät setzten die Hydrologen sich mit der Hauptstadt in Verbindung: »Benachrichtigt bitte die deutsche Botschaft, daß hier zwei Deutsche bei uns eingetroffen sind. Wir können ihnen gegen Bezahlung einen Wagen nach Asosa stellen. Das Geld soll bei der Ankunft in Addis Abeba beim Water Resources Department bezahlt werden.

Die Botschaft wird gebeten, dafür zu garantieren.«

Am nächsten Morgen war von der Botschaft noch immer keine Antwort da. Der Botschafter sei lunchen und könne jetzt nicht gestört werden, hieß es in einem Funkspruch des Departments.

Wir marschierten weiter. Die Wut trieb uns vorwärts. Denen werden wir es schon zeigen. Bürger, so etwas nennt sich Botschaft, der Herr ist lunchen, er darf nicht gestört werden!

Drei Tage später Asosa. Der übliche Feldflugplatz, die übliche klapprige Dakota. Ein paar Stunden Flug nach Addis. Unterwegs kam der Pilot nach hinten, erkundigte sich bei uns. Er habe gehört, daß wir vom Blauen Nil kämen. Er wolle später da zwischen Asosa und dem Fluß irgendwo eine Farm aufmachen. Wie denn das Land dort wäre?

Landung in Addis Abeba. Wir sahen wieder Menschen in richtigen Anzügen mit Schlips und Kragen und Aktentaschen. War der Blaue Nil nur ein Traum gewesen?

Wir meldeten uns bei der Botschaft. Uninteressiertes Erstaunen. »Ach, Sie sind auch wieder da?«

»Ja, wir sind auch wieder da.«

Ob sie uns denn nicht wenigstens verraten würden, warum man nicht die hundert Dollar für das Auto garantieren konnte.

Verlegenes Lächeln. Der Funkspruch sei verstümmelt bei der Botschaft eingetroffen. – Na ja.

Diesen Abend besuchte uns im Hotel ein junger Reporter. Am nächsten Morgen prangte auf der Titelseite des »Ethiopian Herold« ein langer Bericht über uns. Kurz darauf rief Elke Leichtweiss an: »Herr Nehberg, ich will Sie nur warnen. Die haben jetzt hier den Bericht in der Zeitung gelesen und sind jetzt wach und aufgeschreckt. Jetzt wollen sie einen Fernsehempfang für Sie geben.«

»Na, danke.« Wir sollen wohl die Aufhänger sein, damit die Herren ins Bild kommen.«

»Kommen Sie und Michael heute abend zu uns nach Hause? Mein Mann und ich würden uns sehr freuen. Ein paar Freunde werden auch da sein.«

»Wir kommen.«

Die Botschaft meldete sich: Nochmals herzlichen Glückwunsch zu der gelungenen Expedition. Ob man denn nicht heute abend einen kleinen Empfang geben dürfe?

»Nein«, bedankte ich mich. »Wir sind viel zu müde. Außerdem sind wir schon bei netten Leuten eingeladen.«

Ach, wie gut das tat.

Nachmittags rief Elke noch einmal an. Was wir denn am liebsten essen würden. Sie möchte uns gern unsere Lieblingsspeisen kochen.

»Sauerbraten«, sagte Michael.

»Okay. Und Sie?«

»Backpflaumen mit Makkaroni«, sagte ich.

»Wie bitte?«

»Ja, richtig: Backpflaumen mit Makkaroni.«

Abends schlug ich mir den Bauch so voll, daß mir schlecht wurde. Der Schweiß trat mir auf die Stirn, ich bekam Magenschmerzen, mein Schädel brummte. Ich verdrückte mich in eine stille Ecke. Elke kam: »Ist Ihnen nicht gut, Herr Nehberg? Sie sehen so bleich aus.«

»Mir ist prima«, brummte ich. »Mir kann es gar nicht besser gehen.«

Am nächsten Morgen hatte ich Fieber und blieb im Bett. Mittags verschwand Michael für eine halbe Stunde.

»Wo warst du denn?« fragte ich, als er zurückkam.

»Ich war auf der Post«, antwortete er. »Ich habe ein Telegramm aufgegeben. An Maggy. Daß wir morgen kommen.«

Neuntes Kapitel

Finale

Der 8. März 1972 war ein Mittwoch. Mitteleuropa lag unter einem plötzlichen Kälteeinbruch, das Thermometer zeigte nachts bis zu unter zehn Grad minus. Die Deutsche Wetterwarte in Offenbach teilte jedoch mit, daß die aus Osten eingedrungene Kaltluft sich schnell wieder erwärmen werde. An diesem 8. März errang die von Indira Gandhi geführte Kongreßpartei einen überwältigenden Wahlsieg. Indira Gandhi wertete ihn als den »Beginn des Kampfes gegen die Armut«. – Auf dem New Yorker Flughafen untersuchte die Polizei am gleichen Tag alle Passagiermaschinen. Unbekannte hatten mit Bombenanschlägen gedroht, wenn sie nicht 800 000 Dollar bekämen. – In der Süderstraße in Hamburg wurde ein Lastwagen mit 16 Tonnen Kaffee gestohlen. Wert der Ware etwa 360 000 Mark. – Dietmar Schönherr und Vivi Bach kamen zu einer kurzen Stippvisite in die Hansestadt. – In Kiel trat die deutsche Hallenhandball-Nationalmannschaft gegen die der Sowjetunion an und unterlag klar mit 9:16 Toren. – Der Hamburger Regionalliga-Fußballklub 1. FC St. Pauli enttäuschte seine Anhänger durch ein unerwartetes 1:1-Unentschieden gegen die Mannschaft von Braunschweig.

Es geschah nichts Sensationelles an diesem Mittwoch. Der 8. März 1972 war ein Tag wie viele andere.

Nur etwas passierte ganz am Rande: Mit Flugnummer 615 setzte die PAA-Boeing 727 »Clipper« pünktlich um 16.25 Uhr auf dem Flughafen Hamburg-Fuhlsbüttel auf. Unter den Passagieren befanden sich zwei verwegen aussehende Männer, dichte Vollbärte, sonnenverbrannte Gesichter, ohne Mäntel, nur eine Art Uniform.

Michael und ich waren heimgekehrt. Ungefähr fünfzig Menschen standen hinter den Barrieren. Maggy löste sich aus dem Rudel der Wartenden, Maggy und Kirsten flogen in meine Arme.

Ich sah Filmkameras und Fotoapparate sich auf uns richten. Ein Sektkorken knallte. »Willkommen!« sagte jemand und drückte mir ein Glas in die Hand. »Willkommen!«

Erste Veröffentlichungen und ihre Folgen

Wir waren wieder zu Hause. Und damit war die Reise zu Ende. Dachten wir. Aber da ging es erst richtig los.

Zunächst kamen die Rundfunkanstalten und brachten Interviews. Dieser Erstzündung folgte eine weltweite Reaktion. Die Tageszeitungen wurden aufmerksam. Sie folgten am nächsten Tage. Ihr Vorteil, auch wenn sie 12 Stunden »zu spät« kamen, war die Schwarzweiß-Bebilderung.

Allgemeine Frage: »Nichts passiert? Ich meine, Tote oder so? Auch keine Verletzten?«

Ein wenig stolz verneinten wir.

»Ehrlich gesagt, dann ist das nichts für uns. Natürlich freuen wir uns mit Ihnen, daß alles so gut abgelaufen ist, aber verstehen Sie, die Leser wollen einfach Leichen, mindestens ein abgefressenes Bein . . .«

Das hörten wir sehr oft. Schließlich waren es aber unsere Bilder, die kleinen Geschichten und daß wir Amateure es überhaupt geschafft hatten, Gründe, doch irgendwas aus der Befahrung zu machen.

Den einen fesselte die Story als Wildwasserfahrt, den anderen bewegte Patriotismus: »Immerhin Hamburger, diese Jungs! Und 'ne tolle Leistung.«

Wie hatte doch Reader's Digest noch 1970 geschrieben?

»Noch nie befahren . . . unerforscht . . .«

Und hatte Alan Moorehead in seinem 1964 neuaufgelegten Buch nicht geschrieben: »Und doch kann selbst in der Zeit, in der der Fluß wenig Wasser führt, kein Boot auf ihm verkehren, so reißend sind seine Wasser. Noch niemals ist eine Schiffsreise vom Tana-See zum Sudan auf dem Blauen Nil gelungen. Noch niemals hat man zu Fuß oder mit dem Maultier die ganze Länge des Strombettes erkunden können.«

Als nächstes stiegen die Illustrierten ein, da sie ihre Verspätung mit Farbfotos ausgleichen konnten. Dann folgten Vorträge, diesen wieder kleinere Illustrierte, die aber auch noch ihre Aufhänger fanden »Exclusiv« oder »Nie gesehene Aufnahmen«, und damit hatten sie nicht mal unrecht, denn sie verlegten sich auf Ausführlichkeit, brachten Randstories und wirklich Fotos, die andere noch nicht veröffentlicht hatten.

Zum Abschluß kam der Film. Michaels Film. Titel:
»Abenteuer heute: Sieg über den Blauen Nil.«
Der Film bewirkte noch einmal eine Zuschriftenflut, viele Anregungen, Träume, Kontakte, Freundschaften . . .
Und so, wie die Reise einst begonnen hatte, nämlich mit der Partnersuche per Inserat, auf das sich so manch interessanter Bewerber gemeldet hatte, so endete sie jetzt mit einem Schwall von nicht minder interessanten Gratulanten.

Hier ein paar Kostproben.

Da war zunächst und als erster mit einem seitenlangen Telegramm jener Sachbearbeiter der Kreditabteilung meiner Sparkasse, der mich nach dem Scheitern des ersten Versuches zu sich zitiert hatte, um mir klarzumachen, so etwas sei nicht ›handwerksüblich‹, und der fürchtete, ich verwende seine Sparkassengelder nicht für meine Konditorei, sondern für Welt-Abenteuer. Nun gratulierte er und freute sich über unseren Erfolg. Und ich mich über das Telegramm.

Ein Frauenverband dankte mir ganz gerührt dafür, daß ich im Film ausdrücklich erwähnt hatte, »last not least verdanke ich den Erfolg auch meiner Frau, die so tolerant war, mich einfach laufen zu lassen«. Genauso wäre es doch immer im Leben, nur hielten es die meisten für selbstverständlich.

Ein 13jähriger Steppke bot seine Dienste als Kochjunge an für eine mögliche neue Reise.

Eine Schlangentänzerin aus dem KOLIBRI in St. Pauli wollte unbedingt eins meiner Reptilien für ihre Darstellung haben, winkte aber sofort wieder ab, als ich ihr den (zum Abschrecken reichlich erhöhten) Preis nannte. »Ich dachte, du kommst mal vorbei und bringst sie mir persönlich und läßt dir dabei etwas Zeit«, brummte sie mit fürchterlicher Säuferstimme enttäuscht ins Telefon. Dabei hatte sie auf dem Foto, das sie mir geschickt hatte, so zierlich und nett ausgesehen.

Eine Tierschützerin brachte mir einen total abgeschlafften 2-m-Tiger-Python, den sie einer anderen Tänzerin auf der Großen Freiheit abgenommen hatte. Inzwischen habe ich ihn wieder hochgepäppelt.

Junge Studenten der Zoologie wollten kostenlos mit, um Studien zu betreiben;
ich bekam Einladungen bis hinunter in die Schweiz;
Kunden schüttelten mir die Hand, sobald ich den Laden betrat;

ältere Leute bedauerten, daß sie zu so was nicht mehr rüstig genug seien und in ihrer Jugend dergleichen nicht möglich gewesen sei;

man wollte Autogramme oder den Titel meines Buches wissen, die Titel der Überlebensbücher;

ein Kanu-Club kritisierte unser plumpes Boot und fragte, ob ich noch nie von Kajaks gehört hätte;

eine Mutter bat mich um einen Vortrag, hundert Mark sei er ihr reichlich wert, der ihrem Sohn (14 Jahre) und dessen Freunden zeigen solle, was man alles mit seiner Freizeit machen könne; (Auftrag und DM nahm ich besonders gern an);

BBC und das Fernsehen Japan meldeten Kaufwünsche für den Film;

eine junge Frau aus Wedel bat darum, meine Schlangen sehen zu können. Bei ihr läge das Problem gegensätzlich zum Üblichen. Sie sei es nämlich, die den Schlangentick habe und ihr Mann könne dem nichts abgewinnen. Deshalb führe sie manchmal heimlich in die Heide, finge sich eine Kreuzotter, beobachte sie heimlich zu Hause und lasse sie dann nach einigen Tagen wieder an derselben Stelle laufen.

Wir verabredeten eine Besichtigung, denn man freut sich über jeden Gleichgesinnten. Und wie war ich überrascht, zu aller Gleichgesinnung plötzlich auch noch eine hübsche junge Eva vor mir zu sehen in knallengen Blue Jeans, quicklebendig. Ein Typ, bei dem man Reptilienliebe gar nicht vermutet hätte. Wir klönten einen halben Nachmittag über die Unverständigkeit der Masse, die Schlangen nicht mag, über die Zahnschmerzen meiner Nashornviper und vereinbarten, daß sie mir gute Fanggebiete für Kreuzottern zeigen werde und ich ihr dafür eine junge Puffotter abgeben würde, sobald meine trächtige entbunden habe.

Es folgte eine Sekretärin, die als Freizeitabenteuer mein Manuskript tippen wollte.

Ein Schmuggler, der alle seine Reisen damit finanzierte, daß er begehrte Dinge in seine Zielländer »importierte«, wollte nun wissen, was man in Äthiopien benötige.

Ein Jugendfreund erinnerte sich daran, daß ich vor 27 Jahren im Alter von zwölf Anführer der Jugendbande »Schwarze Hand« gewesen sei. Dem Wörtchen Bande fügte er »harmlos« hinzu, weil er doch inzwischen Rechtsanwalt geworden war.

Schließlich rief eine Spedition an, die wissen wollte, wie ich als

»Nilexperte« das Problem lösen würde, 1000 Tonnen Mehl nach Khartoum zu bringen. Ob man es per Boote von Alexandria den Nil hochsegeln könnte – denn man wollte die teure Umschiffung Afrikas vermeiden – oder wie sonst. Ich empfahl ihnen, das mit Armeelastwagen der Ägypter auf der Wüstenpiste zu tun, weil das Mehl auf den Draus niemals trocken den Sudan erreichen würde.

Und dann sei hier vielleicht noch der kleine Hosenmatz erwähnt, der eines Tages schnurstracks in die Backstube gestromert kam. »Ach, du bist Onkel Nehberg. Ich kenne dich vom Fernsehen. Hier, das soll ich dir von meiner Mami geben!«

Damit streckte er mir seine Faust hin. Er öffnete sie und was sah ich? Einen Engerling und einen Regenwurm! »Der ist für deine Schlange und der ist für dich!« bestimmte er. »Meine Mami hat gesagt, du ißt das.«

Dakapo mit Krokodilen

Und schon wieder klingelt das Telefon.

»Mein Name ist Andreas Scholtz. Ich bin Zahnarzt in Zürich. Ich lese da eben in der ›Hör Zu‹ Ihren Artikel über die Nilbezwingung. Ich möchte das auch machen. Kann ich mal schnell nach Hamburg raufkommen?«

12 Stunden später war er da. Sagenhaft gutaussehender, gepflegter Mann. 35 Jahre. Alles würde man in ihm vermuten. Aber nicht den Abenteurer, der schon mit den Kannibalen auf Neuguinea gehaust hatte und der nun von Zürich nach Hamburg gekommen war, um mir 20 Fragen zu stellen.

Er wolle wirklich nicht stören, eine Tasse Kaffee nähme er wohl an, müßte aber nicht sein, in einer Stunde möchte er wieder zurück, wenigstens bis Kassel, dann wäre er morgen wieder in Zürich.

So lernte ich einen anderen Rastlosen kennen, der es mit einem Gummi-Kampfboot der französischen Armee versuchen wollte. Eine Schweizer Firma panzerte es ihm von unten mit Kunststoff gegen Krokodilangriffe . . .

Am 5. 1. 1974 startete er. Unterhalb der Tississatfälle. Allein.

Nach 4 Tagen wollte er die Gojjambrücke erreichen und uns eine Nachricht zukommen lassen.

Als nach 6 Wochen immer noch nichts von ihm zu hören war, schrieben wir ihn ab. Erschossen? Ertrunken? Gefressen?

Da klingelte das Telefon. 21. Februar 1974. »Rüdiger, hallo, hier ist Andreas! Ich bin eben wieder nach Hause gekommen. Ich kann dir sagen, was ich da erlebt habe, ist mir in meinem ganzen Leben noch nicht zusammen passiert . . .«

Atemlos erzählte er mir per Ferngespräch die typische Nilgeschichte eines weiteren Erfolglosen, wenn auch äußerst mutigen Versuches: ». . . zunächst lief alles prima. Ich hatte mir eine Maschine gemietet. Die brachte mich nach Mota.

Ich machte dem Gouverneur meine Aufwartung, zeigte ihm euer Empfehlungsschreiben, er erinnerte sich sofort, weil ihr ihm das Foto geschickt habt.

Er stellte mir kostenlos Träger bis zum Fluß und ich dampfte ab.

Zwei Tage und ich besaß nur noch 1 Paddel. Wenn ihr mich vorm Start vor der einen Kurve gewarnt habt, dann kann ich heute nur fragen, welche von all den Kurven habt ihr gemeint? Jede hat mich erbarmungslos um- und umgedreht, hat mir die Knochen getestet und mich oft genug fast ersaufen lassen.

Als ich den Canon erreichte, hinterm Uanca, machte ich erst mal Rast. Ich saß kaum, da erschien ein Amhare. Um mich lieb Kind zu machen, schenkte ich ihm ein Bonbon.

Und das war mein Fehler.

Er rief etwas in die Berge. Da erschienen aus dem Nichts 10 Männer.

Sie baten nicht, sondern sie forderten ein Bonbon.

Na gut. Ich wollte meinen Frieden haben.

Aber kaum hatten sie es, da untersuchten sie einfach meine Ausrüstung. Und plötzlich steckten sie sich ein, was ihnen gefiel.

Als ich energisch wurde, hättest du sie mal erleben sollen. Alle 10 fielen über mich her. Ich hatte gerade noch Zeit, den Colt unter der Jacke hervorzureißen. Den hatten sie nicht vermutet. Ich schoß sofort. Und da stürmten sie den Berg hinauf.

Nur einem konnte ich das Fernglas entwinden. Da rollten schon Felsbrocken herab. Ich ließ sie notgedrungen laufen, hielt sie mit Schüssen auf Distanz, sprang in mein Boot und paddelte wie ein Wahnsinniger in die Schlucht.

Und plötzlich stehen die Kerle oben am Rand des Canons und werfen dicke Felsstücke auf mich.

Ich war fix und fertig. Ich riß mein Gewehr hoch und feuerte blindlings in sie hinein.

Das bewirkte, daß sie wenigstens vom Rand verschwanden. Nun rollten sie die Steine ungezielt über die Felskante. Aber das war nicht mehr so schlimm, weil ich gegen den Himmel die Geschosse kommen sah und ausweichen konnte. Außerdem war die Strömung gnädig und trug mich flott weiter.

Nach 10 km war der Canon zu Ende.

Da kamen 8 Männer – andere – mit Hallo und Gebrüll auf mich zugeschwommen. In einer Schnelle überholten sie mich. Und an der nächsten Untiefe warteten sie.

Ich will ihnen gerade die Hände schütteln. Da ergreifen sie mein Boot, reißen es ans Land, kippen es um und nehmen mir einfach meine Ausrüstung.

Aber nicht mit Andreas.

Ich drehte durch. Ich riß den Colt raus, schoß auf sie und sie ergriffen die Flucht.

Damit fing der Ärger erst an. Sie stimmten ihren Kriegsruf an, der mir heute noch in den Knochen sitzt, und bombardierten mich mit Steinen. Nur mit der Waffe konnte ich sie soweit zurückjagen, daß mir ihre Steine nichts anhaben konnten. Aber der Ruf verstummte nicht.

Mit dem einen Paddel bin ich dann ›losgebraust‹. Ich kann dir sagen, ich habe mir vor Angst, Wut und Ohnmacht in die Hosen gemacht, habe geschrien, geflucht, geweint und gelacht.

Und so bin ich ihnen entkommen.«

Ich wollte gerade etwas fragen, als er mich unterbrach.

»Na warte mal, das dicke Ende kommt ja noch! Die Eingeborenen hatte ich endlich abgeschüttelt, als die Krokodile angriffen.

Ich kann es gar nicht verstehen, daß ihr nur 2 Attacken hattet! Ungelogen, alle 10 Minuten wurde mein Boot von hinten gefaßt und geschüttelt, als wäre es aus Styropor. Ich stürzte mehrfach ins Wasser, aber die wütenden Tiere bemerkten das nicht. Sie hielten das Boot fest. Ich verdrosch sie mit dem Paddel, ich schoß und traf. Die Schlucht roch manchmal kilometerweit nach meinem Schießpulver.

Wenn alle Kroks, die ich bei ihren Angriffen angeschossen habe, gestorben sind, ist der Nil jetzt ein Krokodilfriedhof.

Jedenfalls griff meine Hand immer ohnmächtiger von der Pistole zum Paddel, vom Paddel zum Gewehr.

Am 9. Tag plötzlich sah ich die Brücke!

Ich habe geweint wie ein Kind, ich bin gehüpft, habe Freudensalut abgefeuert und gesungen vor Glück.

Als ich sie dann erreichte, brach ich zusammen. Physisch und psychisch total fertig.

Die Polizisten, die die Brücke bewachen, trugen mich hoch in ihre Häuser und belebten mich mit Kaffee. Bald war ich wieder der alte. Ich fuhr nach Addis, wurde von Presse und Fernsehen wie ein Monarch empfangen. 3 Tage war ich Titelseite. Das mußt du dir mal vorstellen! Ich schick dir morgen mal 'ne Fotokopie von den Berichten.

Das gab mir Auftrieb, und ich ließ mein zerfetztes Boot reparieren und viel stärker panzern.

Nach 5 Tagen stand ich wieder auf der Brücke. Die Polizisten schossen Salut und ich dampfte ab.

Rüdiger, du denkst sicher, ich will dich verschaukeln!

Ich war noch nicht außer Sichtweite der Brücke. Da begann der Höllentanz von neuem. Weiß der Teufel, was die so anzog. Heute denke ich, es war erstens die gelbe Farbe, zweitens die relative Kleinheit und drittens und vor allem die kroko-maulgerechten beiden Enden des u-förmigen Bootstyps. Jedenfalls bissen sie immer in die Endspitzen. Wie bei Rittlinger damals, als sie seine Frau fressen wollten. Und ich konnte mich meist nicht wehren, weil ich genug damit zu tun hatte, mich festzuklammern.

Und dann passierte es. Es war am zweiten Tag. Am Ufer lagen sechs mächtige Tiere. Ich mache eben den Fotosack auf, um sie zu knipsen. Da sind sie weg. Ich pack' die Kamera gerade wieder ein, als sie schon aus dem gelben Wasser einen Meter hinter mir auftauchen. Zwei Stück. Vier Meter lang. Das eine links. Das andere rechts. Und jedes gab sein Bestes. Da war es aus.

Mein Boot war in Fetzen. Ich flog weit ins Wasser und bin wie ein Blitz die 10 m ans Ufer geschwommen, nein, geflogen.

Als ich zurückblickte, sah ich die Reste meiner Ausrüstung den Nil runtertreiben, sinken.

Vor Wut und Enttäuschung habe ich meine ganze Trommel leergeballert. Dann lag ich im Sand und weinte wie ein Kind. Vorbei!

Ich stieg schließlich in die Berge, die dort terrassenförmig sind und erblickte 1 km weiter abwärts die Einmündung des Mugher.

Dann traf ich auch noch am selben Abend Menschen. Sie waren sehr nett, schlachteten eine Ziege und aßen sie roh mit mir.

Ich habe alles wieder ausgespuckt. Mir war einfach zu übel von allem.

Dann marschierte ich zurück. Du weißt ja wie das ist. Rauf auf die haushohen Basaltklötze. Runter von den haushohen Basaltklötzen. Eine halbe Stunde um und netto Luftlinie hast du 20 Meter geschafft. Scheiße, kann ich dir sagen.

Aber drei Tage später war ich an der Brücke. War gerade ein Sonntag und oben standen jede Menge Touristen.

Einer hatte mich erspäht und du mußt denken, ich war ja Landesgespräch.

Da stürzten sie runter mit Coca und Würstchen und Zigaretten und trugen mich quasi auf Händen jubelnd nach Addis. Und so wurde aus meiner Niederlage eine unerhörte Pressesensation.

Du kannst mir glauben, ich bin noch immer so fertig, daß ich morgen erst mal vier Wochen nach Fernost zur Erholung fahre.

Aber eins schwöre ich dir: wenn du mir sagst, daß du mitmachst, fahre ich morgen wieder los. Dieselbe Tour. Nur zu zweit oder dritt. Will Teichmann nicht auch noch mal? Die Landschaft ist doch so unerhört super, daß ein Kameramann wahnsinnig werden muß, solange er das und die Abenteuer nicht im Kasten hat oder? Was meinst du?«

Endlich durfte ich auch mal zu Wort kommen.

»Gemacht, Andreas! Entweder oberer Nil oder der ganze Omo. Da sollen die Kroks genauso verrückt sein. Und die Eingeborenen werden uns auch wieder viel Neues bescheren.«

»Und du meinst, Michael käme auch mit?«

»Die Frage können wir uns sparen. Der schläft schon seit einem Jahr neben seinem gepackten Koffer. Alles klar?«

Hier wird Lesen zum Erlebnis

SERIE PIPER ABENTEUER
Gernot Spielvogel-Herrmann
2000 MEILEN FREIHEIT
Im Kajak durch Alaska

1697

SERIE PIPER ABENTEUER
Lucy Irvine
EVA UND MISTER ROBINSON

1274

SERIE PIPER ABENTEUER
Wilfred Thesiger
DIE BRUNNEN DER WÜSTE
Mit den Beduinen durch das unbekannte Arabien

1407

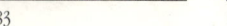

SERIE PIPER ABENTEUER
Jean-Yves Domalain
PANJAMON
Ich war ein Kopfjäger

1383

SERIE PIPER ABENTEUER
Jeana Yeager / Dick Rutan
VOYAGER
IN NEUN TAGEN NONSTOP UM DIE WELT
Vorwort von Ulf Merbold

1435

SERIE PIPER ABENTEUER
Herbert Rittlinger
ICH HATTE ANGST
Meine gefährlichsten Expeditionen

1340